Pragmática
significado, comunicação
e dinâmica contextual

Conselho Acadêmico
Ataliba Teixeira de Castilho
Carlos Eduardo Lins da Silva
Carlos Fico
Jaime Cordeiro
José Luiz Fiorin
Tania Regina de Luca

Proibida a reprodução total ou parcial em qualquer mídia
sem a autorização escrita da editora.
Os infratores estão sujeitos às penas da lei.

A Editora não é responsável pelo conteúdo deste livro.
O Autor conhece os fatos narrados, pelos quais é responsável,
assim como se responsabiliza pelos juízos emitidos.

Consulte nosso catálogo completo e últimos lançamentos em **www.editoracontexto.com.br**.

Marcelo Ferreira

Pragmática
significado, comunicação
e dinâmica contextual

Copyright © 2023 do Autor

Todos os direitos desta edição reservados à
Editora Contexto (Editora Pinsky Ltda.)

Foto de capa
Colin Carter em Unsplash

Montagem de capa
Gustavo S. Vilas Boas

Diagramação
Do autor

Revisão
Elaine Grolla
Camila Silvestre dos Santos

Dados Internacionais de Catalogação na Publicação (CIP)

Ferreira, Marcelo
Pragmática : significado, comunicação e dinâmica contextual /
Marcelo Ferreira. – São Paulo : Contexto, 2023.
256 p.

Bibliografia
ISBN 978-65-5541-262-8

1. Linguística 2. Pragmática I. Título

23-0851 CDD 410

Angélica Ilacqua – Bibliotecária – CRB-8/7057

Índice para catálogo sistemático:
1. Linguística

2023

EDITORA CONTEXTO
Diretor editorial: *Jaime Pinsky*

Rua Dr. José Elias, 520 – Alto da Lapa
05083-030 – São Paulo – SP
PABX: (11) 3832 5838
contato@editoracontexto.com.br
www.editoracontexto.com.br

Sumário

Apresentação		**9**
1	**Transmitindo significados**	**15**
	1.1 Significado convencional e conversacional	15
	1.2 Sentenças, proposições e proferimentos	18
	1.3 Enriquecimento pragmático	23
	1.4 As dimensões do convencional	26
	1.4.1 Conteúdo afirmado	26
	1.4.2 Conteúdo pressuposto	27
	1.4.3 Conteúdo suplementar	29
	1.4.4 Conteúdo expressivo	30
	1.4.5 Conteúdo convencionalmente implicado	31
	Recomendações de leitura	33
	Exercícios	33
2	**Intenções comunicativas**	**35**
	2.1 Significado e intenção	36
	2.2 Dizer e implicar	38
	2.3 Princípio de cooperação e máximas conversacionais	42
	2.4 Derivando implicaturas conversacionais	45
	2.4.1 Abusando das máximas	49
	2.5 Breve interlúdio sobre razão e cooperação	51
	2.6 Grice e a navalha de Occam	54
	2.6.1 Quantificações	55
	2.6.2 Disjunções	58
	2.6.3 A conjunção *e*	61
	2.6.4 Numerais	64
	2.7 Desafios	66
	2.7.1 Intrusão do léxico: implicaturas escalares	66
	2.7.2 Intrusão da gramática: implicaturas subordinadas	71
	Recomendações de leitura	74

	Exercícios		75

3 Ações comunicativas — 77

3.1	Performativo e constativo	78
3.2	Locucionário, ilocucionário, perlocucionário	84
3.3	Interlúdio filosófico	86
	3.3.1 Convenções	86
	3.3.2 Intenções	89
	3.3.3 Compromissos	91
	3.3.4 Normas	92
3.4	Força e conteúdo	92
3.5	Atos de fala indiretos	96
3.6	Força ilocucionária e linguagem	98
	Recomendações de leitura	103
	Exercícios	104

4 Asserção e dinâmica contextual — 105

4.1	Pressuposição do falante	107
4.2	Asserções	110
4.3	Modelando proposições	111
	4.3.1 Os múltiplos papeis das proposições	111
	4.3.2 Mundos possíveis	112
	4.3.3 Revisitando os papeis proposicionais	117
4.4	O conjunto contextual	120
4.5	Bônus: ignorância contextual e conceitos proposicionais	123
	Recomendações de leitura	130
	Exercícios	131

5 Dinâmica das pressuposições — 133

5.1	Gatilhos	133
5.2	O problema da projeção	136
5.3	Pressuposição e verdade	138
	5.3.1 A negação	139
	5.3.2 A conjunção *e*	140
	5.3.3 O *se* condicional	141
	5.3.4 A disjunção *ou*	142
5.4	Pressuposição e contexto	143
5.5	Potencial de mudança de contexto	145
5.6	Contextos locais e projeção de pressuposições	148
	5.6.1 A conjunção *e*	149
	5.6.2 A negação	150

	5.6.3 O *se* condicional	151
	5.6.4 A disjunção *ou*	153
5.7	Acomodação	154
5.8	Em suma	158
	Recomendações de leitura	159
	Exercícios	160

6 Pragmática interrogativa   **163**

6.1	Semântica interrogativa	165
6.2	A dinâmica interrogativa	170
6.3	Máximas conversacionais em um contexto dinâmico	175
6.4	Pressuposições e perguntas	183
6.5	Perguntas em discussão	185
	Recomendações de leitura	189
	Exercícios	190

7 Pragmática imperativa   **193**

7.1	Propriedades e listas de afazeres	195
7.2	Ordenando possibilidades	197
7.3	Imperativos e modalidade	201
7.4	Multidimensionando o contexto	204
	Recomendações de leitura	206
	Exercícios	206

8 Foco e tópico: perguntas e respostas   **207**

8.1	A pragmática do foco	209
8.2	Semântica de alternativas	212
8.3	Tópicos contrastivos	220
8.4	Valores de tópico	228
8.5	Outros tópicos	230
	Recomendações de leitura	233
	Exercícios	234

Apêndices   **237**

A	Conjuntos	237
B	Relações, partições e ordens	241
C	Extensões e Intensões	245

Referências   **251**

O AUTOR   **255**

Apresentação

O estudo linguístico do significado costuma ser dividido em duas áreas, a semântica e a pragmática. A semântica se incumbe do significado das expressões linguísticas, isolando-o do uso efetivo dessas expressões pelos falantes. Para a semântica, são palavras e sentenças os portadores do significado. Cabe a essa área da linguística especificar o significado das palavras (semântica lexical) e a maneira como esses significados se combinam para formar o significado das sentenças (semântica composicional). A semântica é parte da especificação de uma língua e junto ao nosso conhecimento gramatical (fonológico, morfológico e sintático), o conhecimento semântico constitui nossa competência linguística. Expressões linguísticas são objetos abstratos que não se localizam no tempo ou no espaço, e nem entram em relações de causa e efeito com outros eventos. É apenas no uso da linguagem que esses objetos se materializam, convertendo-se em fala individual, instalando-se no tempo e no espaço e influenciando sua audiência. É nessa materialização que se inserem os estudos pragmáticos.

Não é particularmente fácil definir o que é ou o que faz a pragmática. Em um artigo na Enciclopédia de Filosofia de Stanford dedicado ao tema, os filósofos Kepa Korta e John Perry listam 14 definições distintas de pragmática encontradas na literatura, muitas das quais buscando diferenciar entre semântica e pragmática. E em seu famoso e frequentemente citado livro-texto, Stephen Levinson usa algumas dezenas de páginas buscando situar a pragmática em um panorama intelectual mais amplo e mostrando o quão difícil é identificar o que a separa de outras áreas dos estudos da linguagem como a psico, a etno ou a sociolinguística. Trata-se, de fato, de uma tarefa árdua. *Grosso modo*, pragmática tem a ver com o uso da língua, com a transmissão de informação via linguagem, com a maneira como o contexto de fala afeta e é afetado pelos enunciados e com a caracterização das ações e intenções comunicativas envolvidas na interação verbal. Talvez, as palavras-chaves sejam *contexto* e, sobretudo, *comunicação* e serão essas as noções que nos guiarão neste livro.

É uma questão um tanto controversa se a linguagem humana é ou não um produto evolutivo que leva em conta as vantagens que a comunicação eficiente traz para a perpetuação da espécie. Não especularemos sobre isso. O fato, porém, é que

10 **Pragmática**

as línguas naturais são um poderoso meio de comunicação e o conhecimento linguístico é, indubitavelmente, uma valiosa ferramenta para interagir com os outros. Ao comunicarmos linguisticamente, valemo-nos desse conhecimento para codificar conteúdos de uma forma que, esperamos, possa ser decodificada por nossos interlocutores. Presumimos em nossa audiência um conhecimento linguístico que, se não for idêntico, seja ao menos coincidente em boa medida com o nosso. Entretanto, há muito mais nesse processo de (de)codificação do que essas presunções semânticas. Responder a uma pergunta sobre a tenacidade do João com a sentença *ele é muito batalhador* soará como elogio, mas se a indagação tiver sido sobre sua inteligência, a mesma resposta soará um tanto crítica. A sentença *eu não lhe recomendaria uma manga verde* transmitirá mensagens diferentes se dita por uma nutricionista ou uma costureira, sendo desnecessário, e até mesmo ofensivo com a inteligência do ouvinte, explicitar que se está falando da cor de uma peça de vestuário ou de uma fruta que ainda não amadureceu. A sentença *ele é muito inteligente*, se dita enquanto se aponta para o João, nos informará que João é inteligente, mas se dita enquanto se aponta para o Henrique, nos dirá que Henrique é inteligente, sem necessidade de etiquetarmos os referentes com nomes próprios ou descrições que os singularizem.

Como se vê, mesmo nas situações mais corriqueiras, o contexto enriquece e dá suporte ao que dizemos, permitindo-nos um razoável grau de implicitude e auxiliando a preencher lacunas entre o que se diz e o que se quer dizer. Nossas escolhas linguísticas se materializam em ações comunicativas, que por sua vez revelam intenções e atitudes que caracterizam nosso estado psicológico. Falando, externalizamos o que sabemos, acreditamos ou queremos, ou o que queremos que os outros acreditem que sabemos, acreditamos ou queremos. Sendo sinceros ou não, é sobretudo por meio da linguagem que expressamos atitudes, transmitimos mensagens e direcionamos ações, ao mesmo tempo que somos impactados pelo que nos chega por meio dela, provocando-nos sentimentos, trazendo-nos informação e influenciando nossas ações e pensamentos futuros.

Além de serem afetadas pelo contexto, nossas escolhas linguísticas também o afetam. Comunicar é também mudar o contexto. O que comunicamos faz parte de uma dinâmica contextual e no processo de codificação linguística levamos em conta essa dinâmica, embutindo no que dizemos aspectos formais que apontam de que maneira o que dizemos deve ser incorporado ao contexto. Ao serem usadas em uma conversa, orações declarativas, interrogativas e imperativas se convertem em afirmações, indagações, pedidos e muitas outras ações que nos instruem a atualizar o contexto e que pautam nossas próximas ações.

É a essa relação do significado com a dinâmica contextual que caracteriza a comunicação linguística que o subtítulo deste livro se refere. Pretendemos que ele sirva como uma introdução sem pré-requisitos formais aos estudos da pragmática e sua interface com a semântica. Sua leitura requer apenas sensibilidade linguística e

Apresentação 11

capacidade analítica por parte do leitor, mas sem exigir dele nenhuma experiência acadêmica prévia na área.

O livro está dividido em oito capítulos. Os três primeiros têm um caráter mais geral e apresentam ideias e conceitos importantes surgidos no cruzamento de ideias desenvolvidas por linguistas, lógicos e filósofos no decorrer do século XX e que auxiliam na elucidação de uma variedade de fenômenos pragmáticos. Os cinco capítulos restantes têm um viés mais formalista e representam o que se pode chamar de pragmática formal. Essa abordagem se caracteriza pelo uso de ferramentas e técnicas lógico-matemáticas para construção de modelos explícitos de diversos aspectos da comunicação linguística. São, porém, ferramentas bastante modestas e que serão apresentadas e usadas sem pressupor que o leitor já as domine. Para auxiliar na assimilação do conteúdo e para instigar a curiosidade daqueles que após a leitura tenham se sentido atraídos pelo assunto, todos os capítulos terminam com exercícios e recomendações de leitura, privilegiando fontes primárias e secundárias que sejam acessíveis àqueles que tiverem lido este livro. Damos a seguir uma sinopse dos capítulos, que recomendamos serem lidos na ordem em que aparecem.

O capítulo 1 discute a relação entre elementos linguísticos e contextuais na transmissão do significado entre participantes de uma conversa. Alguns conceitos elementares da interface entre semântica e pragmática são apresentados, incluindo a separação entre significado convencional e conversacional, a distinção entre sentenças, proposições e proferimentos e a indexicalidade embutida na própria semântica de certos itens lexicais.

O capítulo 2 é dedicado às intenções comunicativas que estão na essência da comunicação humana. Entraremos em contato com o influente trabalho do filósofo britânico H. P. Grice e suas ideias sobre a lógica conversacional subjacente às interações comunicativas entre agentes racionais. Comunicar é transmitir um certo tipo complexo de intenção, nos ensina Grice através de suas famosas definições de significado não natural e de implicaturas conversacionais. Seus artigos "Meaning", de 1957, e "Logic and Conversation", publicado em 1975, são grandes clássicos modernos.

No capítulo 3, a ênfase estará nas ações comunicativas e no conceito de ato de fala proposto por outro influente filósofo britânico, John Austin, que em sua pequena grande obra *How to do things with words* (*Quando dizer é fazer*, na tradução brasileira) nos chama a atenção para o fato de que falar é, sobretudo, agir, e que um ato de fala é bem mais do que a mera vocalização de uma expressão linguística. Sua tripartição entre atos locucionários, ilocucionários e perlocucionários, bem como alguns de seus desdobramentos explorados pelo filósofo John Searle, que foi aluno de Austin, nos elucida como é que agimos com a fala, na fala e pela fala.

A partir do capítulo 4, nossa abordagem será mais explicitamente dinâmica, dando forma à intuição de que o que dizemos tem o potencial de mudar um contexto. Estaremos interessados em como a informação flui durante uma conversa, em como exatamente o contexto de fala afeta e é afetado pelo que é enunciado em um dado momento e na caracterização das ações por trás desse fluxo. Nestes capítulos, veremos a combinação de um componente semântico estático, que atribui valores semânticos a expressões linguísticas independentemente de seu uso, com um componente pragmático dinâmico. A ideia de base é que certos mecanismos eminentemente pragmáticos fazem a ponte entre a expressão de um valor semântico e a mudança de contexto, caracterizada como algum tipo de operação envolvendo esse conteúdo semântico. Essa abordagem tem no filósofo americano Robert Stalnaker um de seus pioneiros e seu defensor mais notável. Em uma série de artigos publicados na década de 1970, ele definiu, em termos dinâmicos e autônomos em relação à linguagem, as noções de asserção e pressuposição. Suas ideias, sobretudo aquelas apresentadas no artigo "Assertion", de 1978, serão discutidas neste capítulo.

O capítulo 5 retoma as ideias de Stalnaker, mas já remodeladas pelas mãos de linguistas como Irene Heim, que promoveu uma associação mais íntima entre o semântico e o pragmático, a ponto de decretar que o significado de uma sentença é, ele mesmo, um potencial de mudança de contexto. A aplicação mais notável dessa fusão entre semântica e pragmática está no estudo das pressuposições, que Heim apresentou sucintamente em seu trabalho de 1983 "On the projection problem for presuppositions", outro clássico cujas ideias discutiremos no capítulo 5.

O capítulo 6 é dedicado ao uso de sentenças interrogativas e seu papel na dinâmica contextual. Seguiremos os passos dados pelo lógico holandês Jeroen Groenendijk em seu brilhante artigo de 1999 "The logic of interrogation". Neste artigo, Groenendijk une a semântica interrogativa que ele e seu assíduo co-autor Martin Stokhof desenvolveram na década de 1980 a uma lógica conversacional ao mesmo tempo declarativa e inquisitiva e a partir da qual ele formaliza as noções griceanas de informatividade e relevância, cruciais na interação comunicativa racional.

O capítulo 7 é uma incursão no tratamento dinâmico das sentenças imperativas e das solicitações de ação que elas evocam. Tomaremos por base os trabalhos do linguista Paul Portner, que propôs uma tripartição do contexto em compartimentos que armazenam informações, questões e tarefas compartilhadas pelos interlocutores, em sintonia com os principais tipos oracionais e constantemente alterados no curso de uma conversa pelo uso de orações declarativas, interrogativas e imperativas.

Por fim, o capítulo 8 aborda o tema conhecido como estrutura informacional, em que noções como tópico, foco e contraste são sinalizadas sentencialmente, impondo condições de uso na forma de congruências entre perguntas e respostas. Apresentaremos a formalização destas noções linguístico-pragmáticas através da semântica de alternativas desenvolvida pelo linguista Mats Rooth para o tratamento do foco e aprimorada pelo também linguista Daniel Büring para o tratamento de tópicos contrastivos a partir de suas dissertações das décadas de 1980 e 1990 respectivamente.

Apresentação 13

***

O material de base que serviu de ponto de partida para a escrita deste livro foram notas de sala de aula que fui juntando quando ofereci a disciplina *Pragmática* para a graduação no período 2018-2020 e a disciplina *Tópicos em Pragmática Formal* para a pós-graduação em 2019, ambas na Universidade de São Paulo. Aos alunos dessas turmas, agradeço os questionamentos e dúvidas levantados em sala de aula que me levaram a aprimorar a organização e o caráter didático do livro. No mesmo sentido, agradeço ao professor Marcos Goldnadel e aos alunos do minicurso que ministrei na Universidade Federal do Rio Grande do Sul em agosto de 2019, quando tive a oportunidade de apresentar em um formato mais compacto o material que agora constitui alguns capítulos do livro.

A primeira versão completa do livro foi escrita em 2020, no sítio de meu pai em Matias Barbosa, Minas Gerais, para onde me mudei com minha família por quase um ano na época do auge da pandemia de COVID-19. Reitero aqui os agradecimentos que já registrei em meu último livro, também escrito naquele período, a todos com quem tive o privilégio de conviver naquele momento de isolamento social: Elaine, Henrique, João Pedro, José Olindo, Matheus, Paula, Rodrigo e Vicentina.

Já de volta a São Paulo, fiz uma primeira revisão do manuscrito em 2021, tendo por base os comentários que Gabriel Othero fez dos primeiros capítulos e das correções feitas por Camila Silvestre após a leitura minuciosa que fez de todo o material. Agradeço imensamente ao Gabriel e à Camila a ajuda nessa fase intermediária de preparação do livro.

Por fim, em 2022, fiz uma segunda revisão do manuscrito, reescrevendo e reorganizando todos os capítulos, além de realocar certas partes mais técnicas em apêndices ao final do livro. Essa nova versão foi lida por um(a) parecerista anônimo(a) da Editora Contexto e por Elaine Grolla, a quem sou muito grato e que detectaram mais alguns erros, além de fazerem várias sugestões que contribuíram para a clareza da apresentação.

Planejar, organizar, escrever e revisar é um processo árduo, alternando momentos de euforia à medida que se vê a obra evoluindo e momentos de desapontamento quando não se consegue expor de maneira clara o que se tem em mente ou quando a coisa simplesmente emperra. Em todos esses momentos tive a sorte de ter ao meu lado alguém com quem compartilhar altos e baixos, alguém que esteve sempre me apoiando e me animando. E assim tem sido nesses já quase trinta anos em que estamos juntos. À Elaine, dedico este livro com todo amor e carinho!

1 Transmitindo significados

Este primeiro capítulo busca fornecer uma ilustração de como elementos linguísticos e contextuais se harmonizam na comunicação verbal. Por um lado, o contexto permite aparentes discrepâncias entre forma e conteúdo, entre o que se ouve e o que se diz, entre o que se diz e o que se quer dizer. Por outro lado, mesmo quando somos explícitos, a codificação linguística se mostra sofisticadamente antenada na dinâmica contextual, sendo possível identificar múltiplos canais em que significados são transmitidos simultaneamente, alguns sintonizados com o pano de fundo conversacional, outros direcionados aos pontos que o falante está acrescentando ao que está em discussão. Juntos, estes múltiplos canais revelam a combinação de atitudes comunicativas, às quais voltaremos mais detalhadamente em capítulos posteriores.

Ao longo do capítulo, serão apresentados alguns conceitos e distinções importantes para o estudo pragmático do significado linguístico. Começaremos distinguindo entre aspectos convencionais e conversacionais. Em seguida, veremos como os conceitos de sentença, proposição e proferimento auxiliam na compreensão da relação entre contexto e linguagem. Por fim, falaremos do aspecto multifacetado do significado comunicado linguisticamente e sua relação com as noções de afirmação, pressuposição e implicação.

1.1 Significado convencional e conversacional

Uma língua natural, seja ela o português brasileiro, o inglês norte-americano ou o karitiana falado por índios da região amazônica, é uma forma de parear sons e significados. Esse pareamento é, em um certo sentido, arbitrário. Falantes de português se referem a um certo tipo de utensílio cortante como *faca*, enquanto falantes de inglês se valem da palavra *knife*, cuja pronúncia é algo como *naif*. Sons bastantes distintos para significados bastante próximos. Ao mesmo tempo em que é arbitrária, a combinação entre som e sentido é, do ponto de vista comunicativo, vinculante. Uma vez estabelecida, essa combinação ganha estatuto de regra a ser seguida coletivamente, não cabendo mais a um indivíduo decidir que sons correspondem a que sentidos. E nem seria razoável que fosse de outra forma, já que o resultado seria caótico, com pessoas tentando se comunicar, cada uma em sua própria língua privada e nenhuma delas podendo presumir em que base deve interpretar os sons que escuta e nem sabendo se o pareamento por ela adotado é o mesmo adotado por seus interlocutores.

Esse aspecto ao mesmo tempo arbitrário e regular da linguagem humana é chamado de CONVENCIONAL. Do ponto de vista social, convenções funcionam como acordos tácitos, não explícitos, e que engendram ações coordenadas e harmônicas por parte daqueles que aderem a eles. Ao interagir, falantes de uma língua presumem que suas falas serão interpretadas de acordo com as convenções linguísticas vigentes e internalizadas em suas mentes. Do ponto de vista estritamente linguístico, convenções codificam a gramática da língua, o conjunto de regras e princípios que regulam a forma e o conteúdo das expressões. Se eu sou um falante competente de português e quero, por exemplo, elogiar a caligrafia de meu filho Henrique, eu posso dizer *a letra do Henrique é muito bonita*, justamente por saber, e assumir que meus interlocutrores também sabem, que o sentido atribuído pelas regras do português a essa sequência de sons ou palavras é o de uma apreciação estética positiva sobre a escrita de Henrique. Vamos nos referir ao conteúdo que comunicamos e que está diretamente vinculado às convenções linguísticas como SIGNIFICADO CONVENCIONAL OU CONTEÚDO CONVENCIONAL.

O estudo da relação entre forma e significado das expressões linguísticas é o que define a SEMÂNTICA. Dentre outras coisas, cabe a essa área da linguística especificar o significado das palavras (semântica lexical) e a maneira como esses significados se combinam para formar o significado das sentenças (semântica composicional). Em ambos os casos, lida-se primariamente com os aspectos convencionais do significado. No exemplo que acabamos de ver, presume-se que os interlocutores saibam, mesmo que de modo inconsciente, analisar e interpretar a sentença de acordo com as regras do português, e que assim procedendo, chegarão ao que o falante quis dizer, ou seja, que a letra do Henrique é muito bonita. Sem dúvida alguma, a competência semântica é parte integrante de nossa competência comunicativa. Acontece, porém, que a comunicação linguística extrapola, e muito, o meramente convencional. Para apreciar um caso bastante evidente, compare os dois diálogos a seguir, sabendo que Henrique é um adolescente que frequenta o ensino médio:

(1)   A: Como é a caligrafia do Henrique?
        B: A letra do Henrique é muito bonita.

(2)   A: O Henrique é bom aluno?
        B: A letra do Henrique é muito bonita.

No primeiro caso, não precisamos ir muito além do estritamente linguístico para entender a resposta de B. O que o falante quis dizer é o que ele, de fato, disse. O conhecimento semântico basta para decodificar a resposta como expressando um juízo positivo sobre a caligrafia de Henrique. Já no segundo caso, há algo mais na resposta de B, ainda que a mesma sentença tenha sido usada. Intuitivamente, o que B quis dizer vai além daquilo que ele, de fato, disse. Infere-se da resposta dada à pergunta de A que B não acha que Henrique seja muito bom aluno. Sem dizer isso explicitamente, A comunicou que Henrique não está entre os melhores. O fato de a fala de B ser a mesma nos dois diálogos sugere fortemente que a compreensão do sentido comunicado por B no segundo exemplo não se limita aos elementos convencionais da linguagem. Vamos nos referir a esse aspecto do conteúdo comunicado como SIGNIFICADO CONVERSACIONAL ou CONTEÚDO CONVERSACIONAL.

O que é significado ou conteúdo convencional e o que é significado ou conteúdo conversacional dependerá da forma escolhida pelo falante para transmitir o que ele quer dizer. Em (2), o falante optou por veicular convencionalmente a informação de que a letra de Henrique era muito bonita e conversacionalmente a informação de que ele não era muito bom aluno. Se tivesse optado por responder como em (3), ele teria passado a mesma informação convencionalmente:

(3)   B: Henrique não é muito bom aluno, mas tem a letra muito bonita.

O estudo dos aspectos conversacionais do significado e sua relação com os aspectos convencionais é o foco da PRAGMÁTICA. Como se pode ver, mesmo em exemplos um tanto simples, comunicar põe em ação competências semânticas e pragmáticas. Sem uma delas, algo se perde. Pense, por exemplo, em um sofisticado robô que tenha sido construído por engenheiros e cientistas da computação e que traga embutido em seu sistema operacional um software linguístico com todas as regras do português. Ao receber por seus sensores a onda sonora gerada pela fala de alguém, o sistema do robô será capaz de decodificá-la minuciosamente, reconhecendo-a como uma sentença, decompondo-a em palavras e analisando-a sintaticamente. Além disso, a partir dessa análise formal, o robô também será capaz de interpretar a estrutura sintática e armazenar a informação resultante em seu banco de dados. Impressionante, sem dúvida, mas ainda assim insuficiente para identificar o ponto principal do que está em jogo na diferença comunicativa entre os exemplos acima. Nosso robô estaria preso ao estritamente linguístico e, ao ouvir os diálogos em (1) e (2), atualizaria seu banco de dados, em ambos os casos, com a informação de que Henrique tem uma letra muito bonita e nada mais. A despeito de sua perfeita competência semântica, falta-lhe competência pragmática, o que lhe confere um deficit comunicativo marcante. Salvo casos patológicos, seres humanos são pragmaticamente competentes, e parte da ocupação daqueles dedicados a essa área de estudos é justamente reconstruir o software que temos em nossos cérebros e que nos capacita a preencher a lacuna entre o que se diz e o que se quer dizer.

1.2 Sentenças, proposições e proferimentos

Como acabamos de ver, na comunicação linguística, participantes de uma conversa extraem fluentemente da fala de seus interlocutores significados convencionais e conversacionais. Na dimensão conversacional, ficou claro que o contexto de fala exerce um papel fundamental. Vimos que, a partir do uso de uma mesma sentença em contextos distintos, pode-se inferir conteúdos adicionais que enriquecem consideravelmente o que foi dito. O contexto, porém, exerce um papel fundamental mesmo na transmissão do significado convencional. Neste caso, seu papel não é bem o de enriquecer o que foi dito, mas de determinar o que o falante diz. Sem certas pistas contextuais, não poderíamos sequer identificar o que foi dito e avaliar, por exemplo, se o que alguém nos diz é verdadeiro ou falso. Nesta seção, apresentaremos algumas distinções conceituais que auxiliam na distinção entre forma e conteúdo linguísticos e, ao mesmo tempo, na compreensão do papel do contexto de fala na comunicação linguística. Como veremos, precisamos do contexto extralinguístico para identificar tanto a forma quanto o conteúdo daquilo que nossos interlocutores estão nos dizendo.

Sentenças vs. proposições

Na seção anterior, relacionamos significados convencionais e conversacionais a informações transmitidas a partir da fala de alguém. Ainda que o meio de transmissão sejam formas ou expressões de uma língua, ao falarmos de informação veiculada, falamos em um nível de abstração em relação à materialidade linguística. A esse respeito, será importante tecer uma distinção mais explícita entre forma e conteúdo que nos será útil na identificação de vários conceitos que queremos delimitar neste capítulo. Se eu sou informado que Pedro beijou Maria e você é informado que Maria foi beijada por Pedro, nós fomos informados da mesma coisa. Da mesma forma, se eu sou informado que Pedro é mais velho que Maria e você é informado que Maria é mais nova que Pedro, a informação que nos chegou é a mesma. E se um amigo inglês tiver sido informado em seu idioma que *Pedro kissed Maria* e que *Pedro is older than Maria*, também ele terá recebido as mesmas informações que nós dois.

(4) a. Pedro beijou Maria.
    b. Maria foi beijada por Pedro.
    c. Pedro kissed Maria.

(5) a. Pedro é mais velho que Maria.
    b. Maria é mais nova que Pedro.
    c. Pedro is older than Maria.

A intuição é que tanto em (4) quanto em (5), as formas variaram, mas o conteúdo não. Para captar essa diferença, vamos distinguir entre SENTENÇAS E PROPOSIÇÕES. Sentenças são objetos linguísticos. São caracterizadas por palavras e por propriedades e relações gramaticais, como sujeito, predicado e concordância. Por ora, limitaremos nossa atenção a sentenças declarativas. Proposições são objetos extralinguísticos que representam a informação expressa por uma sentença declarativa, abstraindo de questões estritamente gramaticais e mesmo da língua em questão. Sentenças distintas podem expressar a mesma proposição. Proposições caracterizam as condições de verdade de uma sentença. Se duas sentenças expressam a mesma proposição, sempre que uma for verdadeira, a outra também será, e vice-versa. Se Pedro beijou Maria, então Maria foi beijada por Pedro, e se Maria foi beijada por Pedro, então Pedro beijou Maria. Não tem como, em um mesmo cenário, uma ser verdadeira e a outra falsa. Falaremos indistintamente na verdade ou falsidade de uma sentença declarativa ou da proposição que ela expressa.

Relacionado ao conteúdo proposicional, temos o conceito lógico-semântico de ACARRETAMENTO. A noção de acarretamento é a de consequência ou implicação lógica, informações embutidas no que foi dito. De volta aos exemplos do parágrafo anterior, todos os exemplos em (4) acarretam que Pedro beijou alguém ou que alguém foi beijado. E todos os exemplos em (5) acarretam que Pedro e Maria não têm a mesma idade. Acarretamento também pode ser entendido indistintamente como uma relação entre sentenças ou entre proposições. Dizemos que uma sentença S (ou a proposição p que ela expressa) acarreta uma sentença T (ou a proposição q que ela expressa) se sempre que S (ou p) for verdadeira, T (ou q) for também verdadeira. Como consequência conversacional, fornecer uma informação e depois negar um de seus acarretamentos resulta em contradição: se eu digo que Pedro beijou Maria e depois digo que Maria não foi beijada por ninguém, eu estou me contradizendo, já que não é possível que as informações sejam ambas verídicas. Podemos dizer que um falante que usa uma sentença declarativa está comprometido não apenas com a verdade da sentença, mas com a verdade de tudo o que ela acarreta.

Qual é a sentença?

Palavras e sentenças, como já mencionamos, são combinações de som e significado, forma e conteúdo. Esse pareamento, porém, não é perfeito, ou seja, não se tem para cada forma articulável, um único conteúdo, nem para cada conteúdo imaginável, uma única forma. De um lado, temos sinonímias e paráfrases, que nos dão a possibilidade de expressar a mesma proposição com sentenças distintas: várias formas para um mesmo conteúdo.

(6)   a.   Pedro é marido de Maria.

        b.   Pedro é esposo de Maria

Do outro lado, temos ambiguidades, lexicais e estruturais, em que uma mesma forma se associa a mais de um conteúdo. A palavra *banco* nos remete tanto a um assento quanto a uma instituição financeira, e ouvir uma sentença como (7) fora de contexto não nos permite ter certeza sobre o que o falante está nos dizendo:

(7)   Eu estou na frente de um banco.

Se a sinonímia pode ser vista como um luxo comunicativo, a ambiguidade está mais para um entrave e, talvez, uma linguagem comunicativamente perfeita não a incluísse em sua especificação. O fato é que se trata de um fenômeno com o qual falantes de todas as línguas naturais convivem e que está longe de causar tantos danos informativos como se poderia pensar. Somos bons em usar o contexto a nosso favor, retirando dele pistas que, se não determinam, ao menos conferem alta probabilidade a um dos possíveis sentidos. Se lemos em um jornal que o ministro da economia pretende privatizar os bancos públicos, não nos vem à cabeça o oferecimento à iniciativa privada dos assentos de madeira ou concreto das praças e jardins das cidades. E se eu lhe digo que fui à feira, mas não encontrei manga, você não visualiza mentalmente uma aglomeração de feirantes e compradores sem camisa ou usando camisetas regatas, mas infere que está em falta um certo tipo de fruta que normalmente se encontra à venda nas barracas. O mesmo se dá com a ambiguidade dita estrutural:

(8)   Eu visitei uma fábrica de chinelos.

Se você sabe que eu sou um empresário do ramo de calçados e se, ao lhe informar que eu estou interessado em expandir meus negócios, eu lhe digo (8), é bem provável que você nem chegue a considerar a possibilidade de que eu tenha me apresentado de chinelos à recepção de uma fábrica sabe-se lá de quê. Com certeza, você conferiu à sequência *uma fábrica de chinelos* o estatuto de objeto direto do verbo *visitar*.

Quando pensamos em uma língua como um pareamento entre som e significado, não há, do ponto de vista estritamente linguístico, nada de muito excepcional nos casos acima. Em relação a (7) e casos semelhantes de ambiguidade lexical, temos em nosso dicionário mental não uma, mas duas entradas com a mesma pronúncia, que poderíamos representar como $banco_1$ e $banco_2$. Como não pronunciamos esses índices numéricos, ficamos com a ilusão de que há apenas uma sentença com a forma em (7), quando, na verdade, há (pelo menos) duas:

(9)   a.   Eu estou na frente de um $banco_1$.
          b.   Eu estou na frente de um $banco_2$.

Nessa perspectiva, não se trata propriamente de uma mesma forma ou sentença, mas de uma mesma pronúncia associada a sentenças e proposições distintas. O papel do contexto é identificar qual sentença o falante usou e, a partir disso, qual proposição essa sentença expressa. O mesmo podemos dizer em relação a (8). As regras sintáticas do português permitem que certas sequências de palavras pronunciadas uma após a outra sejam agrupadas diferentemente, como nas representações abaixo:

(10)   a.   [Eu] [visitei] [uma fábrica de chinelos].
       b.   [Eu] [visitei uma fábrica] [de chinelos].

Os colchetes representam a análise sintática (simplificada), agrupando palavras em uma estrutura hierárquica que guia o processo interpretativo. No primeiro caso, *de chinelos* modifica o substantivo que lhe antecede, resultando na interpretação de uma visita a uma fábrica que produz chinelos, enquanto no segundo, modifica o sujeito (ou, talvez, o predicado verbal), resultando na interpretação de uma visita a uma fábrica qualquer, com o visitante calçando chinelos. Aqui também o que vemos são formas e conteúdos distintos, ambos associados a uma mesma pronúncia ou a pronúncias muito próximas, se levarmos em conta a entoação. Novamente, o papel do contexto é auxiliar o ouvinte na descoberta de qual terá sido a sentença usada (e a proposição expressa) a partir dos sons que lhe chegam aos ouvidos.

Sentenças *vs.* proferimentos

Além da distinção entre sentenças e proposições, há uma outra distinção conceitual importante no entendimento do papel que o contexto tem na determinação do conteúdo transmitido linguisticamente. Sentenças, já sabemos, são objetos abstratos. Como tais, não se localizam no tempo ou no espaço. Sentenças (e outras expressões linguísticas) só se instanciam no tempo e no espaço quando efetivamente usadas por alguém. Chamamos de PROFERIMENTO à emissão de uma sentença por um indivíduo específico em um momento e um local específicos. Proferimentos distintos podem envolver uma mesma sentença. Se eu digo *a Terra é redonda* e logo depois repito o que acabei de dizer, temos uma mesma sentença, mas dois proferimentos distintos. E se você também diz *a Terra é redonda*, mesmo que você e eu tenhamos feito isso simultaneamente, teremos dois proferimentos diferentes. Para caracterizar um proferimento, precisamos conhecer a sentença proferida, a identidade do falante, sua audiência, além do momento e o local de fala.

Certas expressões linguísticas têm seus significados intimamente vinculados ao contexto caracterizador de um proferimento. São chamadas de INDEXICAIS, e a dependência contextual que manifestam, de INDEXICALIDADE. Os exemplos mais evidentes são os de pronomes pessoais de primeira e segunda pessoas, como *eu*, que normalmente remete àquele que fala, e *tu* ou *você*, que normalmente remetem àquele ou àquela com quem se fala. Além deles, temos expressões temporais e locativas como *agora* e *aqui*, que normalmente remetem, respectivamente, ao momento e ao local de fala. E há ainda uma diversidade de palavras e locuções cujos significados, de uma forma ou de outra, ancoram-se nas coordenadas do proferimento: *nós*, *ontem*, *ali* e *daqui a uma semana*, são apenas alguns exemplos. Para nós, que não nos debruçaremos sobre um estudo detalhado da indexicalidade em nenhum domínio específico, interessa menos o detalhamento desses significados do que o papel geral que a indexicalidade tem na (in)determinação do conteúdo comunicado pelos participantes de uma conversa. É sobre isso que falaremos em seguida.

Qual é a proposição?

Suponha que duas pessoas diferentes – A e B – usem a mesma sentença – (11), a seguir – resultando em dois proferimentos diferentes:

(11)   Eu nasci no Brasil.

Do ponto de vista estritamente linguístico, as duas pessoas disseram a mesma coisa. Diferentemente dos casos de indeterminação da seção anterior, não há aqui palavras ou estruturas ambíguas mascaradas por uma semelhança de pronúncia. Os dois falantes afirmaram, sem ambiguidade, que nasceram no Brasil. Suponha, agora, que A tenha se dirigido a mim e B se dirigido a você ao proferirem (11). Será que eu e você recebemos a mesma informação? Com certeza, não. Eu fui informado sobre o local de nascimento de A, enquanto você foi informado do local de nascimento de B. Se isso for tudo o que sabemos, eu sei de algo que você não sabe e você de algo que eu não sei. Sob este ponto de vista, centrado nos proferimentos, A e B disseram coisas distintas: A disse que A nasceu no Brasil e B disse que B nasceu no Brasil. É, inclusive, perfeitamente possível que um tenha dito a verdade, mas o outro não. Para tanto, basta que um deles tenha nascido no Brasil e o outro não.

Para dar mais perspectiva ao quadro que está sendo pintado, acrescente, agora, um terceiro personagem, C, que diz que A nasceu no Brasil. Eis o que temos:

(12)   A: "Eu nasci no Brasil"
        B: "Eu nasci no Brasil"
        C: "A nasceu no Brasil"

Três proferimentos, duas sentenças. Quem disse o mesmo que quem? A e B usaram a mesma sentença, mas já vimos que veicularam informações distintas. A e C usaram sentenças distintas, mas parecem ter passado a mesma informação. Se A se dirigiu a mim e C a você, nós dois fomos informados que A nasceu no Brasil. Se isso é tudo o que nos foi dito, o que eu sei, você também sabe e o que você sabe, eu também sei. Se o que A disse for verdadeiro, o que C disse também o será. E se o que A disse for falso, o que C disse também o será. O que essas considerações nos indicam é que estamos lidando com duas noções de significado, uma atrelada a sentenças e outra a proferimentos. O filósofo americano David Kaplan chamou o significado estritamente sentencial de CARÁTER (*character*, em inglês) e o significado que leva em conta as coordenadas do proferimento de *conteúdo* (*content*, em inglês). Isoladamente, a linguagem fornece apenas o caráter. Junto com o contexto, somos levados ao conteúdo:

(13)   Caráter + contexto ⟹ conteúdo

O conteúdo kaplaniano corresponde às proposições que apresentamos anteriormente. Em (12), as falas de A e B expressam o mesmo caráter, mas conteúdos ou proposições distintas. Por isso, podem ser uma verdadeira e a outra falsa. As falas de A e C expressam caracteres distintos, mas o mesmo conteúdo proposicional. Por isso, serão ambas verdadeiras ou ambas falsas. Por fim, como o leitor já terá sido capaz de antever, as falas de B e C expressam tanto caracteres quanto conteúdos distintos.

1.3   Enriquecimento pragmático

As (aparentes) indeterminações sentenciais causadas por ambiguidades lexicais e estruturais, bem como a indeterminação proposicional resultante da presença de expressões indexicais em uma sentença, são apenas casos relativamente claros de dependência contextual na determinação da informação associada ao que um falante diz. Um grau acima estão certos usos de pronomes de terceira pessoa:

(14)   Ele nasceu no Brasil.

Se, além de mim e da minha audiência, João for o único homem presente no contexto de proferimento, ao dizer (14), eu informo minha audiência que João nasceu no Brasil. Se fosse Pedro o homem de quem eu estava falando, a informação passada seria a de que Pedro nasceu no Brasil. Nada muito distante do que vimos anteriormente com o pronome de primeira pessoa, com significados relativizados a um parâmetro contextual. Nos casos de terceira pessoa, ainda há traços do papel contextual visto nos casos de ambiguidade, em que interlocutores usam quaisquer pistas extralinguísticas de que dispõem para recuperar o que o falante, de fato, disse. Veja o caso a seguir:

(15)   Pedro deu um soco forte em João. [...]

        a.   ... O rosto dele está até sangrando.
        b.   ... A mão dele está até inchada.

Muito provavelmente, você considerou João como o referente do pronome em (a), mas Pedro em (b). Para chegar a esse conteúdo proposicional, leva-se em conta a saliência contextual de Pedro e João, cujos nomes tinham acabado de ser mencionados, mas também nosso conhecimento de mundo e o fato de que socos normalmente afetam a mão de quem agride e outras partes do corpo de quem é agredido.

Outros casos de dependência contextual são mais desafiadores, havendo controvérsia sobre a divisão de trabalho entre o que é dado pela sentença, pelas circunstâncias do proferimento e mesmo por inferências tipicamente conversacionais, como as que vimos no início do capítulo. A título de ilustração, considere a palavra *ninguém* e o que (não) se vê em uma sentença como (16):

(16)   Ninguém bebeu vinho.

Normalmente, ao ouvir uma sentença como essa, não a entendemos como afirmando que ninguém no mundo bebeu vinho, mas sim que ninguém em um grupo contextualmente saliente bebeu vinho. Se eu estiver falando sobre minha saída para jantar com um grupo de amigos no final de semana, esse uso de *ninguém* será naturalmente entendido como ninguém do grupo naquela ocasião. A questão é: de onde vem e como representar essa restrição contextual? Alguns defendem que se trata de um constituinte presente na estrutura sintática da sentença, mas que não é pronunciado. Neste caso, o significado estritamente linguístico já traria embutida uma restrição, restando apenas sua determinação, como nos casos dos pronomes pessoais de que já falamos. É como se a representação sintática de (16) fosse algo como (17), em que o constituinte rotulado de C contém um elemento indexical cuja referência deve ser determinada contextualmente:

(17)   [Ninguém [$_C$ entre **eles**]] [bebeu vinho]

O mesmo procedimento se aplicaria a artigos definidos:

(18)   Você deixou a porta aberta.

(18) pode ser dita a alguém que acabou de entrar em uma sala, mesmo que haja mais de uma porta nessa sala. O que se veicula é que a porta pela qual o ouvinte entrou foi deixada aberta por ele.

Como se nota, esta é uma postura que infla o significado convencional com elementos não audíveis. O papel do contexto é determinar a referência de certos constituintes sentenciais e com isso auxiliar na composição do conteúdo proposicional associado ao que o falante proferiu. Após essa determinação, entraria em cena um outro processo inferencial em que se determina o significado conversacional a fim de recuperar o que o falante quis dizer com o que ele disse. Em (18), por exemplo, é bem provável que a intenção do falante tenha sido de solicitar ao ouvinte que fechasse a porta em questão. Sobre a recuperação dessas intenções comunicativas falaremos mais detalhadamente no próximo capítulo.

Um dos argumentos para a presença na estrutura sintática de elementos inaudíveis semelhantes a pronomes é o paralelo interpretativo com pronomes plenos (pronunciados) que interagem com outros elementos linguísticos presentes na mesma sentença. Considere os dois pares de exemplos a seguir:

(19) a. Meu filho é alto.
      b. Meu filho é alto pra idade dele.
(20) a. Todo mundo na minha família é alto.
      b. Todo mundo na minha família é alto pra sua idade.

Em (19a), temos o adjetivo gradual *alto* aparentemente desacompanhado de modificadores. A interpretação é que a altura do meu filho supera um certo padrão, cabendo ao ouvinte inferir que padrão seria esse. Uma possibilidade é que a classe de comparação seja a das pessoas com idade igual ou próxima à dele, como se vê de forma explícita em (19b). Outras interpretações possíveis seriam alto para jogar vôlei (mas baixo para jogar basquete) ou alto para participar de competições adultas. Na linha do que já vimos anteriormente, estaríamos diante de mais um caso de interpretação indexical em que a referência pronominal é recuperada do contexto de fala, tanto em (19a) quanto em (19b). A diferença estaria apenas no fato de que a modificação do adjetivo é feita de forma audível em um caso e inaudível em outro. Passando aos exemplos em (20), vemos novamente o adjetivo desacompanhado de modificadores no exemplo em (a) e uma possível explicitação de sua interpretação em (b), em que o conteúdo explicitado também contém um pronome. A diferença em relação a (19) é que o pronome não tem um referente fixado pelo contexto. Temos uma estrutura de quantificação e a interpretação do pronome covaria com a do sujeito, resultando em algo como (21):

(21) Para todo x na minha família, x é alto para a idade de x.

O importante a se notar é que, junto à dependência contextual que relaciona altura e idade, há uma interdependência interna à estrutura sentencial entre o sujeito e o pronome escondido na modificação do adjetivo. Alguns teóricos veem nesse tipo de dependência intrasentencial evidência de que a aparente lacuna em (20a) esteja preenchida já na interface da sintaxe com a semântica, entrando no cômputo da composição do conteúdo proposicional, tal como o modificador e o pronome plenos em (20b).

Uma postura diferente (diametralmente oposta) é defender que o significado convencional e literal de todos os exemplos que vimos até aqui corresponde exatamente ao que ouvimos. No caso de (16), esse significado seria, de fato, que ninguém no mundo bebeu vinho. Um processo de inferência eminentemente conversacional entraria em cena para interpretar o que o falante realmente quis dizer. É como se o ouvinte raciocinasse da seguinte forma: é muito pouco provável que o falante esteja se referindo a todas as pessoas do mundo. Logo, o que ele quer dizer não equivale ao que ele, de fato, disse. Como o falante estava falando sobre seu grupo de amigos em um jantar, o mais plausível é que ele queira que sua fala seja entendida apenas em relação a essa situação, ou seja, ele está querendo dizer que ninguém no grupo naquele momento bebeu vinho. Essa postura evita a inflação da forma e do significado estritamente linguísticos para rebuscar o processo de enriquecimento pragmático, trazendo-o para a esfera das intenções comunicativas.

Entre as duas posições que acabamos de delinear, há ainda várias possibilidades que encontram defensores e argumentos na literatura. Alguns admitem a necessidade de enriquecimento na representação semântica das sentenças, mas buscam manter sua estrutura sintática enxuta, sem constituintes não pronunciados. Outros dão um passo adiante e enriquecem uma postulada representação mental, expressa em uma linguagem do pensamento e já fora da sintaxe e da semântica da língua em que a sentença proferida foi formulada. À medida que o leque de possibilidades analíticas vai aumentando, torna-se também difícil decidir em termos puramente teóricos quem está certo e em que grau, havendo defesas razoáveis de todas as partes. Não iremos aprofundar esta discussão, mas remeteremos o leitor interessado a algumas referências nas sugestões de leitura ao final do capítulo.

1.4 As dimensões do convencional

A naturalidade com que nos comunicamos linguisticamente acaba por mascarar a enorme sofisticação com que significados são transmitidos entre interlocutores, ainda que o assunto em pauta possa ser banal e as sentenças utilizadas bastante simples. Como veremos, mesmo no domínio do estritamente convencional, e mesmo estando ausentes as complexidades que a indexicalidade e outras dependências contextuais revelam, o significado ou conteúdo linguístico se mostra multifacetado, possibilitando escolhas comunicativas que permitem distribuir em múltiplos canais aquilo que se quer veicular. Essa análise multidimensional do conteúdo convencional revela semelhanças e diferenças entre os vários conteúdos transmitidos, às quais passaremos agora.

1.4.1 Conteúdo afirmado

O primeiro aspecto do conteúdo que queremos destacar pode ser chamado de CONTEÚDO AFIRMADO, uma tradução imperfeita de *at issue content*, termo inglês utilizado pelo linguista Chris Potts e que tem sido adotado na literatura semântico-pragmática. Intuitivamente, o conteúdo afirmado é o ponto principal da mensagem veiculada por um falante. Sua identificação ficará mais fácil após apresentarmos outros conteúdos que contrastam com ele. Como exemplo inicial, suponha que em uma conversa eu seja perguntado sobre a família de uma conhecida minha chamada Maria. Se eu respondo com a sentença em (22), eu afirmo a existência de uma irmã da Maria.

(22)   Maria tem uma irmã.

O assunto em discussão era a família dela e minha resposta foi direto ao ponto, acrescentando informação supostamente nova e diretamente relevante. Neste caso, todo o conteúdo de minha fala foi conteúdo afirmado.

1.4.2 Conteúdo pressuposto

Suponha, agora, que no mesmo contexto anterior em que eu fui perguntado sobre a família da Maria, eu comece minha resposta dizendo o seguinte:

(23)   A irmã da Maria é linguista.

Nesta resposta também está contida a informação de que Maria tem uma irmã. Entretanto, diferentemente do caso anterior, esse não foi o ponto principal da minha fala. A informação de que Maria tem uma irmã aparece agora como CONTEÚDO PRESSUPOSTO, um pano de fundo conversacional sobre o qual eu afirmo que essa irmã é linguista. Intuitivamente, pressupor é tomar uma informação como já sendo de conhecimento mútuo entre os interlocutores. Voltaremos a falar especificamente de pressuposições e sua caracterização pragmática no capítulo 5. Por ora, basta a intuição de que o conteúdo total pode ser dividido entre conteúdo pressuposto e conteúdo afirmado. Em nosso exemplo, o conteúdo pressuposto é que Maria tem uma irmã e o conteúdo afirmado é que essa irmã é linguista. Neste caso, o marcador linguístico que sinaliza a presença de conteúdo pressuposto foi o artigo definido. Sem sua presença é possível realocar o conteúdo relevante como conteúdo afirmado. Se minha fala tivesse sido (24), tanto a existência da irmã quanto sua profissão seriam parte do conteúdo afirmado.

(24)   A Maria tem uma irmã linguista.

Uma das marcas registradas do conteúdo pressuposto é que ele é preservado pela negação.

(25)   A irmã da Maria não é linguista.

Se eu digo (25), eu continuo veiculando que Maria tem uma irmã. O que mudou em relação à contraparte positiva foi o conteúdo afirmado, que passa a ser que a irmã não é linguista. Outros exemplos de marcadores linguísticos da pressuposição confirmam que a negação não incide sobre essa parte do conteúdo. É o caso da locução *parar de*:

(26)   Maria parou de fumar.

(27)   Maria não parou de fumar.

28 Pragmática

Se eu digo (26), ou se eu digo (27), eu veiculo, em ambos os casos, que a Maria fumava. A diferença é que em um caso eu afirmo que ela não fuma mais e no outro que ela continua fumando. Em outras palavras, no caso de (26), o conteúdo pressuposto é que Maria fumava e o conteúdo afirmado é que ela não fuma mais. Já em (27), o conteúdo pressuposto continua a ser que Maria fumava, mas o conteúdo afirmado passa a ser que ela ainda fuma. Também neste caso podemos realocar o conteúdo pressuposto no conteúdo afirmado, se escolhermos uma sentença sem a locução *parar de*. Em (28), por exemplo, não há conteúdo pressuposto, apenas afirmado:

(28)   Maria fumava e (ainda) fuma.

A resistência à negação é um dos testes que distingue o conteúdo pressuposto do conteúdo afirmado ou acarretado. Diferentemente do conteúdo pressuposto, o conteúdo acarretado é afetado pela negação. Se eu estou informado que Maria tem uma irmã linguista, então eu estou informado que ela tem uma irmã. Maria ter uma irmã linguista acarreta (implica logicamente) ela ter uma irmã.

(29)   Maria tem uma irmã linguista *acarreta* Maria tem uma irmã.

Mas se eu estou informado que Maria não tem uma irmã linguista, eu não posso concluir se ela tem ou não irmã. Pode ser que ela seja filha única, pode ser que ela só tenha irmãos ou ainda que ela tenha irmãs, mas que nenhuma delas seja linguista. Não há implicação lógica entre não ter uma irmã linguista e ter ou não ter irmã:

(30)   Que a Maria não tem uma irmã linguista *não acarreta* que a Maria tem uma irmã.

Por outro lado, se eu fui informado que a irmã da Maria é linguista ou se eu fui informado que a irmã dela não é linguista, em ambos os casos eu estou informado que a Maria tem uma irmã:

(31)   Que a irmã da Maria é linguista *pressupõe* que a Maria tem uma irmã.

(32)   Que a irmã da Maria não é linguista *pressupõe* que a Maria tem uma irmã.

O conteúdo pressuposto resiste até mesmo à transformação de uma sentença declarativa em uma sentença interrogativa. Tanto (33a) quanto (33b) dão a entender que Maria tem uma irmã:

(33)   a.   A irmã da Maria é linguista.
        b.   A irmã da Maria é linguista?

O mesmo não se pode dizer do conteúdo afirmado nem acarretado. Em (33a), mas não em (33b), o falante passa a informação de que a irmã da Maria é linguista.

1.4.3 Conteúdo suplementar

Considere, agora, a sentença em (34):

(34)   A irmã da Maria, que é três anos mais velha que ela, é linguista.

Ao conteúdo pressuposto (Maria tem uma irmã) e afirmado (a irmã é linguista) dos exemplos anteriores, adicionou-se uma outra informação, a de que a irmã é três anos mais velha que Maria. Essa parte do conteúdo foi contribuída por uma oração relativa apositiva. Intuitivamente, esse conteúdo soa como uma nota adicional ao ponto principal da mensagem, um acompanhamento apresentado junto ao conteúdo afirmado. Como o conteúdo afirmado (e acarretado), esse novo conteúdo compromete o falante com sua veracidade. No caso em questão, infere-se que o falante está endossando tanto a informação de que a irmã é linguista como a de que ela é três anos mais velha que Maria. Como o conteúdo pressuposto, esse conteúdo não é afetado pela negação.

(35)   A irmã da Maria, que é três anos mais velha que ela, não é linguista.

Ao usar essa sentença, eu continuo veiculando que Maria tem uma irmã três anos mais velha. E não é só porque a oração relativa precede a negação. Mesmo em uma sentença como (36), a negação não incide sobre a informação a respeito da idade da irmã, e o falante continua a veicular que ela é três anos mais velha que Maria.

(36)   Eu não apresentei a irmã da Maria, que é três anos mais velha que ela, aos meus amigos.

Entretanto, esse novo conteúdo se mostra ainda mais isolado do conteúdo contribuído pelo restante da sentença do que o conteúdo pressuposto. Considere, por exemplo, o que acontece quando subordinamos uma oração relativa apositiva a um verbo como *acreditar*:

(37)   Pedro acredita que a irmã da Maria, que é três anos mais velha que ela, é linguista.

Neste caso, atribuímos a Pedro, o sujeito da oração principal, a crença de que Maria tem uma irmã e que essa irmã é linguista. Entretanto, atribuímos ao falante a informação de que a irmã é três anos mais velha. Diferentemente do conteúdo do restante da oração subordinada, que se relaciona semanticamente com o verbo subordinador, o conteúdo da oração relativa apositiva é avaliado paralelamente, como se fosse uma oração independente:

(38)   Pedro acredita que a irmã da Maria é linguista. A irmã da Maria é três anos mais velha que ela.

30 **Pragmática**

Evidência dessa independência é que esse conteúdo pode contradizer o conteúdo do restante da oração subordinada, sem que o resultado soe inconsistente:

(39)   Pedro acredita que a irmã da Maria, que é três anos mais velha que ela, tem a mesma idade dela.

Neste caso, fica claro que é Pedro, e não o falante, quem acredita que Maria e a irmã têm a mesma idade, ao passo que é o falante, e não Pedro, quem acredita (ou sabe) que a irmã é mais velha que Maria.

1.4.4 Conteúdo expressivo

Uma outra dimensão do conteúdo se revela em construções nominais usadas para expressar uma avaliação pessoal, frequentemente negativa, a respeito de algo ou alguém:

(40)   Essa porcaria de hotel fica no centro da cidade.

Neste exemplo, o falante afirma que o hotel fica no centro da cidade e indica, pelo uso da expressão *essa porcaria de*, uma avaliação um tanto negativa do estabelecimento. Como no caso das relativas apositivas, esse conteúdo avaliativo, chamado de CONTEÚDO EXPRESSIVO, se mostra imune à negação e à subordinação:

(41)   Essa porcaria de hotel não fica no centro da cidade.

(42)   Pedro acredita que essa porcaria de hotel fica no centro da cidade.

Em nenhum desses casos, o falante endossa a informação de que o hotel fica no centro da cidade. Em (41) esse conteúdo é negado e, em (42), ele é atribuído a Pedro. Em ambos os casos, porém, o falante veicula a mesma atitude negativa em relação ao hotel que era veiculada com (40). Também nesses casos, é possível mesclar conteúdos inconsistentes sem incorrer em contradição:

(43)   Pedro acredita que essa porcaria de hotel é uma maravilha.

A interpretação é clara: maravilha para Pedro, mas porcaria para o falante. Essa mescla só é possível pela independência do conteúdo da locução *essa porcaria de* em relação ao restante do conteúdo oracional.

Podemos realocar o conteúdo expressivo dessa locução no conteúdo afirmado, se a trocarmos por predicações comuns, como em (44):

(44)   Esse hotel é uma porcaria e fica no centro da cidade.

Neste caso, há interação com a negação e a subordinação, e exemplos paralelos a (43) não são mais possíveis:

(45)   Esse hotel não é uma porcaria.

(46)   Pedro acredita que esse hotel é uma porcaria.

(47)   ?Pedro acredita que esse hotel é uma porcaria e uma maravilha.

Em (45), o falante não avalia mais tão negativamente o hotel, e em (46) a avaliação negativa é de Pedro, nada se podendo inferir sobre a opinião do falante. Já (47), se não vier acompanhada de elaboração por parte de quem fala, atribuirá a Pedro crenças inconsistentes.

Outras locuções aparentadas têm um comportamento um pouco diferente. Considere, por exemplo, a locução, tida por muitos como chula, *essa porra de* usada com frequência para expressar um sentimento pessoal, normalmente negativo, a respeito de algo, alguém ou mesmo de uma situação:

(48)   Essa porra de celular ficou sem bateria de novo.

Neste caso, o falante parece afirmar que o celular ficou sem bateria ao mesmo tempo em que expressa irritação ou descontentamento com a situação. Diferentemente do caso de *essa porcaria de*, não parece possível realocar esse conteúdo expressivo no conteúdo afirmado. Todas as possibilidades em (49) soam estranhas, em contraste com o que acabamos de ver com *essa porcaria de*:

(49)   a. ??Esse celular é uma porra.
        b. ??Essa bateria é uma porra.
        c. ??Esse descarregamento é uma porra.

É possível que esse contraste entre *essa porra de* e *essa porcaria de* seja revelador de uma subdivisão entre expressões portadoras de conteúdo expressivo. Algumas, como *essa porra de*, agregam conteúdo exclusivamente expressivo, sem adicionar nada ao conteúdo afirmado. Outras, como *essa porcaria de*, agregam tanto conteúdo expressivo quanto conteúdo afirmado, sendo que esse último é realocável no canal do conteúdo afirmado na forma predicativa *ser uma porcaria*. Tudo isso, entretanto, é discutível, e o leitor interessado encontrará referências ao final do capítulo.

1.4.5 Conteúdo convencionalmente implicado

Por fim, olhemos para uma possível nova dimensão do conteúdo total veiculado pelo proferimento de certas sentenças, que recebeu a alcunha de CONTEÚDO CONVENCIONALMENTE IMPLICADO OU IMPLICATURA CONVENCIONAL. O termo aparece em Grice (1975), mas de forma incidental e breve, tendo merecido do autor apenas um exemplo, que adaptamos a seguir:

32 **Pragmática**

(50)   Peter é inglês e, portanto, corajoso.

Grice sugere que, ao usarmos essa sentença, estamos afirmando que Peter é inglês e corajoso, e implicando que ele ser corajoso é consequência de ser inglês. Cabe ao conectivo *portanto* a contribuição desse conteúdo adicional. Sem ele, teríamos uma conjunção aditiva regular de predicados. Análise semelhante tem sido sugerida para a conjunção adversativa *mas*:

(51)   Thomas é inglês, mas é covarde.

Também neste caso, o conteúdo afirmado seria a mera adição de propriedades: Thomas é inglês e covarde. A conjunção adversativa contribuiria com a ideia de oposição e o falante estaria sinalizando que ser inglês e ser covarde são atributos que não se costuma ver em uma mesma pessoa.

Há, de fato, tanto em (50) quanto em (51), uma aparente separação entre a atribuição conjunta das propriedades expressas pelos adjetivos e a contribuição dos conectivos, que parece comentar sobre a relação entre essas propriedades. O próprio Grice, ao revisitar seu texto original (Grice 1978), sugere vincular implicaturas convencionais a atos de fala secundários. Uma intuição relacionada é que, se o falante diz (51), sabendo que Thomas não é inglês ou que ele não é covarde, esse falante estará mentindo. Entretanto, se Thomas é mesmo inglês e covarde, mas o falante não vê essas propriedades como antagônicas, não é mais tão obviamente correto dizer que ele mentiu. Diremos, talvez, que a fala foi enganosa ou que o falante está agindo em descompasso com suas ideias. Esse é reconhecidamente um terreno pantanoso e alguns autores têm preferido falar em dois aspectos do conteúdo afirmado.

Uma possível evidência para essa separação menos drástica entre os conteúdos contribuídos por *mas* e outras conjunções aparentadas é seu comportamento quando subordinado a verbos como *acreditar*, na linha que estamos seguindo nesta seção:

(52)   Maria acredita que Pedro é alto, mas veloz.

Neste caso, está claro que é Maria, e não o falante, quem vê Pedro como sendo ao mesmo tempo alto e veloz. A questão mais difícil é: a quem devemos atribuir a visão de oposição contribuída pela conjunção adversativa da oração subordinada? Ao falante, à Maria, ou a ambos? Pelo que vimos nos casos anteriores envolvendo relativas não restritivas e locuções expressivas, deveria ser o falante quem contrapõe altura e velocidade. A intuição, porém, parece bem mais sutil. Seja como for, essa é uma das muitas controvérsias que ainda rondam o terreno das implicaturas convencionais, uma noção que só mais recentemente tem recebido atenção e tratamentos teóricos no mesmo nível de rigor e abrangência encontrado nos estudos dedicados às outras dimensões do significado.

Para concluir, vamos compactar em uma única e relativamente breve sentença todos os conteúdos que discutimos nesta seção, o que revela as múltiplas dimensões do significado linguístico, pelas quais nossas falas transitam natural e fluentemente:

(53) O idiota do marido da Maria, que tem 18 anos, é estudante, mas não gosta de ler.

(54) **Pressuposto:** Maria é casada.
Afirmado: o marido da Maria é estudante e não gosta de ler.
Suplementar: o marido tem 18 anos .
Expressivo: o marido é um idiota.
Implicado convencionalmente: ser estudante e não gostar de ler se opõem.

E a esses significados convencionais pode se juntar ainda o significado conversacional que mencionamos na primeira seção, revelador de certas intenções comunicativas e sobre o qual voltaremos a falar em detalhe no próximo capítulo.

Recomendações de leitura

Para uma discussão sobre a divisão de trabalho entre semântica e pragmática nos estudos do significado, ver Bach (1997) e Gutzmann (2021b). Sobre a distinção entre conteúdo e caráter, a referência clássica é Kaplan (1989). Ótimas introduções ao tema da indexicalidade são Cappelen & Dever (2016) e Braun (2017). Para visões distintas sobre como integrar significado linguístico e informação contextual, ver Carston (2002), Recanati (2004) e Stanley (2007). Um bom artigo panorâmico a esse respeito e que resume bem as diversas controvérsias e posições teóricas nessa área é Elbourne (2021). Sobre a multidimensionalidade do significado, ver Potts (2005), Potts (2015) e Gutzmann (2021a). Sobre conteúdo expressivo e seus possíveis subtipos, ver McCready (2021). Por fim, Szabó & Thomason (2018) e Green (2021) são duas excelentes introduções à filosofia da linguagem com uma boa parte dedicada à pragmática, e que podem ser bons acompanhamentos à leitura deste livro.

Exercícios

1. Considere um proferimento da sentença *está chovendo*. Como você avaliaria a verdade ou falsidade dessa afirmação? Você consegue detectar algum elemento indexical? Qual ou quais? São elementos implícitos ou explícitos?

2. Considere o uso de *você* em uma sentença como *neste país, se você tem dinheiro, você consegue qualquer coisa.* Seria esse uso um uso indexical? Discuta.

3. A sentença *só o João tirou 10 na prova* nos informa que o João tirou 10 na prova e que ninguém mais tirou 10 na prova. Contraste-a com suas contrapartes negativa e interrogativa e use os resultados para alocar essas informações nos canais do conteúdo afirmado e do conteúdo pressuposto.

4. Considere a sentença *esse cachorro desgraçado latiu a noite toda* e analise a contribuição do adjetivo *desgraçado* para os conteúdos afirmado e expressivo. Compare-o com o que vimos sobre as expressões *essa porcaria de* e *essa porra de* na seção 1.4.

5. Compare os dois proferimentos das sentenças a seguir, contrastando-os em termos de que é afirmado e do que é expresso:

   (a) Ai, meu pé! Eu pisei em um caco de vidro.

   (b) Meu pé está doendo. Eu pisei em um caco de vidro

6. A qual ou quais dimensões do significado você atribuiria a diferença entre os dois proferimentos a seguir, ambos dirigidos à mesma pessoa:

   (a) Você está no prédio errado.

   (b) O senhor está no prédio errado.

2 Intenções comunicativas

Em um nível bastante elementar, podemos dizer que a interação conversacional se assenta sobre duas presunções. Ao conversarmos, presumimos que nossos interlocutores compartilham, ao menos em certo grau, a língua que estamos usando e compreendem o que nossas palavras significam. Se eu estou em um bar bebendo com amigos e, em um dado momento, eu me dirijo naturalmente ao garçom dizendo *Traga mais uma cerveja, por favor!*, eu o faço presumindo que ele fale português e saiba reconhecer e interpretar minha sentença. Obviamente, meu comportamento verbal não seria o mesmo se estivéssemos em um distante país estrangeiro em que não se fala português.

Ao mesmo tempo, presumimos que, quando alguém diz algo a alguém, ele ou ela o faz com alguma intenção comunicativa, que não está apenas dizendo, mas querendo dizer alguma coisa. Suponha que, no mesmo cenário do bar, eu diga ao garçom algo como *Nossa cerveja acabou* ou *Nossos copos estão vazios*, e que ele imediatamente nos traga uma cerveja, que era o que eu, de fato, queria. Por que o garçom agiu assim? Certamente, porque reconheceu na minha fala a intenção de que ele trouxesse à mesa uma nova cerveja. E por que eu agi daquela forma? Porque presumi que o garçom iria reconhecer na minha fala a intenção de ser servido. Note que aqui já não bastava presumir sua competência em português. Afinal, tudo o que eu fiz do ponto de vista estritamente linguístico foi afirmar um estado de coisas, ou seja, que havia garrafas e copos vazios sobre a mesa. Aliás, muito provavelmente o desfecho da estória teria sido o mesmo se eu me abstivesse completamente de usar a linguagem verbal e, após estabelecer contato visual com o garçom à distância, tivesse apenas levantado com as mãos a garrafa ou um dos copos vazios sobre a mesa, talvez apontando para os mesmos. Também nesses casos, em que o elemento linguístico está ausente, o que eu presumi foi que o garçom seria capaz de identificar em meu gesto a minha intenção de ser servido. Sem essa presunção, não faria sentido agir da forma como eu agi.

É a partir desses truísmos pragmáticos, dessas quase obviedades comunicativas, que iremos explorar, neste capítulo, algumas considerações que estão na essência da comunicação humana e que revelam uma espécie de lógica conversacional que mescla elementos convencionais e intencionais. Como veremos, essa mescla con-

36 **Pragmática**

fere uma considerável elasticidade aproximando e distanciando em diferentes graus o que dizemos literalmente e o que queremos dizer e que transmitimos apenas implicativamente. E isso vale mesmo para as situações mais banais, como as que acabamos de ilustrar. E os exemplos são muitos e variados. Posso dizer a um colega de classe que o professor já está na sala, alertando-o que se apresse ou, delicadamente, convidando-o a ficar quieto. Posso exclamar *como você é inteligente!*, ressaltando suas notáveis habilidades intelectuais e com minhas palavras expressando literalmente o que penso, ou, ironicamente, chamando atenção para sua evidente inépcia e querendo dizer exatamente o oposto do que acabei de dizer. Como isso é possível? O que são esses significados que transmitimos conversacionalmente, e como se dá essa transmissão? Como nossos interlocutores conseguem recuperar o que queremos dizer mesmo quando nossa fala não é explícita e apenas sugere ou implica o que temos em mente? Veremos algumas possíveis respostas, às quais retornaremos em capítulos subsequentes.

2.1 Significado e intenção

Comunicar, no sentido que iremos abordar aqui, é transmitir intencionalmente algum tipo de conteúdo. Ações comunicativas pressupõem intenções. Suponha que meu filho deixe sobre a escrivaninha de seu quarto seu boletim escolar mais recente com notas não tão boas e que ele pretendia esconder dos pais. Sem saber que ele está no banho, eu entro em seu quarto para chamá-lo para o jantar e, percebendo o boletim sobre a mesa, acabo por descobrir que ele não tirou notas boas. Neste caso, não diremos que meu filho me comunicou que tirou notas baixas, ainda que uma ação sua (deixar o boletim sobre a mesa) tenha feito chegar até mim um conteúdo (as notas baixas). O ponto aqui é que a ação não foi intencional. E mesmo que meu filho já tivesse chegado em casa com a intenção de me mostrar as notas, ele não agiu com essa intenção ao deixar o boletim sobre a mesa, o que impede a caracterização de sua ação como comunicativa.

Também excluídas do rol das comunicações de que nos ocuparemos estão informações que não nos chegam por agentes, mas por certos fatos ou circunstâncias naturais. Sem dúvida, a presença de nuvens negras no céu pode me informar sobre uma chuva iminente, assim como manchas no rosto podem significar alguma doença de pele. Nestes casos, os fatos têm um caráter indicial, mas não intencional: nuvens negras são indício de chuva e manchas na pele são indício de doença. Nuvens e manchas nos levam a inferências e podem, eventualmente, nos revelar informações importantes. Entretanto, está claro que nem condições climáticas nem marcas na pele têm intenções comunicativas. Dizer que as nuvens me comunicaram que estava prestes a chover ou que as manchas no meu rosto comunicaram a meu médico que eu estava com uma doença de pele é, quando muito, uma força de expressão. Podem até ser boas fontes de informação, mas não se confundem com agentes comunicadores.

O filósofo britânico H.P. Grice cunhou o termo SIGNIFICADO NÃO NATURAL para a noção de conteúdo ou significado vinculada a intenções comunicativas. Esse significado intencional se opõe ao que ele chamou SIGNIFICADO NATURAL, que é, por exemplo, a informação que nos chega de nuvens e manchas na pele, como acabamos de ver no parágrafo anterior. É primariamente com o significado não natural que a pragmática se importa e é sobre ele que falaremos neste capítulo.

Intenções estão na essência da comunicação humana. Comunicação bem sucedida implica em reconhecimento de intenções. Mas que intenções são essas cujo reconhecimento é essencial para conferir a uma ação o estatuto de comunicação? Vejamos um exemplo: eu quero que você acredite que fumar faz mal à saúde, e para tanto eu me dirijo a você e vou direto ao ponto, dizendo: *fumar faz mal à saúde*. Você, porém, não reage amigavelmente, respondendo: *Isso é bobagem! Meu avô fumava e viveu até os cem anos*. Certamente, eu não fui bem sucedido na minha tentativa de persuadir você de que fumar é prejudicial à saúde. Minha fala não abalou suas convicções. Eu falei com a intenção de que você acreditasse em alguma coisa, mas você continuou não acreditando. No entanto, do ponto estritamente comunicativo, eu fui, sim, bem sucedido. Afinal de contas, minha fala fez você captar minha intenção.

Compare a situação anterior com a seguinte: você e eu estamos em uma sala e você está próximo da janela, que está fechada. Sentindo-me incomodado com o ar abafado e não tendo intimidade suficiente com você, eu não me sinto à vontade para lhe pedir que abra a janela. Decido, então, dizer apenas *Está bem quente hoje*, esperando que, ao me ouvir, você perceba meu desconforto e abra a janela. Você, entretanto, interpreta minha fala como uma mera observação sobre o tempo, respondendo que, de fato, faz muito calor nessa época do ano, e deixando a janela como está. Neste caso, eu não fui bem sucedido do ponto de vista comunicativo, já que você não reconheceu minha intenção, digamos, primária, que era que você abrisse a janela. Podemos até adicionar um colorido à estória e imaginar que por mera coincidência você acabe por abrir a janela logo após minha fala, mas por outro motivo, e não pelo que eu disse. Ainda assim, continuamos com o fracasso comunicativo, ainda que o que eu originalmente queria tenha se realizado. O que faltou, e continua faltando, foi o reconhecimento pelo ouvinte da intenção comunicativa do falante. Sendo a intenção o fator principal, podemos até eliminar a linguagem verbal do cenário e ainda assim preservar o ponto central do exemplo. Se, ao invés de ter me dirigido a você via linguagem, eu tivesse abanado meu rosto com as mãos em um gesto deliberado e com as mesmas intenções do caso anterior, nada de essencial mudaria.

Em um influente artigo de 1957, Grice propôs uma célebre definição de significado não natural que buscava captar a essência do processo comunicativo pelas

38 **Pragmática**

intenções do falante e seu reconhecimento pelo ouvinte. Grice explicitou e refinou essa definição em textos posteriores, mas em sua base está a proposta de que significado não natural está vinculado à intenção de provocar uma reação no ouvinte através do reconhecimento dessa intenção. Há um caráter um tanto convoluto nessa definição que menciona uma intenção de que uma intenção seja reconhecida. Vejamos em termos mais concretos. No cenário que descrevemos no parágrafo anterior, eu tinha a intenção (i_1) que você abrisse a janela. E ao proferir a sentença *está bem quente hoje*, eu falei com a intenção (i_2) de que você reconhecesse essa outra intenção (i_1). Além disso, eu também tinha a intenção (i_3) de que, ao reconhecer minha intenção primária (i_1), você abrisse a janela.

De fato, a definição griceana pode ser decomposta em três partes: (1) uma intenção primária i_1, como, por exemplo, levar alguém a acreditar em algo ou a fazer algo; (2) uma intenção secundária i_2 de que i_1 seja reconhecida; (3) uma intenção terciária i_3 de que esse reconhecimento de i_1 contribua para a realização de i_1. Voltemos, para fixar, a nosso exemplo sobre fumar fazer mal à saúde. Minha intenção primária (i_1) era que você acreditasse que fumar faz mal à saúde. E ao proferir a sentença *fumar faz mal à saúde*, eu falei com a intenção secundária (i_2) de que você reconhecesse minha intenção primária (i_1). Além disso, eu também tinha a intenção terciária (i_3) que, ao reconhecer minha intenção primária (i_1), você passasse a acreditar que fumar faz mal à saúde. Sendo assim, diríamos que eu proferi a sentença querendo dizer que fumar faz mal à saúde. E, se você tiver captado minhas intenções, eu terei comunicado à você que fumar faz mal à saúde.

Para ações associadas a essas intenções complexas, Grice usava a expressão *the speaker meant something*, cuja tradução mais óbvia em português seria *o falante significou algo*. Essa tradução, porém, não soa muito natural, sendo preferível, talvez, a expressão *o falante quis dizer algo*. Em nosso exemplo, diríamos que o falante quis dizer que o ouvinte deveria abrir a janela ou que era para o ouvinte abrir a janela. E, se suas intenções forem captadas, diríamos que ele comunicou isso ao ouvinte.

É importante salientar que, no uso da expressão *querer dizer*, o verbo *dizer* deve ser entendido em sentido amplo, como quando indagamos a alguém o que ela está querendo dizer com sua atitude, que pode ser um gesto, uma expressão facial ou, claro, uma fala. Grice, entretanto, guarda para esse verbo (*to say*, em inglês) um sentido comunicativo mais restrito, como veremos na próxima seção, o que pode causar certa confusão terminológica em português. Voltaremos a este ponto.

2.2 Dizer e implicar

Na comunicação linguística, interlocutores se valem do significado convencional de suas palavras para fazer com que suas intenções comunicativas sejam reconhecidas

Intenções comunicativas 39

por sua audiência. Se eu quero que você saiba que está chovendo, é natural que eu diga *está chovendo*. Se eu quero que você saiba que o dia está muito quente, é natural que eu diga *está muito quente hoje*.

Outras vezes, porém, o significado convencional do que é proferido é apenas uma alavanca para a transmissão de um outro significado. Voltemos a um dos exemplos vistos na introdução a este capítulo: um freguês bebendo cerveja em um bar diz ao garçom que seu copo está vazio, ao que o garçom imediatamente reage, servindo-lhe mais cerveja, que era justamente o que ele queria.

Podemos decompor o processo em duas etapas: ao proferir sua sentença, o freguês tem a intenção de que o garçom se dê conta que seu copo está vazio. Por trás dessa intenção, está a intenção de que o garçom lhe sirva mais cerveja. A expectativa é que o reconhecimento de uma intenção leve ao reconhecimento da outra. Afinal de contas, por que cargas d'água um freguês iria querer que o garçom se desse conta de que seu copo estava vazio, senão porque queria que este lhe servisse mais bebida?

Note que apesar da lacuna entre o que o falante expressou convencionalmente e o que ele expressou conversacionalmente, sua escolha de palavras não foi aleatória e uma sentença escolhida ao acaso como *a Terra é redonda* teria chances virtualmente nulas de levar ao reconhecimento da intenção principal do falante. Em outras palavras, há uma harmonização entre o que foi afirmado explicitamente e o que foi veiculado implicitamente.

Nos termos de Grice, o falante DISSE (*said*) que seu copo estava vazio e IMPLICOU (*implicated*) que o garçom deveria servir-lhe mais bebida. A teoria conversacional de Grice, expressa em seu outro célebre artigo "Logic and Conversation", tem em sua base o cruzamento das distinções entre dizer e implicar, e entre convencional e conversacional. Seu objetivo central é justamente elucidar os princípios por trás do preenchimento, no mais das vezes rápido e inconsciente, que fazemos dessa lacuna. Posto de outra forma, Grice busca preencher as reticências em uma definição da seguinte forma: um falante f, ao dizer p, implica i, se, e somente se, ...

Note-se de partida que dizer e implicar são atitudes que se atribuem a falantes e não a sentenças. Tanto o dito quanto o implicado são casos de significado não natural e, portanto, envolvem, agentes intencionais, como esperamos ter deixado claro. A esse respeito, o significado não natural e as intenções comunicativas que o constituem abarcam a totalidade do que é veiculado pelo dito e pelo implicado, pelo convencional e pelo conversacional. Posteriormente, o significado não natural começou a ser chamado também de SIGNIFICADO DO FALANTE. Deve-se, portanto, ter em mente que o verbo *implicar*, uma tradução do original inglês *to implicate*, é um termo técnico introduzido por Grice e que não deve ser confundido com as noções de acarretamento e implicação lógica vistas no capítulo anterior e que se aplicam a sentenças e proposições.

40 **Pragmática**

A princípio, pode parecer que o dito e o convencional se equivalem na comunicação linguística, mas o leitor há de se lembrar do que vimos no primeiro capítulo, quando falamos de conteúdo implicado convencionalmente e sua distinção em relação ao conteúdo afirmado. Ao falar *Pedro é político, mas é honesto*, o falante afirma que Pedro é político e honesto, e implica que política e honestidade não costumam andar de mãos dadas. Nos termos de Grice, o falante disse que Pedro é um político honesto, e implicou convencionalmente uma oposição entre ser político e ser honesto. Convencionalmente, porque a implicação é disparada pela conjunção adversativa *mas*, que traz em seu significado convencional a ideia de oposição. Quem diz *Pedro é político e honesto* também está dizendo que Pedro é um político honesto, mas sem implicar nada. Grice nunca foi muito preciso em relação a essa distinção interna ao conteúdo convencional. O que se infere de seus escritos é que o dizer corresponde ao conteúdo central, mais elementar ou básico daquilo que o falante profere. Esse conteúdo é recuperável pelo conhecimento linguístico e pelo preenchimento de certas lacunas contextuais, resolvendo-se ambiguidades e fixando-se referentes indeterminados pela indexicalidade embutida em certos elementos. Quem profere a sentença *ele está com uma manga nas mãos*, apontando para o feirante João e a fruta em sua mão, diz que João tem em mãos uma fruta de um certo tipo. Quem profere a mesma sentença apontando para o alfaiate Pedro que tem uma parte da camisa que está costurando na mão, diz que Pedro tem uma parte de peça de vestuário em mãos.

Junto, porém, ao que um falante afirma diretamente, pode haver sugestões, indicações ou implicações de outros conteúdos. Para cobrir esses conteúdos, Grice criou o termo *implicatura*. Quando o falante se vale do sentido convencional das palavras e expressões que ele usou para veicular essas sugestões, indicações e implicações, Grice fala em IMPLICATURAS CONVENCIONAIS. Falamos disso no capítulo anterior, vislumbrando inclusive a possibilidade de múltiplas dimensões do significado convencional. Dentre as implicaturas não convencionais, ou seja, aquelas que põem em jogo mais que o conhecimento linguístico dos interlocutores na recuperação de intenções comunicativas, Grice destaca as que ele chamou de IMPLICATURAS CONVERSACIONAIS. A ideia por trás do termo é de um conjunto de inferências pautadas em princípios gerais que regem a comunicação humana. Voltando mais uma vez ao exemplo do freguês no bar com seu copo vazio, o freguês (o falante) diz que o copo está vazio e implica conversacionalmente que o garçom (seu interlocutor) deveria servi-lo.

Levando em conta simultaneamente o convencional e o conversacional, o dito e o implicado, e deixando de lado a possibilidade de implicaturas que não seriam nem convencionais e nem conversacionais, baseadas, por exemplo, em regras de polidez ou outras normas culturais, temos a seguinte taxonomia griceana do significado:

(1)

Nem sempre todos os elementos estão presentes em um único proferimento. Nos exemplos acima, mesclamos o dito com o implicado convencionalmente em um caso, e o dito com o implicado conversacionalmente no outro. Podemos ainda juntar os três elementos. Se eu falo a você que fui promovido, você me sugere que eu chame os amigos para jantar no restaurante mais caro da cidade como comemoração e eu respondo que *fui promovido, mas não virei milionário*, eu estou dizendo que fui promovido e não sou milionário, implicando convencionalmente que promoção e riqueza não se confundem e implicando conversacionalmente que não seguirei sua sugestão.

Em relação às implicaturas conversacionais, das quais continuaremos falando no restante deste capítulo, Grice distinguiu entre o que ele chamou de IMPLICATURAS CONVERSACIONAIS GENERALIZADAS e IMPLICATURAS CONVERSACIONAIS PARTICULARIZADAS. As primeiras emergem como uma espécie de *default* conversacional, ou seja, elas serão sempre geradas, salvo em circunstâncias especiais e a não ser que haja algum tipo de indicação contrária. Este tipo de implicatura costuma estar associado a certas classes de expressões linguísticas, se aproximando, nesse sentido, das implicaturas convencionais. Um exemplo dado por Grice é o dos artigos indefinidos. Se eu digo a você pelo celular *eu estou em um restaurante, jantando com uma mulher*, minha fala sugere que não se trata da minha esposa ou filha, por exemplo. Note que eu não estaria mentindo se tal mulher fosse, de fato, minha esposa ou filha. Mentindo eu estaria se estivesse jantando sozinho ou acompanhado de meu irmão ou genro. Minha fala, porém, seria um tanto enganosa. Implicaturas semelhantes emergem com o artigo indefinido acompanhado de outros substantivos que designam pessoas ou objetos com os quais o falante se relaciona mais proximamente. Se eu digo a minha mulher que eu estou na brinquedoteca do meu prédio, *brincando com um menino*, infere-se que o menino em questão não é meu filho. E se eu digo que *eu estacionei meu carro na frente de uma casa*, minha fala soaria um tanto peculiar se eu estivesse me referindo à minha própria casa. Indefinitude, nestes casos, parece veicular uma certa distância na relação entre o falante e a pessoa ou objeto em questão.

Entretanto, não parece boa ideia embutir a implicação observada no sentido convencional do artigo indefinido, já que ela não está presente em muitos usos.

Ao dizer *Pedro desenhou um círculo na lousa*, não parece haver qualquer tipo de implicatura, a despeito da presença do artigo indefinido. O contraste com os casos anteriores se deve, muito provavelmente, à presença de uma expectativa de que o falante seja mais específico quando se refere a pessoas e objetos com os quais está mais conectado, como sua família e residência, mas não com figuras geométricas desenhadas em uma lousa. E mesmo naqueles casos, não parece contraditório, mas apenas peculiar, dizer algo como *ontem, eu jantei em um restaurante com uma mulher maravilhosa, minha esposa*. Voltaremos a esse ponto, que diz respeito à possibilidade de inibir ou cancelar uma implicatura conversacional.

Já as implicaturas conversacionais particularizadas são altamente dependentes de especificidades do contexto de fala, não havendo intuitivamente nenhuma conexão mais íntima entre as palavras ditas e a implicatura. Sem detalhes das circunstâncias do proferimento e do andamento da conversa no momento de fala, não podemos antecipar qualquer conteúdo implicado mais específico por alguém que use uma sentença como *O meu copo está vazio*. A depender das circunstâncias, o falante pode estar sugerindo que lhe sirvam mais bebida, como já vimos no cenário do bar, que é hora de ir embora, quando, por exemplo, outras pessoas o estavam aguardando, ou quem sabe até levantando a possibilidade de outra pessoa ter bebido sua bebida.

Generalizadas ou particularizadas, as implicaturas conversacionais são fruto de inferências que emergem naturalmente ao interagirmos comunicativamente. A naturalidade e frequência com que se manifestam em nossas conversas, e o fato de que não se confundem com o significado veiculado ou inferido por meios estritamente convencionais, sugere uma competência pragmática calcada em uma lógica conversacional. É na explicitação da origem das implicaturas conversacionais e na tentativa de formular uma lógica conversacional que explique o elo entre o convencional e o conversacional, entre o dito e o implicado, que está a marca registrada da parte da obra de Grice mais influente entre os linguistas. É sobre ela que dedicaremos o restante deste capítulo.

2.3 Princípio de cooperação e máximas conversacionais

Se o dito e o implicado convencionalmente se assentam sobre um código que o falante presume ser compartilhado entre ele e seus interlocutores, em que base se assentaria o significado veiculado conversacionalmente? Para Grice, as implicaturas conversacionais ou, mais precisamente, as inferências que as derivam, se assentam sobre nossa racionalidade e sobre uma presunção de cooperação, da qual, na maior parte das vezes, sequer nos damos conta. Nós simplesmente (inter)agimos assim. Para ele, conversar é fundamentalmente uma forma de interação racional cooperativa, em que interlocutores agem de modo a contribuir para um próposito comum. Para Grice, toda conversa tem uma direção ou propósito no qual os participantes se sintonizam, ainda que possam não se dar conta disso. Para ele, é nisso que devemos focar se quisermos compreender o que está por trás da maneira pela qual nós transmitimos significados para além do previsto pelas convenções estritamente linguísticas.

Para encapsular a ideia de que uma conversa é uma atividade racional cooperativa, em que as ações dos interlocutores se coordenam e se pautam por um propósito comum, Grice enunciou um princípio bastante geral, que ele denominou de *Princípio de Cooperação*:

(2) *Princípio de Cooperação*:
Adeque sua contribuição conversacional ao propósito ou direção assumidos pela interação verbal em que você está engajado.

A ideia de fundo é a seguinte: quando falamos com alguém, presumimos que esse alguém interpretará nossa fala presumindo não apenas que falamos a mesma língua, mas também que estamos agindo cooperativamente, ou seja, que nossas ações estão, mesmo que inconscientemente, pautadas pelo princípio de cooperação. Guiados por essa presunção, ou seja, contando que nossos interlocutores nos tomam por agentes cooperativos, podemos nos outorgar certos privilégios conversacionais que a mera competência linguística não nos outorgaria. Já vimos isso no caso da interação entre o freguês e o garçom de um de nossos exemplos anteriores. Ao falar para o garçom que seu copo está vazio, o freguês espera que o garçom lhe sirva mais bebida e não que ele tome sua fala como mera constatação da falta de líquido no copo. Sem a presunção de cooperatividade, não há como extrapolar o que foi dito literalmente. Com a presunção de cooperatividade, a situação muda de figura. Um falante cooperativo não joga no ar informações irrelevantes. E qual seria a relevância da informação dada pelo freguês de que seu copo está vazio, senão a de que ele deseja ser servido e que o garçom, portanto, deve trazer mais bebida à mesa?

O princípio de cooperação pode ser sintetizado na forma de um imperativo tácito que pauta nossas conversas: seja cooperativo! É importante, entretanto, frisar já de partida que não se trata de um princípio regulador que nos preconiza o que é certo ou errado, como são, por exemplo, as regras de etiqueta ou a gramática normativa que nos é ensinada na escola. Tampouco se trata de padrões comportamentais que observamos e que, com a força do hábito, vamos, aos poucos, internalizando. Ao contrário, o princípio de cooperação deve ser entendido como algo a que somos naturalmente propensos e que pauta nossas conversas mesmo sem nos darmos conta.

Note que, em si, não há nada muito elucidativo no princípio de cooperação, já que nada substantivo se diz sobre os propósitos em questão. Nesse sentido, Grice estreita o foco de sua proposta. A despeito da aparente pluralidade de ações e interações comunicativas, ele vê na essência da conversação uma atividade cujo propósito mais elementar é a troca de informações. Grice, claro, está ciente de que outros propósitos que não a troca de informações podem estar presentes e intervir no rumo de uma conversa, e por isso, ele modaliza suas qualificações em diversos pontos em seu texto, deixando claro seu caráter programático e a necessidade de refinar posteriormente suas colocações.

Para dar mais corpo ao que está em jogo com o princípio de cooperação e torná-lo mais operativo, Grice o desempacota, explicitando-o através de máximas conversacionais que constituem o pilar de sua proposta e nas quais se concentra o poder explicativo de sua teoria da conversação. Estas máximas definem o comportamento comunicativo racional e cooperativo, levando em conta o propósito mais elementar de trocar informações de forma eficiente.

Para Grice, uma interação cooperativa atende a quatro critérios básicos: quantidade, qualidade, relação e maneira. A partir deles, ele formula, no modo imperativo, quatro máximas, algumas das quais desenvolvidas em submáximas:

(3)   *Máximas Conversacionais*

    (A) *Quantidade* [*Seja informativo*]
        (i)   Não informe menos do que o requerido.
        (ii) Não informe mais do que o requerido.
    (B) *Qualidade* [*Seja verdadeiro*]
        (i)   Não diga aquilo que você acredita ser falso.
        (ii) Não diga aquilo para o qual você não tem evidência.
    (C) *Relação* [*Seja relevante*]
    (D) *Maneira* [*Seja perspícuo*]
        (i)   Evite obscuridade.
        (ii) Evite ambiguidade.
        (iii) Seja breve (evite ser prolixo).
        (iv) Seja ordenado.

Uma ilustração rápida e simples ajudará a fixar o papel conversacional de cada uma das máximas. Imagine que um professor acabou de corrigir as provas finais de seus alunos e que, de um total de cinquenta, quarenta e sete foram aprovados e três reprovados. O diretor, ao encontrar o professor na escola, pergunta a ele quantos alunos ele reprovou e o professor responde: *apenas três*. Neste caso, a fala do professor obedece à máxima de quantidade. Estaria violando a primeira submáxima se tivesse dito *mais de dois* ou *menos de cinco*, já que, ainda que verdadeiro, não estaria dizendo o bastante. Estaria violando a segunda submáxima se tivesse dito que foram apenas três, sendo um menino e duas meninas e que os quarenta e sete restantes haviam tirado notas entre cinco e dez, sendo que dois deles tiraram 10. Neste caso, estaria fornecendo informação muito além da requerida. A fala do professor também obedece à máxima de qualidade, já que é verdadeira. Estaria violando-a se dissesse *quatro*, algo que ele sabe ser falso, ou ainda se, tendo corrigido apenas um terço das provas até o momento, dissesse que, dos cinquenta alunos, apenas três foram reprovados. Nesse caso, seria a segunda submáxima de qualidade que estaria sendo violada, já que o professor ainda não sabe quantos alunos foram reprovados no total. Sua fala também está de acordo com a máxima de relação, já que respondeu diretamente à pergunta feita pelo diretor. O mesmo não teria ocorrido se ele tivesse fugido à pergunta, respondendo algo como *as provas foram fáceis* ou *os alunos são muito esforçados*. Note a esse respeito uma certa redundância entre a segunda submáxima de quantidade (não informe mais do que o requerido) e a máxima de relação (seja relevante). Por fim, a fala obedeceu à máxima de maneira, já que foi uma resposta clara, breve e objetiva. Teria havido uma violação dessa máxima se a resposta tivesse sido, por exemplo, *mais de dois e menos de quatro*, ou *um mais a metade de quatro*. Note que nesses casos, o conteúdo da fala teria sido o mesmo, informando que apenas três alunos foram reprovados. O estranhamento aqui vem da forma oblíqua, desnecessariamente prolixa, com que o conteúdo foi transmitido. Fora isso, o professor foi informativo, verdadeiro e relevante.

Com isso em mente, passemos ao que mais nos interessa, que é o papel do princípio de cooperação e das máximas griceanas na emergência das implicaturas conversacionais.

2.4 Derivando implicaturas conversacionais

Comecemos reforçando o que já vimos na seção anterior. Se alguém aceita participar de uma conversa, interagindo verbalmente com interlocutores, presume-se ao menos um certo grau de cooperatividade de sua parte. Caso contrário, por que falar? Sendo assim, salvo indicações contrárias, falantes dizem o que dizem levando em conta que a audiência interpretará sua fala presumindo que ele está agindo cooperativamente, pautado, portanto, pelas máximas griceanas. Vista do ângulo oposto, ouvintes interpretam o que chega a seus ouvidos presumindo cooperatividade da parte do falante e levando isso em conta ao inferir as intenções comunicativas por trás do que lhe é dito. Vejamos, pois, os efeitos práticos desta presunção mútua de racionalidade cooperativa, analisando alguns exemplos:

(4)   A: Preciso sair com o carro. Onde você pôs a chave?
        B: Em uma das gavetas da minha mesa de trabalho.

Infere-se da resposta de B que ele não sabe, ou não se lembra, em que gaveta havia posto a chave. Isso, porém, não foi dito por B, nem é uma consequência lógica de sua fala, uma vez que ele apenas informou que pôs a chave em uma das gavetas. Entretanto, presumindo cooperatividade de sua parte, podemos raciocinar que se B soubesse em que gaveta pôs a chave, ele teria dito, já que, tendo em vista a fala de A, essa informação adicional seria claramente relevante. Se não o fez, deve haver uma razão para tal. O mais plausível neste caso é que B esteja sendo o mais informativo possível, dentro dos limites impostos pelas máximas de qualidade e relação. Em outras palavras, a resposta de B é uma maneira de resolver a aparente tensão entre a primeira submáxima de quantidade (não fornecer menos informação do que o requerido) e a segunda submáxima de qualidade (não diga aquilo para o qual você não tem evidência). Em suma, presumindo que B está agindo cooperativamente, ou seja, em obediência às máximas conversacionais, extrapolamos o que B disse e inferimos que ele ignora a gaveta em que pôs a chave: nos termos griceanos, B disse que a chave está em uma das gavetas e implicou conversacionalmente que não sabe (não se lembra) em que gaveta ela está. Essa implicatura conversacional foi a forma encontrada pelo ouvinte de conciliar o que o falante disse com a presunção de cooperatividade. Um falante cooperativo não sonega informação relevante que ele sabe ser verdadeira. Ao contrário, tal falante fornece sempre a maior quantidade de informação possível, dentro dos limites do que é relevante e do que ele sabe. A presunção de cooperatividade nos levou para além do meramente dito. Vejamos um outro exemplo:

(5) A: Você vem para o escritório amanhã?
  B: Amanhã é feriado.

A fala de B indica uma resposta negativa à pergunta de A, ainda que B não tenha dito explicitamente nem sim nem não. Como conciliar esta aparente incongruência entre pergunta e resposta com a presunção de cooperatividade e a máxima de relação, a qual preconiza que, além de verdadeira e informativa, a contribuição conversacional de um falante deve ser sempre relevante? O mais plausível aqui é que B esteja dando como certo que A sabe que não se trabalha em feriados. Logo, se amanhã é feriado, não se trabalha amanhã. Sendo assim, B não irá ao escritório naquele dia. A presunção de cooperatividade nos levou do que o falante disse ao que ele quis dizer: B disse que amanhã é feriado e implicou conversacionalmente que ele não irá ao escritório amanhã.

Em ambos os exemplos, nota-se que o processo de inferência executado pelo ouvinte foi uma espécie de busca pela melhor explicação. Por que o falante disse o que disse, assumindo que ele agiu cooperativamente e em obediência às máximas conversacionais? Inferências deste tipo, caracterizadas como a procura pela hipótese que melhor explique uma observação, são chamadas de ABDUTIVAS. Elas se contrapõem à inferências puramente DEDUTIVAS, em que conclusões são consequências lógicas de premissas. Se eu digo que Pedro tirou 10 na prova, infere-se dedutivamente que pelo menos uma pessoa tirou 10 na prova. Se eu digo que Pedro estuda e trabalha, deduz-se disso que Pedro estuda e também que Pedro trabalha.

Inferências dedutivas estão por trás da noção semântica de acarretamento. Conversacionalmente, negar algo acarretado pelo que é dito resulta em contradição, como se vê nos dois exemplos a seguir:

(6)   Pedro tirou 10 na prova, mas ninguém tirou mais que 9.

(7)   Pedro estuda e trabalha, mas ele não trabalha.

Ao contrário dos acarretamentos, que se assentam sobre uma lógica dedutiva, as implicaturas conversacionais, justamente por refletirem uma hipótese acerca do que o falante quis dizer com o que ele disse, são CANCELÁVEIS. Negá-las não resulta em contradição:

(8)   A: Preciso sair com o carro. Onde você pôs a chave?
        B: Em uma das gavetas da minha mesa de trabalho, aquela do lado direito, na parte inferior.

(9)   A: Você vem pro escritório amanhã?
        B: Amanhã é feriado, mas eu venho mesmo assim.

Em (8), ao elaborar sua resposta, o falante deixa claro que sabe a gaveta em que pôs a chave e a informação trazida pela segunda parte de sua fala não contradiz o conteúdo da primeira parte. Se logo ao ouvir a primeira parte, o ouvinte se viu inclinado a inferir que o falante ignorava a gaveta em que estava a chave, essa conclusão (implicatura) é logo cancelada diante da continuação da resposta, sem senso de inconsistência. Da mesma forma, em (9), o conteúdo da segunda oração é explícito em relação ao falante ir ao escritório, o que, do ponto de vista estritamente lógico, não contradiz a primeira oração. O que há, quando muito, é apenas uma quebra de expectativas.

Relacionado à cancelabilidade, está outro contraste entre implicaturas conversacionais e acarretamentos. As primeiras são REFORÇÁVEIS. Seu conteúdo pode ser acrescentado ao que foi dito, sem que isso resulte em um senso de redundância:

(10)   A: Preciso sair com o carro. Onde você pôs a chave?
        B: Em uma das gavetas da minha mesa de trabalho, mas eu não sei qual.

(11)   A: Você vem pro escritório amanhã?
        B: Amanhã é feriado, e eu não virei.

Em ambos os casos, o que antes havia sido meramente implicado conversacionalmente pelas primeiras partes das respostas, agora está dito nas elaborações, e o resultado soa natural e não redundante. Contraste com os casos a seguir:

(12)   Pedro tirou 10 na prova, e ele tirou mais que 9.

(13)   Pedro estuda e trabalha, e ele estuda.

48 **Pragmática**

Há um senso de redundância nestes casos, já que a informação trazida pelas segundas orações já estava embutida nas primeiras, não acrescentando nada de novo.

Uma terceira propriedade das implicaturas conversacionais, desta vez compartilhada com os acarretamentos, é que elas NÃO SÃO DESTACÁVEIS do conteúdo da sentença usada pelo falante. Isso quer dizer que se substituirmos o que o falante proferiu por outra fala com o mesmo significado convencional, a mesma implicatura conversacional será gerada. Se em (4), trocarmos *uma* por *alguma*, ou, se em (5), trocarmos *é feriado* por *não é dia útil*, notaremos que as implicaturas conversacionais que detectamos continuarão a ser observadas. A razão para isso é que na derivação daquelas implicaturas, raciocinamos em cima das máximas de quantidade, qualidade e relação, sendo que todas elas levam em consideração apenas o conteúdo proferido pelo falante, sem mencionar a forma, ou seja, palavras ou construções sintáticas específicas. A única máxima que leva em conta a forma do que o falante proferiu é a máxima de maneira, que nos casos em questão não teve papel relevante, já que o falante foi claro, breve e não ambíguo. Como se pode esperar, veremos mais adiante que quando a máxima de maneira entra em cena, a não destacabilidade deixa de fazer sentido.

Das observações feitas até aqui, percebe-se que as implicaturas conversacionais são CALCULÁVEIS a partir do que foi dito, do contexto de fala e da presunção de que o falante está agindo cooperativamente, ou seja, em obediência às máximas conversacionais. Grice chegou a formular, a partir da perspectiva de um ouvinte, uma receita para o cálculo destas implicaturas, um padrão geral de inferência desencadeado a partir do que um falante (F) proferiu:

(14)   *Derivando uma implicatura conversacional*

    a.   F disse que p;

    b.   não há razão para supor que F não está observando as máximas;

    c.   F não poderia estar agindo assim a não ser que (achasse que) q;

    d.   F sabe (e sabe que eu sei que ele sabe) que essa suposição em (c) é requerida;

    e.   F não fez nada para me impedir de concluir que q;

    f.   F quer que eu saiba ou ache que q;

    g.   Logo, F implicou (quis dizer) que q

Esse processo traz à tona vários elementos da pragmática griceana. Em (a), vemos que o passo inicial é a decodificação do significado convencional do que F proferiu, já incluídos aí a resolução de eventuais ambiguidades e a fixação da referência de pronomes e outros elementos indexicais. Grice impõe uma ordenação rígida entre a recuperação pelo ouvinte do que foi dito e o cálculo posterior do que foi implicado conversacionalmente. Em (b), temos a presunção de cooperatividade. Em (c), temos a inferência abdutiva em que o ouvinte vê em q a explicação para F ter dito o que disse, presumindo cooperatividade de sua parte. Retornando a (4), um de nossos exemplos anteriores, o ouvinte hipotetiza que o falante ignora em que gaveta a chave está. Do contrário, o falante estaria incorrendo em uma violação da máxima de quantidade, fornecendo informação aquém da solicitada e contradizendo, portanto, a presunção de cooperatividade. (d) significa que o falante está contando com a competência cognitiva do ouvinte para extrair a suposição em (c). Já (e) adiciona que o falante não agiu para bloquear tal suposição, algo que ele poderia ter feito, por exemplo, negando q explicitamente (pense aqui na cancelabilidade das implicaturas que já discutimos nesta seção). Sendo assim, conclui-se que era parte das intenções comunicativas do falante que o ouvinte inferisse q, que é o que está em (f). A conclusão final, em (g), é que o falante quis comunicar q. Eis aqui, portanto, a ponte griceana entre o que alguém diz e o que esse alguém quer dizer.

2.4.1 Abusando das máximas

Suponha que você e eu estejamos assistindo a um programa na televisão em que um sujeito levanta um carro com as mãos. Você, então, faz o comentário em (15), com o qual eu concordo imediatamente:

(15)   Este sujeito é um touro.

Obviamente, o sujeito é um ser humano e, portanto, não é um touro. O que você disse é flagrantemente falso e você e eu sabemos disso. O que você quis dizer, e eu entendi perfeitamente, é que o sujeito era extremamente forte, assim como os touros costumam ser. Você usou uma metáfora baseada em uma analogia entre a força de um certo homem e a força de um touro. Metáforas são corriqueiras em nossas conversas e normalmente não causam ruídos comunicativos. O mesmo se pode dizer de ironias. Suponha que, em vez de (15), seu comentário tenha sido (16), ao qual eu respondo com um sorriso de aprovação:

(16)   Que sujeito fraquinho, hein!

Ficou claro para mim que o que você quis dizer é justamente o oposto do que você disse. Essa, aliás, é uma das marcas registradas de vários casos de ironia e, frequentemente, somos bem sucedidos em veicular com elas o que queremos dizer, a despeito de sua óbvia discrepância com o que, de fato, dizemos.

Retomando as máximas conversacionais, tanto (15) quanto (16) constituem violações brutais da máxima de qualidade, já que o falante sabe que o que ele disse é falso. Grice, porém, vê nesses usos a emergência de implicaturas conversacionais. Ao proferir (15) ou (16) nas circunstâncias em questão, o falante não diz, mas implica conversacionalmente, que o sujeito é muito forte. Grice chama esses usos de abuso ou EXPLORAÇÃO (*exploitation*) de uma máxima conversacional. Sua análise é que o falante age contando que o ouvinte, diante de tão escancarada violação da máxima de qualidade, concluirá que a única maneira de reconciliar suas palavras com a presunção de cooperatividade será assumir que ele não pode estar querendo dizer o que, de fato, disse. A partir disso, o ouvinte reinterpretará o que ouviu metafórica ou ironicamente. Não se trata, claro, de uma análise completa das figuras de linguagem. A presunção de cooperatividade é apenas uma alavanca que sinaliza a necessidade de se descolar do sentido literal e buscar uma alternativa para o que o falante quis dizer. Não se explica, porém, como exatamente o ouvinte passa dessa conclusão parcial até a interpretação figurativa.

Neste mesmo espírito, outras máximas podem ser exploradas. O uso de tautologias, que são sentenças logicamente verdadeiras, exploram a máxima de quantidade. Suponha que, no meio de um conversa sobre uma certa guerra em curso, você manifeste pavor pelo número absurdo de mortes já contabilizadas, ao que alguém replica em tom mais complacente:

(17)   Guerra é guerra!

Obviamente, o que a pessoa quis dizer não se limita ao sentido literal do que ela disse. Que uma guerra (ou qualquer outra coisa) é idêntica a si mesma, todos nós sabemos e pressupomos que os demais também sabem. O que a pessoa, provavelmente, está querendo dizer é que guerras são períodos de exceção e como tais não se pode esperar delas características de tempos de paz. Não importam tanto os detalhes, o fato a se notar é que o uso de qualquer tautologia constitui uma flagrante violação da máxima de quantidade e alavanca uma busca por uma intenção comunicativa que ultrapassa os limites do dito, na presunção de que quem proferiu a tautologia esteja agindo cooperativamente.

Vejamos, agora, um caso de exploração da máxima de relação. Suponha, desta vez, que você esteja me contando coisas não muito agradáveis sobre Pedro, quando eu percebo o próprio se aproximando pelas suas costas e sem que você note. Antecipando eventuais constrangimentos que suas colocações causariam, eu mudo bruscamente de assunto, dizendo (18), ao que você reage de imediato, interrompendo o que vinha dizendo e reforçando minha colocação com alguma outra banalidade sobre o tempo:

(18)   Está um dia bonito hoje, não está?

Novamente, uma violação flagrante de uma máxima somada à presunção de cooperatividade leva o ouvinte a perceber que pouco importa o que o falante disse. Vale aqui apenas o que ele quis dizer, ou seja, o que ele implica conversacionalmente: é preciso mudar de assunto.

Por fim, pode-se tirar partido de violações da máxima de maneira, dizendo-se de modo gritantemente oblíquo e ineficiente o que poderia ser dito claramente, em alto e bom som. A expectativa é que o ouvinte notará o propósito por trás do comportamento superficialmente irracional e não cooperativo, buscando em um nível mais profundo reconciliar a ação de seu interlocutor com o princípio de cooperação. Se pai e mãe estão dando comida ao filho mais novo (e que ainda não foi alfabetizado) e não querem falar do sorvete da sobremesa na presença do pequeno para que ele não interrompa sua refeição, um pode dizer ao outro:

(19)   Retire o s-o-r-v-e-t-e do freezer.

Soletrar está longe de ser uma forma perspícua de comunicação oral. Entretanto, o falante tira partido desta forma canhestra de expressão, esperando que sua fala indique ao ouvinte sua verdadeira intenção: retirar sorrateiramente o sorvete do congelador. Como nos demais casos de exploração, a explícita tensão entre o dito (ou a forma do que foi dito) e o que preconiza ao menos uma das máximas leva a um percurso interpretativo como o que vimos em (14), quando o dito se harmonizava mais suavemente com as máximas, sendo por elas enriquecido.

Não deixa de ser notável que uma gama aparentemente desconexa de fenômenos comunicativos encontrem um denominador comum que, em última instância, remete à nossa própria razão. Esta, sem dúvida, é uma das façanhas da teoria conversacional de Grice, que, como veremos adiante, ainda terá mais a nos oferecer. Antes, porém, um breve interlúdio.

2.5   Breve interlúdio sobre razão e cooperação

Vimos que Grice considera uma conversação uma forma de interação racional e cooperativa. Mas o que é agir racionalmente? E o que é interagir cooperativamente?

Racionalidade pressupõe crenças e intenções. Um agente racional tem metas ou propósitos que ele deseja ver realizados e acredita que suas ações sejam uma forma eficiente de aproximá-lo dessas metas, e eventualmente atingi-las. Uma ação, em si mesma e isolada das crenças e intenções do agente, não pode ser qualificada como sendo ou não sendo racional. Imagine que eu esteja no interior de uma sala e caminhe em linha reta até a porta de saída. Racional ou não? Depende. Se minha intenção é sair rapidamente da sala e eu sei (ou ao menos acredito) que a porta é a única saída, minha ação foi racional. Nestas mesmas circunstâncias, não seria razoável (racional) caminhar rumo à parede ou ziguezaguear em direção à porta. No primeiro caso, o que fazemos não nos aproxima da meta e, no segundo, aproximamo-nos dela de um modo oblíquo, sabendo que há uma alternativa mais eficiente para atingi-la. Fosse, entretanto, minha intenção afastar-me da saída ou simplesmente permanecer na sala, caminhar até a porta, em linha reta ou ziguezagueando, não teria sido uma ação racional.

52 Pragmática

O que seria, então, agir racionalmente quando a ação em questão é a comunicação verbal? Permanece a relativização que acabamos de apontar, já que uma fala pode servir a muitos propósitos, muitas vezes concorrentes e até conflitantes. Se eu quero te informar sobre um assunto, dizer a verdade e transmitir tudo o que eu sei a respeito é a coisa certa a fazer. Mentir, nessas circunstâncias, seria irracional. Se, por outro lado, o que eu quero é te enganar, mentir já não soaria mais irracional, ainda que tal ação possa ser taxada de antiética ou imoral. E se, além de informar, eu quero impressionar minha audiência, rebuscar minha fala é uma estratégia a considerar. Entretanto, se eu tenho urgência em passar uma informação, não ir direto ao ponto, com rodeios ou expressões que meu interlocutor não processe rapidamente, seria um tiro no pé, conflitante com minhas intenções e, portanto, irracional.

Além de tudo isso, quando analisamos interações, não são apenas nossas intenções particulares que entram em jogo, mas também as intenções das pessoas com as quais interagimos. Podemos interagir como adversários ou como cooperadores, e isso influirá em nosso comportamento. Pense em uma partida de tênis. É comum os jogadores irem à quadra antes do início da partida para aquecimento. Neste momento, eles agem cooperativamente, ajudando um ao outro a se aquecer. Sua meta comum é terminar aquele breve período aquecidos para o jogo. Dessa cooperatividade, resulta uma troca de bolas suave com ambos os jogadores buscando fazer a bola chegar exatamente onde o outro está, de maneira a facilitar sua devolução e assim fazer a interação fluir. Terminado o aquecimento e decretado o início oficial da partida pelo árbitro, o comportamento dos jogadores muda drasticamente. Agora, eles são adversários e têm metas antagônicas. Cada um visa sua própria vitória, o que implica a derrota do outro. O que se passa a ver são bolas lançadas violentamente ou com efeito por cada um dos jogadores, mirando preferencialmente a parte da quadra onde o outro não está, de modo a terminar o ponto a seu favor.

Também em conversas podemos notar propósitos antagônicos ou comuns. Se um delegado interroga um suspeito, ele normalmente o faz com o propósito principal de descobrir a verdade sobre a autoria do crime. Por seu turno, se o interrogado é mesmo o culpado, mas não quer ir para a cadeia, ele agirá de modo a evitar que isso aconteça, não hesitando em mentir ou sonegar informações relevantes ao delegado. Trata-se de uma interação entre adversários e o comportamento verbal dos envolvidos reflete essa característica. Por outro lado, quando dois delegados igualmente interessados na elucidação do crime conversam entre si, é razoável esperar que sejam sinceros e compartilhem tudo o que sabem a respeito do ocorrido. Trata-se de uma interação claramente cooperativa.

Entretanto, mesmo em interações entre adversários, como a partida de tênis ou o interrogatório de que falamos acima, é preciso haver um mínimo de cooperação para que elas façam sentido. Jogadores, por exemplo, se dispõem a jogar seguindo as regras do jogo e buscando vencer a partida. Uma partida perderia o sentido se os jogadores agissem violando contínua e deliberadamente as regras ou se suas ações ao entrar em quadra manifestassem abertamente uma vontade de perder. E no caso do interrogatório, se o interrogado se dispõe a responder uma pergunta, presume-se que sua fala será interpretada como relacionada à pergunta que lhe foi feita e expressando, portanto, informação que lhe foi solicitada. Mesmo neste caso, há um senso de cooperação, ainda que menos óbvio, sem o qual o interrogatório não faria sentido. Sem essa presunção de cooperação (mínima que seja), por que falar, fazer perguntas, ouvir o que o outro tem a dizer? Decidir participar da conversa e mentir deliberadamente, ou ainda usar sentenças explicitamente desconectadas do que está sendo indagado ou investigado não parece uma atitude sensata para quem havia concordado em conversar.

Mas o que dizer de conversas mais corriqueiras, desvinculadas de normas sociais extralinguísticas como as que se têm em torneios esportivos e audiências judiciais? A esse respeito, Grice chama nossa atenção para o fato de que, normalmente, nossas interações verbais não são uma sucessão de falas desconexas e que, se assim fossem, pareceriam plenamente irracionais. Ao contrário, ao se engajarem em uma conversa, interlocutores coordenam suas falas de modo a sintonizá-las com um assunto em discussão, ainda que banal, ou ao menos conduzi-las em uma certa direção, ainda que vaga. Duas pessoas entram em um elevador, uma faz uma observação sobre o calor que está fazendo, a outra acrescenta que está mesmo muito abafado, a primeira concorda e assim prosseguem até se despedirem alguns segundos depois. Tudo normal e bem diferente de uma situação em que alguém faz uma breve observação sobre o tempo, a outra responde com algo sobre fósseis pré-históricos, e a primeira retoma a fala dizendo que investir na bolsa de valores não é recomendável.

É importante ter sempre em mente que as máximas conversacionais gricenas que vimos na seção anterior devem ser entendidas como princípios constitutivos da interação cooperativa racional, levando-se em conta o propósito de trocar informações. A ideia é que interagir racionalmente com fins comunicativos é interagir de acordo com o princípio de cooperação, o que, por sua vez, e tendo em vista o propósito elementar de trocar informações, é interagir em conformidade com as máximas conversacionais. Não fazê-lo, segundo Grice, seria irracional. As máximas não são, portanto, princípios de caridade que buscam facilitar a interpretação do que se fala. Como colocou o próprio Grice, "um falante que é irrelevante ou obscuro deixa na mão, primariamente, não sua audiência, mas ele mesmo." De fato, não se espera de um agente racional engajado na troca eficaz de informações que ele se afaste dos critérios expressos pelas máximas. Fazê-lo seria um tiro no próprio pé. A esse respeito, vale a pena transcrever como Grice via sua empreitada intelectual:

> Eu gostaria de poder mostrar que a observância do Princípio de Cooperação e das máximas é razoável (racional) nos seguintes termos: deve-se esperar que qualquer um que se importa com as metas centrais à conversação/comunicação (tais como fornecer e receber informação,

54 Pragmática

influenciar e ser influenciado por outros) tenha um interesse, dadas as circunstâncias cabíveis, em participar de trocas verbais que serão valiosas apenas na hipótese de que são conduzidas de acordo com o Princípio de Cooperação e as máximas.

Grice (1989:29-30), *tradução minha*

Mesmo alertados pelas considerações que fizemos anteriormente e pela autodeclaração de Grice que acabamos de citar, o princípio de cooperação e as máximas conversacionais parecem, sobretudo aos que se deparam com o trabalho de Grice pela primeira vez, estar pintando um quadro conversacional excessivamente idealizado e desconectado de fatos reais observados nas interações verbais de que costumamos participar rotineiramente. Por isso foi importante ver o uso das máximas na derivação das implicaturas conversacionais e no preenchimento da lacuna entre o que o falante diz e o que ele quer dizer e normalmente consegue comunicar com o que diz. É aí que a proposta griceana ganha lastro empírico e é aí que o poder explicativo das máximas se mostra surpreendentemente atrativo. Voltaremos a esse ponto na próxima seção.

2.6 Grice e a navalha de Occam

Costuma-se atribuir ao filósofo inglês William de Occam (1285-1347) o princípio metodológico de que, tudo mais sendo igual, deve-se preferir explicações simples a explicações mais complexas. Há por trás disso uma postura científica ou filosófica de que, frente a hipóteses alternativas formuladas a propósito das mesmas evidências, é razoável (ou racional) optar pela mais simples. De forma um pouco mais ousada, acreditar no mais simples tende a nos levar ao verdadeiro. Occam não foi o único nem o primeiro a postular algo nesse sentido, e como é comum acontecer na história do pensamento ocidental, essa atitude parcimoniosa já se encontra na obra de Aristóteles e de filósofos medievais. Em sua formulação mais comum, diz-se que entidades não devem ser multiplicadas além do necessário.

Grice se apropria desse dito, referindo-se à sua própria versão como NAVALHA DE OCCAM MODIFICADA: significados não devem ser multiplicados além do necessário. Nesta versão adaptada, dá-se preferência a uma semântica mais enxuta, evitando-se postular ambiguidades lexicais, sempre que uma aparente diversidade interpretativa puder ser explicada por princípios conversacionais de ordem mais geral e independentemente motivados, como Grice acredita serem o princípio de cooperação e as máximas conversacionais que ele engendra, as quais, em sua proposta, se apoiam na própria razão humana. Nesta seção, veremos alguns casos desta aplicação semântico-pragmática da navalha de Occam, em que significados serão cortados pela lâmina pragmática.

Intenções comunicativas   55

2.6.1 Quantificações

Considere o seguinte diálogo entre João e seu professor, que acabou de corrigir sua prova de recuperação:

(20)   J: Como eu me saí na prova?
       P: Você acertou algumas das questões.

A resposta do professor sugere que João não acertou todas as questões. Seria isso parte do sentido convencional da palavra quantificadora *algumas*? Neste caso, o sentido literal da resposta do professor terá sido que João acertou algumas, mas não todas, as questões. Evidência contrária a esta hipótese vem de exemplos como (21):

(21)   J: Eu não posso tirar zero nesta prova de jeito nenhum. Será que eu acertei algumas das questões?
       P: Sim! E digo mais: você acertou todas!

Esse diálogo não faria sentido se *algumas* significasse convencionalmente *algumas, mas não todas*. O professor responde afirmativamente à pergunta, confirmando que João acertou algumas das questões, e logo em seguida complementa sua resposta dizendo que ele acertou todas elas. Seria *algumas*, então, uma palavra ambígua ou polissêmica, cujo significado pode ser "algumas, mas não todas", como visto em (20), ou "algumas, e possivelmente, todas", como em (21)? A abordagem griceana das seções anteriores sugere uma alternativa semanticamente mais econômica e pragmaticamente mais versátil para explicar o que se passa nos exemplos que acabamos de ver. A ideia é que *algumas* (ou *alguns*) seja um item monossêmico e que seu único sentido seja meramente existencial. Ao dizer que João acertou algumas das questões, estamos dizendo que existem questões que João acertou, deixando em aberto quantas foram, bem como se foram todas ou apenas parte das questões. Isso vale para as respostas tanto em (20) quanto em (21). De onde vem, então, a percepção de que a fala do professor em (20) veiculou que João não acertou todas as questões? A resposta griceana é que se trata de uma implicatura conversacional, derivada da maneira como vimos na seção anterior. Comparemos a resposta do professor, repetida em (22), com a possível resposta alternativa em (23):

(22)   João acertou algumas das questões.

(23)   João acertou todas as questões.

Note que, além de relevante no contexto do diálogo em questão, uma resposta como (23) teria sido mais informativa que (22), a resposta efetivamente dada pelo professor. Por que, então, o professor não usou (23) no lugar de (22)? Assumindo que ele tenha respondido à pergunta ciente do resultado da prova e que não tenha motivos pra sonegar informação relevante a João, inferimos que o professor sabe que o

João não acertou todas as questões. Caso contrário, ele estaria violando a máxima de quantidade, deixando de fornecer informação relevante e de que ele dispõe. Em suma, levando em conta o contexto da fala do professor e presumindo cooperatividade de sua parte, conclui-se que ele disse que João acertou algumas das questões e implicou conversacionalmente que João não acertou todas as questões.

Há várias vantagens nessa abordagem semântico-pragmática de caráter griceano. Em primeiro lugar, como já dissemos, ela permite um tratamento semanticamente simples para *alguns/algumas* sem necessidade de postular mais de um significado convencional. A interpretação de casos como (20) resulta da derivação de uma implicatura conversacional. Já casos como (21) nada mais são que exemplos de cancelamento de implicaturas. Na elaboração de sua resposta, o falante diz explicitamente que João acertou todas as questões, o que suspende uma eventual implicatura que sua resposta afirmativa inicial tenha gerado e sem que isso soe inconsistente. Implicaturas conversacionais, como já sabemos, além de canceláveis são também reforçáveis sem que o resultado seja inadequadamente redundante. Nesse sentido, a não redundância de uma possível resposta como (24) dá suporte adicional à visão de que estamos diante de uma implicatura e não de um acarretamento:

(24)   Você acertou algumas, mas não todas as questões.

Além disso, o mesmo tratamento dado a *algumas* se estende a outros itens que, em contextos semelhantes, evidenciam o mesmo comportamento interpretativo. Um exemplo claro é a expressão *a maioria das/dos*:

(25)   J: Como eu me saí na prova?
        P: Você acertou a maioria das questões.

Também neste caso infere-se da resposta do professor que João não acertou todas as questões. E aqui também esta inferência pode ser cancelada ou reforçada, sem contradição ou redundância:

(26)   J: Eu preciso tirar uma nota boa nesta prova. Será que eu acertei a maioria das questões?
        P: Sim! E digo mais: você acertou todas!

(27)   J: Como eu me saí na prova?
        P: Você acertou a maioria das questões, mas não todas.

Podemos, então, atribuir à expressão *a maioria das* o significado de mais da metade ou mais de cinquenta por cento, incluindo a possibilidade de totalidade ou cem por cento. Em (25), o professor disse que João acertou a maioria das questões e implicou conversacionalmente que ele não acertou todas elas. Em (26), essa implicatura foi cancelada e em (27) ela foi reforçada.

Uma vantagem adicional desta divisão de trabalho entre semântica e pragmática vem de casos como (28), em que a negação e o quantificador *todo* interagem:

(28)   J: Como eu me saí na prova?
       P: Você não acertou todas as questões.

O papel semântico da negação é inverter o valor de verdade de uma sentença. A resposta do professor em (28) nega que João tenha acertado todas as questões. Do ponto de vista estritamente lógico, isso é compatível com uma série de situações possíveis: João pode ter acertado quase todas as questões, metade delas, apenas algumas ou mesmo nenhuma delas. Em todos esses casos, é falso que João tenha acertado todas as questões, o que é justamente o que esperamos da contribuição interpretativa da negação. Entretanto, o uso de (28) sugere que João tenha acertado ao menos uma das questões. Essa sugestão pode ser suspensa ou reforçada, o que indica estarmos diante de uma implicatura conversacional:

(29)   Você não acertou todas as questões. Para ser mais preciso, você não acertou nenhuma delas.

(30)   Você não acertou todas as questões, mas acertou algumas.

Novamente, a derivação da implicatura leva em conta não apenas o que o falante disse, mas o que ele poderia ter dito e optou por não dizer. Neste caso, ao invés de (31), que foi a resposta dada em (28), o professor poderia ter respondido com (32):

(31)   Você não acertou todas as questões.

(32)   Você não acertou nenhuma das questões.

O ponto a se notar é que (32) é mais informativa que (31). Se eu estou sabendo que João não acertou nenhuma das questões, eu estou sabendo que é falso que ele acertou todas elas. Por outro lado, se eu estou sabendo apenas que é falso que João tenha acertado todas as questões, eu não sei se ele chegou a acertar algumas ou não. Sendo assim, e presumindo cooperatividade da parte do professor diante da pergunta de João em (28), espera-se que ele seja o mais informativo possível, dentro do que ele sabe e do que é relevante no momento. Tendo o professor respondido com (31), e sendo (31) menos informativa que (32), deve haver uma razão para ele ter preferido a primeira alternativa à segunda. Caso contrário, ele estaria agindo em desacordo com a máxima de quantidade, mais especificamente com a segunda submáxima, que preconiza que não se deve sonegar informação relevante. (32), porém, além de mais informativa que (31), é claramente relevante no contexto em questão. A razão mais plausível para o professor não ter dito (32) é que fazê-lo seria uma violação da máxima de qualidade, ou seja, o professor estaria dizendo algo que sabe ser falso (assumindo, claro, que o professor está ciente do resultado da

58 Pragmática

prova). Conclusão: o professor disse que é falso que João acertou todas as questões e implicou conversacionalmente que João acertou ao menos uma.

2.6.2 Disjunções

Consideremos, agora, o conectivo *ou*, chamado de disjuntivo (ou disjunção), começando com seu uso em (33):

(33)   A: Onde está o João?
        B: No quarto ou no banheiro.

Pensemos, primeiramente, nas condições de verdade da resposta de B. B terá dito a verdade se João estiver no quarto. Também terá dito a verdade se João estiver no banheiro. Por outro lado, se João estiver em qualquer outro lugar que não o quarto ou o banheiro, a resposta de B terá sido falsa. O uso da disjunção sinaliza que uma das alternativas é verdadeira. Mas há algo mais implicado na resposta de B. Ela sugere que B não sabe em qual dos dois cômodos o João está. Seria esse ingrediente extra parte do significado convencional de *ou*? Se for, deveremos notá-lo em todos os seus usos. Veja, porém, os exemplos a seguir:

(34)   a.   Pedro não está no banheiro ou na cozinha.
        b.   Nenhum dos meus orientandos chegou a cursar sintaxe ou fonologia.
        c.   Todos os meus orientandos que cursaram lógica ou filosofia da linguagem ficaram satisfeitos.

Em nenhum destes casos, percebemos no uso da disjunção algo além da contribuição vericondicional que mencionamos no parágrafo anterior. (34a) nos informa que Pedro não está no banheiro nem na cozinha. (34b) exclui a possibilidade de que qualquer um de meus orientandos tenha cursado fonologia, o mesmo valendo para sintaxe, sem sugerir que eu ignore quem tenha cursado o quê. E (34c) inclui tanto meus orientandos que cursaram lógica quanto os que cursaram filosofia da linguagem, novamente sem dar margem a inferências de ignorância. Em outras palavras: (34c) não se limita aos meus orientandos que cursaram ao menos uma das disciplinas, mas que eu ignore qual tenha sido. Considere ainda casos como o seguinte:

(35)   A: Você já cursou sintaxe ou fonologia?
        B: Sim. Cursei fonologia, mas ainda não cursei sintaxe.

Claramente, a resposta afirmativa de B não é inconsistente com o que ele acrescenta em seguida, ou seja, com o fato de ele saber qual das alternativas, sintaxe ou fonologia, ele cursou. Assim como não soaria redundante uma resposta como em (36):

Intenções comunicativas 59

(36) A: O Pedro já cursou sintaxe ou fonologia?
      B: Sim, mas eu não me lembro qual.

Note o contraste com o que acontece ao tentarmos fazer o mesmo com a contribuição claramente verdicondicional da disjunção:

(37) A: Você já cursou sintaxe ou fonologia?
      B: Sim. Mas não cursei nem uma nem outra.

(38) A: O Pedro já cursou sintaxe ou fonologia?
      B: Sim, e ele cursou uma das duas.

Ambos os usos soam estranhos e inadequados: (37), por ser contraditório, e (38), por ser explícita e desnecessariamente redundante.

Tudo isso, já se pode antever, conspira a favor de uma abordagem griceana, em que se combina uma semântica monossêmica com uma pragmática apoiada nas máximas conversacionais. O sentido convencional da disjunção é puramente vericondicional. Já a inferência de ignorância observada em nosso exemplo inicial corresponde a uma implicatura conversacional, que como tal, pode ser cancelada ou reforçada, como se viu em (35) e (36). O que dispara a implicatura em (33) é o fato de o falante ter sido menos informativo do que o solicitado. Em geral, uma afirmação do tipo p ou q é menos informativa do que p e do que q. Se diante da pergunta de A em (33), B soubesse que João estava no quarto e não no banheiro, ele teria dito que João estava no quarto. E se ele soubesse que João estava no banheiro e não quarto, ele teria dito que João estava no banheiro. Ao fazer uso da disjunção, o falante resolveu a tensão entre as máximas de quantidade e qualidade, sendo o mais informativo possível dentro dos limites do que ele sabia. Em suma, B disse que João estava em um dos cômodos mencionados e implicou conversacionalmente que ignorava em qual deles ele estava.

Há mais, porém, por trás de certos usos da disjunção. No início desta seção, ao falarmos das condições de verdade de sentenças disjuntivas, dissemos que tais sentenças são verdadeiras, se uma das alternativas for verdadeira, e falsas, se ambas forem falsas. O que acontece, porém, se ambas as alternativas forem verdadeiras? Note que essa questão não surgiu no caso de (33), pois não era possível que João estivesse em dois lugares ao mesmo tempo. Considere, porém, o exemplo a seguir:

(39) A: Seu filho Pedro tem algum bicho de estimação?
      B: Ele tem um hamster ou um porquinho da índia.

Deixemos de lado a inferência de ignorância que já discutimos e concentremo-nos na possibilidade de Pedro ter ambos, um hamster e um porquinho da índia. A resposta de B sugere que esse não é o caso e que ele tem apenas um bicho de estimação. Seria o sentido convencional do *ou* o de uma disjunção exclusiva, indicando

60 **Pragmática**

que uma, e apenas uma, das alternativas é verdadeira? Essa interpretação exclusiva está representada na tabela abaixo, com V e F correspondendo a verdadeiro e falso, respectivamente:

(40)   *Tabela de verdade do* ou *exclusivo*

S_1	S_2	S_1 ou S_2
V	V	F
V	F	V
F	V	V
F	F	F

Se for assim, a verdade de uma sentença da forma $[S_1 \ ou \ S_2]$ acarreta a falsidade de uma sentença da forma $[S_1 \ e \ S_2]$, o que explicaria a intuição sobre (39). Considere, porém, os exemplos a seguir:

(41)   A: Você chegou a comer frango ou peixe no almoço?
       B: Sim. Comi os dois.

(42)   A: Você chegou a comer frango ou peixe no almoço?
       B: Sim, mas não os dois.

Não há inconsistência nem redundância descabida nestes exemplos, sugerindo uma interpretação inclusiva da disjunção, como representada na tabela a seguir:

(43)   *Tabela de verdade do* ou *inclusivo*

S_1	S_2	S_1 ou S_2
V	V	V
V	F	V
F	V	V
F	F	F

Como se pode ver na tabela, a verdade de uma sentença da forma $S_1 \ ou \ S_2$ deixa em aberto se apenas uma das alternativas é verdadeira ou se ambas são verdadeiras. Se for essa a interpretação da disjunção em (41) e (42), está tudo no lugar. Em ambos os casos, a afirmação inicial expressa apenas que ao menos uma das alternativas é verdadeira. Em (41), a continuação torna a informação mais precisa, acrescentando que ambas as alternativas são verdadeiras, algo que a disjunção, por si só, deixa em aberto. Em (42), a continuação da resposta também adiciona informação à afirmação inicial, desta vez acrescentando que apenas uma das alternativas era verdadeira, o que também é compatível com a interpretação inclusiva. Também de acordo com a interpretação inclusiva estão casos de disjunção sob o escopo de uma negação:

(44)   Pedro não comeu frango ou peixe no almoço.

Ainda que esses usos da disjunção soem um pouco formais (o mais natural seria o uso de *nem* no lugar de *ou*), está claro que (44) nega a possibilidade de que Pedro tenha comido só frango, a possibilidade de que ele tenha comido só peixe, e a possibilidade de que ele tenha comido frango e peixe. Se a interpretação fosse exclusiva, (44) seria consistente com Pedro ter comido frango e peixe no almoço, algo contraintuitivo, portanto.

O que dizer de (39) e da exclusividade veiculada pela resposta disjuntiva dada por B? Seria a disjunção ambígua? Grice, claro, alerta que não, e que é possível e preferível manter uma análise monossêmica e inclusiva para o *ou*, dividindo o trabalho interpretativo entre a semântica e a pragmática. Sendo assim, o que B disse em (39) foi que pelo menos uma das alternativas era verdadeira, o que é logicamente compatível com ambas serem verdadeiras. Entretanto, se B achasse que Pedro tem um hamster e um porquinho da índia, ele poderia ter sido claro em relação a isso, dizendo (45) ao invés de (46):

(45)   Ele tem um hamster e um porquinho da índia.

(46)   Ele tem um hamster ou um porquinho da índia.

Note que (45) é mais informativa que (46) na interpretação inclusiva da disjunção. (45) informa que ambas as orações coordenadas são verdadeiras. Já (46) informa que ao menos uma dessas orações é verdadeira. Logo, se (45) for verdadeira, (46) também será, mas não o contrário. Sendo assim, se B optou por (46), deve haver uma razão. Não havendo motivo para supor que B não esteja sendo cooperativo ou observando as máximas, infere-se que ele esteja sendo maximamente informativo, dentro do que ele acredita ou tem como evidente. Disso, infere-se que B não tem evidência que seu filho Pedro tenha os dois bichos em casa. Indo um pouco além, se presumirmos que B sabe quantos bichos de estimação seu filho tem, podemos concluir que B sabe que Pedro não tem um hamster E um porquinho da índia em casa. Temos aí o que queríamos: B disse que seu filho tem um hamster ou um porquinho da índia e implicou conversacionalmente que ele não tem ambos.

Eis um balanço do que vimos sobre a disjunção: quem profere S_1 *ou* S_2 diz que pelo menos uma das alternativas é verdadeira, podendo ainda implicar conversacionalmente que apenas uma é verdadeira, mas que não se sabe qual.

2.6.3 A conjunção e

Compare as duas sentenças em (47), ambas contendo a conjunção aditiva *e*:

(47)   a.   Pedro se formou em Gastronomia e se mudou para a França.
        b.   Pedro se mudou para a França e se formou em Gastronomia.

Estas sentenças não parecem sinônimas. A primeira sugere que Pedro se formou e, depois, foi morar na França, ao passo que a segunda sugere a ordem inversa. A ordem das orações coordenadas influi na interpretação. Compare, agora, os exemplos em (48):

(48) a. A raiz quadrada de quatro é dois e a raiz quadrada de nove é três.
   b. A raiz quadrada de nove é três e a raiz quadrada de quatro é dois.

Neste caso, as sentenças parecem equivaler-se semanticamente e a ordem das orações coordenadas não influi na interpretação. Verdades matemáticas são eternas e não faz sentido impor uma ordem temporal entre elas. Seria esse um *e* especial e de uso técnico? Os exemplos a seguir sugerem que não:

(49) a. Brasília é a capital do Brasil e Buenos Aires é a capital da Argentina.
   b. Pedro tem um irmão mais novo e uma irmã mais velha.
   c. Ontem, eu jantei carne com salada e almocei feijoada.

Estes exemplos, que relatam fatos do mundo e cuja interpretação não demanda nenhuma competência técnica, não implicam qualquer tipo de ordenação temporal entre as orações coordenadas. Estaríamos, então, diante de dois itens lexicais comuns, duas conjunções *e* homófonas, uma significando *e depois* e a outra menos informativa, sem traços temporais? Ou será que podemos invocar griceanamente mais uma vez a navalha de Occam e manter apenas um *e* neutro, cujo significado convencional seria simplesmente o de expressar a verdade de ambas as orações coordenadas? Teríamos assim um *e* monossêmico e puramente vericondicional, cuja contribuição semântica pode ser resumida em uma tabela de verdade:

(50) *Tabela de verdade da conjunção* e

S_1	S_2	S_1 e S_2
V	V	V
V	F	F
F	V	F
F	F	F

Neste caso, a inferência de ordenação temporal intuída em (47) não seria um acarretamento, ou seja, uma consequência lógica do uso da conjunção. Evidência favorável a essa proposta vem da possibilidade de cancelar a inferência de ordenação temporal sem incorrer em contradição:

(51) Pedro se formou em Gastronomia e se mudou para a França, não necessariamente nesta ordem.

Compare isso com o que acontece quando a sentença contém um conector temporal explícito:

(52)   Pedro se formou em Gastronomia e depois se mudou para a França, não necessariamente nesta ordem.

Este exemplo, como se pode intuir, é claramente contraditório. Também resulta em contradição a tentativa de negar a verdade de qualquer uma das orações coordenadas, indo de encontro ao que se vê na tabela de verdade em (50):

(53)   a.   Pedro se formou em Gastronomia e se mudou para a França, mas ele não se formou em Gastronomia.
        b.   Pedro se formou em Gastronomia e se mudou para a França, mas ele não se mudou pra França.

Além de cancelável, a ordenação temporal implícita em (47) pode ser reforçada sem soar redundante:

(54)   Pedro se formou em Gastronomia e se mudou para a França, nessa ordem.

Temos aí algumas marcas registradas de uma implicatura conversacional. Qual seria, porém, sua origem? Uma das submáximas da máxima de maneira preconiza que um falante deve ser ordenado. A ideia é que um falante cooperativo, ao narrar uma sequência de acontecimentos, o faça de maneira organizada. Sendo assim, a não ser que sua fala contenha marcas explícitas que permitam ao ouvinte recuperar esta ordenação, presume-se que os acontecimentos estejam sendo apresentados na ordem em que ocorreram. Como se pode ver, os exemplos em (47) são breves narrativas contendo dois fatos biográficos de Pedro. Presumindo cooperatividade, e portanto obediência à máxima de maneira, infere-se que o acontecimento descrito na primeira oração precede temporalmente o acontecimento descrito na segunda oração. De maneira geral, ao proferir $[S_1 \; e \; S_2]$ em uma narrativa, o falante diz que tanto S_1 quanto S_2 aconteceram e, salvo indicações em contrário, implica conversacionalmente que S_2 aconteceu após S_1. A ausência de implicaturas nos exemplos em (49) também se explica: nos dois primeiros casos, não se está narrando acontecimentos, mas apresentando situações estáticas, como se vê pela natureza dos predicados verbais, nucleados pelos verbos *ser* e *ter* no presente do indicativo. Já o terceiro caso, ainda que se enquadre no perfil de uma narrativa, se apóia no significado convencional dos verbos *jantar* e *almoçar* para o estabelecimento da ordenação temporal, inibindo assim a emergência da implicaturas.

2.6.4 Numerais

Sintagmas nominais contendo numerais, como *dois apartamentos* ou *três cadeiras*, são, normalmente, entendidos como veiculando uma quantidade exata:

(55) A: Quantos apartamentos você tem?
      B: Eu tenho dois apartamentos.

Nada de surpreendente aqui. O que está em jogo com a pergunta de A é o número de apartamentos que B tem, e a resposta de B é interpretada como afirmando que o número de apartamentos possuídos pelo falante é igual a dois.

Entretanto, em certos contextos, a interpretação *exatamente dois* (ou de maneira mais geral, *exatamente n*) desaparece e o que se observa é algo semelhante a *pelo menos dois* (*pelo menos n*). Por exemplo, se você sonda um conhecido seu sobre a possibilidade de ele ser seu fiador em um contrato de aluguel que estipula a necessidade de que ele tenha (no mínimo) dois imóveis em seu nome, uma resposta como (56) não nos compele a inferir que o número de apartamentos do potencial fiador seja exatamente dois, sobretudo se houver certa ênfase na forma verbal *tenho*:

(56) Pode ficar tranquilo que eu tenho dois apartamentos em meu nome.

Note que, nesse caso, o que está em jogo é uma espécie de requerimento mínimo, sendo que o número exato de apartamentos não parece ser relevante. Há ainda circunstâncias em que o próprio falante alerta sua audiência de que o uso de um numeral n não deve ser associado à interpretação *exatamente n*:

(57) [Eu sei que] meu fiador tem dois apartamentos no nome dele. Eu acho até que ele tem mais.

O que é interessante nesse enunciado é que ele soa coerente, sem gerar um sentimento de contradição. Nesse sentido, há um contraste claro com (58) abaixo, que soa incoerente:

(58) [Eu sei que] meu fiador tem apenas dois apartamentos no nome dele. Eu acho até que ele tem mais.

Exemplo semelhante é o diálogo reproduzido em (59), em que A está falando com B sobre uma reunião que está organizando para dez pessoas, e para a qual só tem até o momento sete cadeiras à disposição:

(59) A: Ainda estou precisando de três cadeiras.
      B: Não se preocupe. Eu tenho três cadeiras em casa.

Nesse caso, a resposta de B não sugere que o número de cadeiras que ele tem em casa seja exatamente três. Ao contrário, sugere apenas a existência de um grupo de três cadeiras em sua casa, o que é plenamente compatível com a existência de grupos maiores de cadeiras.

Estamos mais uma vez diante de um dilema: postular uma ambiguidade, assumindo a existência de duas entradas lexicais para cada numeral *n*, uma significando *exatamente n* e outra significando *pelo menos n*, ou postular uma semântica monossêmica, mantendo no léxico apenas uma das interpretações e derivando pragmaticamente a outra.

Em uma abordagem tipicamente griceana, os fatos acima poderiam receber a seguinte explicação, baseada na presunção de cooperatividade e na observação das máximas conversacionais: o sentido literal de um numeral *n* é *pelo menos n*. Assim, ao usar uma sentença como a da resposta de B em (55), repetida abaixo em (60), o falante diz apenas que o número de apartamentos que ele tem é maior ou igual a dois, o que deixa em aberto a possibilidade de esse número ser dois, três, quatro, cinco, etc. Entretanto, ao interpretá-la, o ouvinte se pergunta por que o falante escolheu (60) e não uma das alternativas mais informativas listadas em (61):

(60)   Eu tenho dois apartamentos.

(61)   a.   Eu tenho três apartamentos.
       b.   Eu tenho quatro apartamentos.
       c.   Eu tenho cinco apartamentos.
       d.   (...)

Sendo todas as sentenças em (61) mais informativas que (60), deve haver uma razão para o falante ter escolhido a sentença que usou e não uma dessas alternativas. Assumindo que, além de mais informativas, as alternativas são também relevantes para a pegunta em discussão, somos forçados a concluir que o falante, que presumimos estar agindo cooperativamente, ou não dispõe de informação a seu respeito, ou sabe que elas não são verdadeiras. Como é bastante plausível que o falante esteja bem informado a respeito do número de apartamentos que possui, o ouvinte conclui que a razão pela qual as alternativas em (61) não foram escolhidas é que elas são falsas. Isso, somado ao fato de que (60) é verdadeira (máxima de qualidade), leva à conclusão de que o falante está dizendo que ele tem pelo menos dois apartamentos, e implicando que é falso que ele tenha pelo menos três. Posto de forma mais direta, unindo o dito ao implicado, o falante está querendo dizer que tem exatamente dois apartamentos.

Já no caso de (56), o que está em jogo é apenas a existência ou não de dois apartamentos em nome do falante, sendo irrelevante o número exato de apartamentos possuídos por ele. Dessa forma, dado o sentido literal de (56), nada se pode concluir sobre o número exato de apartamentos que o falante tem, mas apenas que

66 Pragmática

este número é maior ou igual a dois. Por fim, casos como (57) evidenciam a cancelabilidade das implicaturas conversacionais, que, como já sabemos, é uma de suas marcas mais distintas. Em (57), o próprio falante é explícito sobre a possibilidade de o fiador ter mais de dois apartamentos, o que é obviamente incompatível com ele acreditar/saber que ele tem apenas dois. Como resultado, a implicatura em questão é cancelada, mas sem que o resultado seja percebido como algo contraditório ou inconsistente. Como vimos, isso contrasta com a natureza lógico-semântica da relação de acarretamento. Quando um falante nega algo acarretado por uma sentença previamente usada por ele, ele se contradiz e o resultado é um discurso inconsistente, exatamente como podemos observar em (58).

2.7 Desafios

A despeito do enorme sucesso alcançado pela teoria conversacional de Grice na explicação de fenômenos interpretativos através da postulação de implicaturas, há algumas questões espinhosas que sugerem uma divisão de trabalho entre semântica e pragmática diferente da sugerida pela abordagem griceana. Nesta seção, vamos olhar para dois desafios a serem enfrentados e que vêm atraindo a atenção de muitos pesquisadores da área.

2.7.1 Intrusão do léxico: implicaturas escalares

Voltemos a três casos vistos na seção anterior, em que B responde a uma pergunta de A e nos quais emerge de sua fala uma implicatura conversacional, o que representamos por ↪:

(62) A: Como o João se saiu na prova?
B: Ele acertou **algumas** das questões.
↪ É falso que ele acertou **todas** as questões.

(63) A: O seu filho tem bicho de estimação?
B: Ele tem um hamster **ou** um porquinho da índia.
↪ É falso que ele tem um hamster **e** um porquinho de índia.

(64) A: Quantos apartamentos você tem?
B: Eu tenho **dois** apartamentos.
↪ É falso que eu tenho **três** (quatro, cinco, ...) apartamentos.

Esses três exemplos apresentam um mesmo perfil em que a implicatura equivale à negação de uma alternativa ao que foi dito e em que um item ou expressão lexical (destacado em negrito) é substituído por outro do mesmo tipo, resultando em uma sentença mais informativa. Em (62), o quantificador existencial *algumas* foi substituído pelo quantificador universal *todas*, em (63), a conjunção alternativa *ou* foi

Intenções comunicativas 67

substituída pela conjunção aditiva *e* e, em (64), o numeral *três* foi substituído pelo numeral *quatro*. Em todos os casos, a sentença original era semanticamente mais fraca que a alternativa resultante da substituição. Posto de outra forma, as alternativas não proferidas eram semanticamente mais fortes (mais informativas) que as sentenças, de fato, proferidas.

A ideia geral por trás da emergência das implicaturas é que certos proferimentos são avaliados junto a um conjunto de alternativas. Para cada alternativa, deve haver um motivo para o falante ter escolhido o que ele proferiu e não essa alternativa. Possíveis motivos são violações das máximas conversacionais relacionados à veracidade, informatividade, relevância e clareza do que é comunicado. Ao menos nos exemplos acima, relevância e clareza não parecem influir na computação, já que as alternativas evitadas eram tão relevantes e claras quanto o que foi proferido. Resta a já discutida tensão entre as máximas de quantidade e qualidade. Repassemos rapidamente alguns detalhes, retomando (62) e as alternativas envolvidas:

(65) a. João acertou **algumas** das questões.
      b. João acertou **todas** as questões.

(65a) é o que o falante disse e (65b) a alternativa que ele evitou. O ponto central é que além de relevante e clara, (65b) é mais informativa que (65a). Por que, então, o falante não usou (65b) ao invés de (65a)? Assumindo que o falante que respondeu à pergunta está ciente do resultado da prova e não tem motivos para sonegar a informação solicitada, conclui-se que ele sabe que o João não acertou todas as questões, pois se soubesse estaria violando a máxima de quantidade. Como o falante sabe (ou acredita) que o que ele disse é verdadeiro (máxima de qualidade), conclui-se que o que o falante quis dizer é que João acertou algumas das (mas não todas as) questões. O mesmíssimo raciocínio se aplica aos exemplos com a disjunção e o numeral e as implicaturas vistas em (62)-(64).

Essas implicaturas são chamadas de IMPLICATURAS ESCALARES. A razão para o nome é que certos itens lexicais se organizam em escalas cujos membros são ordenados pela sua força semântica. Essas escalas costumam ser chamadas de *escalas de Horn*, em homenagem ao linguista Larry Horn, um dos teóricos neogriceanos mais influentes e pioneiro no estudo das implicaturas escalares. Para os casos elencados em (62)-(64), teríamos as seguintes escalas:

(66) a. ⟨algumas, a maioria, todas⟩
      b. ⟨ou, e⟩
      c. ⟨um, dois, três, quatro, ...⟩

Percorrendo as escalas da esquerda para a direita notamos uma força semântica ascendente. Uma sentença simples, sem, por exemplo, negação ou subordinações, que contenha um item escalar implicará logicamente (acarretará) todas as alternativas anteriores a ela na escala. No caso da escala dos quantificadores nominais em (66a), por exemplo, se João acertou todas as questões, então ele acertou a maioria, e se ele acertou a maioria, então ele acertou algumas. Já o contrário não ocorre: se é verdade que João acertou algumas das questões, pode ou não ser verdade que ele acertou a maioria delas. E se é verdade que João acertou a maioria das questões, pode ou não ser verdade que ele acertou todas elas. É nesse acarretamento assimétrico que está a base lógica das implicaturas escalares. Salvo indicações em contrário, o uso de um item escalar implicará conversacionalmente a negação das alternativas formadas pelos companheiros de escala que resultem em afirmações semanticamente mais fortes ou informativas. Vejamos mais um exemplo:

(67)   Nem todos os alunos foram aprovados.

Intuitivamente, o uso de (67) sugere que pelo menos algum aluno foi aprovado. Não se trata de uma implicação lógica (acarretamento), como se pode notar pela consistência de (68):

(68)   Eu já sei que nem todos os alunos foram aprovados. Estou achando até que nenhum deles foi.

Uma alternativa mais adequada é considerar que a implicação percebida é uma implicatura escalar, sendo (69) a escala em questão:

(69)   ⟨nem todos, nenhum⟩

Note a força semântica ascendente na escala: se é verdade que nenhum aluno foi aprovado, então é verdade que nem todos os alunos foram aprovados. Por outro lado, se é verdade que nem todos os alunos foram aprovados, pode ou não ser verdade que nenhum deles foi aprovado. Temos aqui a relação de acarretamento assimétrico que já vimos em outras escalas de Horn. Dessa assimetria emerge uma potencial implicatura escalar, seguindo a mesma linha de raciocínio que já conhecemos: ao não optar pela alternativa mais forte, o falante, que presumimos ser cooperativo e saber dos fatos relevantes, indica que tal alternativa é falsa, veiculando assim que, apesar de nem todos os alunos terem sido aprovados, pelo menos um deles foi.

A princípio, pode parecer que as escalas de Horn são apenas uma maneira conveniente de representar escolhas de um falante que age pautado pela máxima de quantidade, buscando ser o mais informativo possível, dentro dos limites impostos pelas máximas de qualidade e relação. No entanto, o papel das escalas é maior do que parece. Elas impõem um limite às alternativas a serem consideradas junto ao que o falante diz, um limite que extrapola as considerações de informatividade que as máximas griceanas fariam esperar. Voltemos ao uso do quantificador nominal *algumas* em (70), mas desta vez considerando não só a alternativa em (71a), que já analisamos, como também a alternativa em (71b), que extrapola a escala em (66a):

(70) João acertou algumas das questões.

(71) a. João acertou todas as questões.
        b. João acertou algumas, mas não todas as questões.

Já vimos que a consideração da alternativa mais informativa em (71a) resulta na implicatura (correta) de que João não acertou todas as questões. Mas por que também não considerar (71b) uma alternativa? Afinal de contas, (71b) também é mais informativa que (70), já que além de acarretar que João acertou algumas das questões, também acarreta que ele não acertou todas, algo que (70), a sentença proferida, deixa em aberto. Sendo assim, deveríamos esperar que sua negação também emergisse como uma implicatura. Veja, porém, o que aconteceria nesse caso: unindo o que o falante disse (é verdade que João acertou algumas das questões) com essa potencial implicatura (é falso que João acertou algumas, mas não todas as questões), chegaríamos ao resultado de que João acertou todas as questões. Eis aí um conflito. Se consideramos a alternativa em (71a), inferimos que o falante quis dizer que João acertou algumas, mas não todas as questões. Se consideramos a alternativa em (71b), inferimos que o falante quis dizer que João acertou não apenas algumas, mas todas as questões! Como se nota, apenas o primeiro resultado está intuitivamente correto, o que aponta para o fato de que apenas as alternativas oriundas da escala de Horn devem ser consideradas. Permanece, porém, a pergunta: por quê?

Poderíamos pensar que (71b) foi evitada pelo falante por ser mais longa que a sentença proferida, e que seu uso incorreria em uma violação da máxima de maneira, que preconiza, dentre outras coisas, que o falante deve ser breve e claro. De fato, (71b) é um pouco mais longa que a sentença escolhida pelo falante. Mas trata-se de um acréscimo verbal de uns poucos milisegundos que não teriam causado qualquer ruído comunicativo. Além disso, há casos em que esse apelo à máxima de maneira está fora de cogitação. Considere, por exemplo, o diálogo a seguir, em que o chefe que acaba de chegar ao escritório pergunta a seu secretário sobre os telefonemas recebidos em sua ausência:

(72) A: Quem telefonou pra mim esta manhã?
        B: O João.

A resposta de B pode ser tomada como uma versão abreviada da sentença em (73):

(73) O João telefonou.

70 **Pragmática**

Intuitivamente, a interpretação mais natural desta resposta é que só o João ligou. Isso, porém, não é uma consequência lógica de (73), já que João ter ligado não acarreta que outras pessoas não ligaram.

Entretanto, podemos chegar a essa interpretação se levarmos em conta o fato de o falante não ter respondido com nenhuma das alternativas em (74):

(74)   a.   **João e Maria** telefonaram.
        b.   **João e Pedro** telefonaram.
        c.   **João, Pedro e Maria** telefonaram.
        d.   ...

Note que todas essas alternativas são mais informativas que (73). Além disso, todas elas, no contexto em questão, seriam relevantes. Presumindo cooperatividade da parte do secretário, se ele evitou usar as alternativas, é porque elas seriam falsas (assumindo-se, o que é natural nesse contexto, que ele saiba de todo mundo que ligou). Mas se (73) é verdadeira (máxima de qualidade) e as alternativas em (74) são falsas, a conclusão é que ninguém além do João telefonou. Em outras palavras, só o João ligou, que é o que intuímos da resposta em (72). Em termos griceanos, o falante disse que o João telefonou e implicou que ninguém mais telefonou.

Entretanto, por que não levar em consideração alternativas como as duas em (75), que também seriam relevantes e mais informativas que a resposta original de B?

(75)   a.   **O João, mas não o Pedro**, telefonou
        b.   **Só o João** telefonou.

Se levássemos em consideração essas alternativas, deveríamos concluir também que elas são falsas. Mas se *João telefonou* é verdadeira e *João, mas não Pedro, telefonou* é falsa, somos forçados a concluir que tanto João quanto Pedro telefonaram, o que contradiz o resultado de nossa inferência anterior de que só João telefonou (o mesmo vale para a alternativa *só João*)!

Note que a resposta em (72) e o raciocínio que leva à implicatura conversacional de que ninguém mais telefonou parecem ter o mesmo perfil dos exemplos anteriores de implicaturas escalares. Neste caso, porém, tanto as alternativas que levam à implicatura correta, que são do tipo *João e X*, quanto aquelas que levam a inferências indesejadas, que são do tipo *João, mas não X*, são mais longas e sintaticamente mais complexas que a expressão que o falante proferiu, o que torna implausível que considerações baseadas na máxima de maneira como a que aventamos no exemplo anterior com *alguns, mas não todos* estejam em jogo na delimitação das alternativas.

Posto de forma mais geral, estamos percebendo que ao interpretar um certo proferimento, se formos confrontá-lo com todas as alternativas possíveis que sejam relevantes e mais informativas do que aquilo que o falante disse, chegaríamos a resultados contraditórios, inibindo a emergência de implicaturas baseadas na máxima de quantidade e na noção de informatividade. De certa forma, as escalas de Horn estipulam quais alternativas, dentre aquelas relevantes e mais informativas do que o dito pelo falante, devem ser levadas em conta. Esta intrusão da forma linguística em um cálculo que, tal como apresentado por Grice, deveria se pautar apenas pela presunção de cooperação, sugere uma certa modificação do próprio espírito da teoria griceana.

2.7.2 Intrusão da gramática: implicaturas subordinadas

No programa griceano, o conteúdo total veiculado por um proferimento emerge da interação do sentido literal de uma sentença com informações extraídas do contexto de fala e da presunção de cooperatividade. Esse programa se baseia em uma divisão de trabalho entre semântica e pragmática, de acordo com a qual cabe à semântica a derivação composicional do sentido literal e à pragmática a derivação de inferências comunicativas que extrapolam o conteúdo sentencial e se baseiam em como esse sentido é posto em uso em situações de fala concretas. Um traço saliente deste processo interpretativo semântico-pragmático é que as computações semânticas precedem as computações pragmáticas. Em particular, o conteúdo implicado conversacionalmente é função (dentre outras coisas) do conteúdo dito, o qual, por sua vez, é função, dentre outras coisas, do conteúdo sentencial.

Tomemos, por exemplo, o proferimento de uma sentença sintaticamente complexa, contendo orações subordinadas. Do ponto de vista semântico, o conteúdo destas orações irá se integrando composicionalmente ao conteúdo do restante da sentença até se chegar à oração principal e, assim, ao conteúdo sentencial. Junto à resolução de eventuais ambiguidades e referências indexicais, chega-se ao que o falante disse naquele proferimento. É só então que as máximas conversacionais e o processo inferencial que leva a potenciais implicaturas entram em cena.

Há casos, porém, que sugerem uma interferência do conteúdo implicado na derivação do próprio conteúdo sentencial. Essa interpolação entre o semântico e o pragmático e a emergência de implicaturas que Stephen Levinson chamou de intrusivas desafia o caráter sequencial do processo interpretativo tal qual pensado por Grice, e tem levado alguns teóricos a reformulações um tanto radicais do programa griceano. Vejamos alguns exemplos que retomam as implicaturas escalares que discutimos na seção anterior:

(76) Se alguns dos alunos forem bem na prova, eu ficarei feliz. Se todos eles forem bem, eu ficarei ainda mais feliz.

(77) Se um professor reprovar a maioria dos alunos, ele vai ficar sem aumento. Se ele reprovar todos os alunos, será demitido.

72 Pragmática

(78) Se você pegar salada ou sobremesa, você paga apenas 20 reais. Mas se você pegar ambas, há uma taxa extra.

(79) Se em uma partida de futebol ambas as equipes marcarem dois gols, a partida terminará empatada. Mas se uma delas marcar um gol a mais, ela será vencedora.

Em todos esses casos, a hipótese levantada pela primeira oração condicional já contempla a hipótese levantada pela segunda oração condicional. Isso porque, como vimos na seção anterior, há bons motivos para atribuir a itens como *alguns*, *a maioria*, *ou* e *dois* um significado relativamente fraco e que não exclui as possibilidades expressas por *todos*, *e* e *três*. Entretanto, se nos limitarmos ao significado entregue pela semântica para as sequências em (76)-(79), elas deveriam soar incoerentes. Tome (78) como exemplo. Como já vimos, *pegar salada ou sobremesa* não exclui *pegar salada e sobremesa*. Logo, espera-se, pelo conteúdo semântico da primeira sentença, que quem o faça também pague apenas 20 reais. A segunda sentença, porém, diz explicitamente que, nesta situação, o preço é acrescido de uma taxa. Para tornar a sequência consistente, é preciso interpretar a oração subordinada condicional da primeira sentença como já trazendo embutida a negação da conjunção, tal como nos casos de implicatura escalar:

(80) Se você pegar salada ou sobremesa **[mas não ambas]**, você paga apenas 20 reais. Mas se você pegar ambas, há uma taxa extra.

Para se chegar a esse resultado, é preciso computar a implicatura escalar no nível da oração subordinada, tornando o significado desta oração mais forte, e em seguida integrar o resultado ao restante da estrutura, derivando o significado sentencial representado na primeira parte de (80). Nesta computação, as alternativas comparadas foram (81a), a oração subordinada que faz parte do que o falante disse, e (81b), a alternativa com a conjunção *e* no lugar do *ou* inclusivo:

(81) a. Você pega salada ou sobremesa.
     b. Você pega salada e sobremesa.

Como já sabemos, (81b) é semanticamente mais forte que (81a), o que dispara a implicatura escalar, resultando em (82):

(82) Você pega salada ou sobremesa, mas não ambas.

Tudo correto, se isso tivesse sido o que o falante disse. O que ele proferiu, entretanto, foi a estrutura condicional completa:

(83) Se você pegar salada ou sobremesa, você paga apenas 20 reais.

Intenções comunicativas 73

Veja, porém, o que acontece se substituirmos nesse nível sentencial o *ou* pelo *e*:

(84)   Se você pegar salada e sobremesa, você paga apenas 20 reais.

Note que (84), a alternativa que o falante não usou, é mais fraca, e não mais forte, que o que ele escolheu dizer. Se (83) é verdadeira, (84) também o é. Mas se (84) é verdadeira, (83) pode ser verdadeira ou falsa. Se compararmos isso com o que vimos em (81), notaremos que a relação de força semântica se inverteu. Em (83)-(84), a versão com *ou* é semanticamente mais forte que a versão com *e*. Em (81a)-(81b), era a versão com *e* a mais forte. Sendo assim, não há como invocar, no nível sentencial, ou seja, o do topo da estrutura proferida, a lógica geradora de implicaturas escalares. Isso deve ser feito no nível subordinado, levando em conta apenas a oração condicional. Um raciocínio absolutamente análogo se aplica aos demais exemplos em (76)-(79), para os quais necessitamos das seguintes interpretações:

(85)   Se alguns dos alunos **[mas não todos]** forem bem na prova, eu ficarei feliz. Se todos eles forem bem, eu ficarei ainda mais feliz.

(86)   Se um professor reprovar a maioria dos alunos **[mas não todos]**, ele vai ficar sem aumento. Mas se ele reprovar todos os alunos, será demitido.

(87)   Se em uma partida de futebol ambas as equipes marcarem **[exatamente]** dois gols, a partida terminará empatada. Mas se uma delas marcar um gol a mais, ela será vencedora.

Outros tipos de subordinação também suscitam a questão de implicaturas escalares emergirem no curso da derivação semântica. (88) é sinônima de (78) e requer uma implicatura gerada no nível da oração relativa, gerando a interpretação em (89):

(88)   Todo mundo que pegar salada ou sobremesa pagará apenas 20 reais. Mas aqueles que pegarem ambas pagarão uma taxa extra.

(89)   Todo mundo que pegar salada ou sobremesa **[mas não ambas]** pagará apenas 20 reais. Mas aqueles que pegarem ambas pagarão uma taxa extra.

E (90) a seguir, em sua leitura mais natural, veicula que Pedro acredita que ele acertou algumas, mas não todas as questões.

(90)   Pedro acredita que acertou algumas das questões do desafio proposto pelo professor.

Neste caso é o significado da oração que serve de complemento ao verbo principal que é enriquecido por uma implicatura escalar computada antes da integração deste conteúdo com o conteúdo da oração principal.

Em suma, a derivação das interpretações mais salientes das sequências em (76)-(79), (88) e (90) requer a geração de uma IMPLICATURA SUBORDINADA, o que não se coaduna com o programa griceano, em que a computação pragmática que leva a implicaturas conversacionais é posterior à computação que leva à derivação do significado linguístico. Não há, pois, lugar para implicaturas subordinadas em um quadro teórico que postula este tipo de interface semântica-pragmática, no qual inferências pragmáticas operam sobre sentenças matrizes e seus significados.

A existência de supostas implicaturas subordinadas tem sido alvo de muitos debates relativamente recentes na literatura pragmática, com propostas (às vezes um tanto complexas do ponto de vista formal) apontando em direções distintas. De um lado, há aqueles que propõem revisar drasticamente os mecanismos que computam implicaturas escalares, trazendo-os para dentro do componente gramatical, e fazendo-os interagir com a derivação do significado de constituintes subsentenciais. Do outro lado, estão aqueles que buscam manter o espírito griceano e a arquitetura modular que impõe uma via de mão única da semântica para a pragmática, introduzindo modificações na formalização dos detalhes dos mecanismos subjacentes ao cômputo de implicaturas, de modo que os exemplos discutidos nesta seção possam ser captados. Trata-se de um debate ainda em andamento e nas sugestões de leitura que listamos a seguir, o leitor encontrará referências representativas de ambas as posições, bem como textos mais abrangentes e aprofundados a respeito das implicaturas conversacionais e de seu papel no que o falante diz e quer dizer.

Recomendações de leitura

Os dois trabalhos clássicos de Grice nos quais este capítulo se baseou são Grice (1957) e Grice (1975), este último revisitado pelo autor em Grice (1978) e traduzido para o português em Dascal (1982). Esses e outros artigos que formam a espinha dorsal da filosofia griceana estão coletados em Grice (1989). Uma excelente apresentação e avaliação crítica desse material é Neale (1992).

Para uma discussão sobre comunicação e compartilhamento de intenções do ponto de vista da psicologia evolutiva (que não abordamos aqui) e que faz menção explícita às ideias griceanas de significado não natural e de cooperação comunicativa, ver Tomasello (2008).

Ótimas introduções ao estudo das implicaturas conversacionais podem ser encontradas em Levinson (1983) (traduzido para o português em Levinson (2007)) e Pires de Oliveira & Basso (2014). Para desenvolvimentos e reformulações das ideias griceanas, ver Horn (1984, 2004) e Levinson (2000). Para posturas mais críticas, ver Davis (2019) e Lepore & Stone (2014).

Sobre as implicaturas escalares, que ganharam bastante atenção a partir dos anos 2000, ver Geurts (2010). Sobre a existência de implicaturas subordinadas e uma reformulação do mecanismo gerador de implicaturas, ver Chierchia (2004), Chierchia et al. (2011) e Spector (2007). Para alternativas que buscam preservar o espírito da proposta original de Grice, ver Sauerland (2004), van Rooij & Schulz (2004) e Russell (2006). O problema da simetria que mencionamos na última seção foi assim chamado em von Fintel & Heim (2001). Todos estes trabalhos, entretanto, têm um caráter bastante técnico.

Exercícios

1. Quais dos casos a seguir exemplificam *significados não naturais*? Explique.

    (a) Olha aquela fumaça! Isso significa que estão pondo fogo na mata.

    (b) O motorista acaba de buzinar três vezes. Isso significa que o ônibus já vai sair.

    (c) O orçamento da firma está apertado. Isso significa que o ano será difícil.

    (d) Maria está gesticulando como se estivesse abanando o rosto com um leque. Isso significa que é pra gente ligar o ar condicionado.

    (e) Maria está dizendo que já é meia-noite. Isso significa que está na hora de nós irmos embora.

2. Analise em termos griceanos o diálogo a seguir em que a resposta de B dá a entender que ele não irá à festa:

    A: Vamos a uma festa hoje à noite?
    B: Eu tenho uma prova muito difícil amanhã cedo.

3. Imagine que alguém seja perguntado sobre o resultado de uma votação no congresso e responda que *três quintos dos deputados votaram a favor da proposta*. Infere-se desta resposta que não é verdade, por exemplo, que quatro quintos dos deputados votaram a favor. Seria essa inferência um acarretamento ou uma implicatura conversacional? Discuta.
    [*Dica*: compare o uso de *três quintos* em uma sentença como *Para aprovar a proposta, é necessário que três quintos votem a favor*.]

4. Discuta, para os dois casos a seguir, se a inferência indicada por ⤳ é um caso de acarretamento ou de implicatura conversacional:

   (a) Quase todos os alunos tiraram 10 na prova.
       ⤳ Nem todos os alunos tiraram 10 na prova.

   (b) Se o tempo estiver bom, eu vou ao parque amanhã.
       ⤳ Se o tempo não estiver bom, eu não vou.

5. Esboce uma explicação griceana para usos da figura de linguagem conhecida como *hipérbole* como, por exemplo, quando alguém diz que chorou um rio de lágrimas.

6. Considere o jogo infantil do *tá quente, tá frio* em que um adulto esconde um objeto e a criança tem que encontrá-lo. A cada tentativa da criança, o adulto responde apenas *tá quente*, se ela se aproxima do local em que o objeto foi escondido, ou *tá frio*, se ela se afasta ou não se aproxima do objeto. Qual máxima conversacional griceana precisa não estar operante para o jogo fazer sentido?

3 Ações comunicativas

Faz parte do senso comum o entendimento de que falar e fazer são coisas distintas ou mesmo opostas. *Falar é fácil, difícil é fazer* e *quem fala demais, pouco faz* são conhecidos ditados populares. Santo Antônio de Pádua avisava que *de palavras estamos cheios, mas de obras vazios* e, em tom grave, recomendava: *cessem, portanto, as palavras e falem as obras*. Se é assim com os simples mortais, com o Deus bíblico, as coisas mudam de figura. Como se vê no início do livro do Gênesis, Deus disse *Fiat Lux* e a luz se fez.

É possível, porém, ao menos para alguns a quem é conferido um certo poder institucional, agir com palavras. Padres declaram os noivos marido e mulher, juízes declaram réus culpados ou inocentes, um diretor declara encerrada uma reunião e um presidente da república pode ir a público declarar guerra, impactando para sempre a vida de milhares, talvez milhões, de pessoas. Declarações dos mais variados tipos são, afinal de contas, breves ações verbais com efeitos igualmente diversos e potencialmente marcantes nas vidas das pessoas envolvidas. Não podemos, de fato, fazer a luz ou fritar um ovo com palavras, mas podemos, sim, agir com elas.

Mesmo à margem dos poderes institucionais, quando conversamos cotidianamente com aqueles ao nosso redor, ainda que sobre os assuntos mais banais, estamos agindo. Emitimos palavras pela boca, de certo, mas nossas ações comunicativas estão além da mera ação *de* falar. São, por assim dizer, ações que estão *no* falar: prometemos, perguntamos, recomendamos, alertamos, ordenamos, proibimos, ofertamos. Essas são ações comunicativas que permeiam nossas vidas e que mostram que nossas falas estão longe de ser inertes. Agimos, também, *pelo* falar. Por ele, podemos levar nossos interlocutores à reflexão e à ação. Não eram essas, afinal de contas, as intenções de Santo Antônio de Pádua ao usar palavras? Pelo falar, podemos ainda agradar, insultar, assustar.

Ações de fala, na fala e pela fala. É assim que o filósofo britânico J.L. Austin se referia ao fato de que nossas palavras são mais do que um mero exercício vocal que impacta os ouvidos de quem nos escuta. Mas o que exatamente isso quer dizer? O que torna possível essa elevação do meramente vocal para o variado leque de ações comunicativas que nossas conversas cotidianas revelam? Até que ponto as gramáticas das línguas naturais codificam e determinam essas ações? Essas são

78 **Pragmática**

algumas das questões que buscaremos elucidar neste capítulo, tendo a influente obra de Austin como ponto de partida.

3.1 Performativo e constativo

Sentenças declarativas nos remetem a descrições (parciais) de como o mundo é. Como tais, podem ser verdadeiras ou falsas, a depender de se a descrição corresponde ou não à realidade:

(1) a. A Terra gira em torno do sol.
    b. A Terra é plana.

A primeira sentença é verdadeira, pois seu conteúdo corresponde aos fatos, a como as coisas são. A segunda é falsa, pois seu conteúdo não corresponde aos fatos. Sentenças declarativas como essas estão associadas a condições de verdade. Mesmo que ignore os fatos, um falante competente do português sabe que (1a) é verdadeira se a Terra girar em torno do sol e falsa se ela não girar em torno do sol. Da mesma forma, esse falante saberá que (1b) é verdadeira se a terra for plana e falsa se ela não for plana. Ciente dos fatos, dizemos que quem profere (1a) oferece uma descrição correta ou adequada da realidade e quem profere (1b) oferece uma descrição incorreta ou inadequada da realidade.

Mas nem todas as sentenças declarativas se encaixam nesse perfil:

(2) a. Eu vos declaro marido e mulher.
    b. Eu te batizo em nome do Pai, do Filho e do Espírito Santo.
    c. Declaro o réu culpado.

Pense em (2a) proferida por um padre diante dos noivos no altar de um igreja durante uma cerimônia de casamento. Pense, agora, em quão estranho seria perguntar a alguém assistindo à cerimônia se o que o padre acabou de dizer era verdadeiro ou falso. Neste caso, as palavras do padre não estão descrevendo, mas transformando. Falar aqui é fazer. Ao proferir (2a), o padre mudou o estatuto matrimonial dos noivos. De solteiros, eles passaram a casados, o que traz implicações sociais, civis e/ou religiosas aos dois. Algo semelhante se pode dizer de (2b), proferida diante de uma criança durante uma cerimônia católica. Neste caso, o proferimento da sentença muda, perante a igreja, o estatuto religioso da criança, que passa de pagão a cristão. Na mesma linha, quando um juiz profere (2c) em um tribunal ao término de um julgamento, o estatuto jurídico do réu passa de inocente a culpado, o que implica a imposição de algum tipo de pena, que pode ser a prisão, uma multa ou a prestação de serviços comunitários.

Proferimentos de sentenças como (1) foram chamados por Austin de CONSTATI-vos. Ele os contrastou com proferimentos de sentenças como (2), que denominou de PERFORMATIVOS. Ao contrário dos constativos, proferimentos performativos não atendem a condições de verdade, mas a CONDIÇÕES DE FELICIDADE. Se sou eu, que não sou padre nem juiz, a proferir as sentenças em (2), nenhuma transformação será efetivada. Ainda que eu sorrateiramente vista uma batina ou uma toga e suba a um altar ou sente em uma cadeira destinada a um juiz, falta-me, neste caso, poder institucional. E mesmo que um padre ou juiz aponte para um casal, uma criança ou um suspeito no meio da rua e profira as sentenças em (2), suas palavras não resultarão em nada, já que precisam estar inseridas em um ritual que demanda momento e local específicos. Proferimentos performativos requerem que certas condições sejam satisfeitas para que contem como ações transformadoras. Sem o preenchimento dessas condições de felicidade, esses proferimentos simplesmente falham como ações transformadoras (o termo inglês original de Austin é *misfire*), sendo, quando muito, apenas tentativas de ação. Nos casos acima, as condições de felicidade e as falhas resultantes de seu descumprimento estão centradas no falante, o autor do proferimento. Há casos, porém, em que o comportamento do ouvinte ou da audiência é crucial para a efetivação da ação. Considere uma aposta, por exemplo:

(3)   A: Aposto cem reais que o Brasil vence a próxima Copa do Mundo.
        B: Apostado!

Sem o aceite de B, que pode ser verbal, como em (3), ou gestual, como um aperto de mãos, a fala de A, a despeito de seu caráter explícito, não chega a ser uma aposta. A efetivação de uma aposta requer a participação de uma segunda pessoa. Tivesse B respondido negativamente, nenhuma aposta teria ocorrido.

Os exemplos em (2) se dão no interior de práticas sociais altamente estilizadas e contribuem para o andamento de rituais nos quais o uso da linguagem pode parecer um mero detalhe. Vamos encontrá-los também em outras instituições sociais como a família (quando um pai diz ao filho "Eu te proíbo de chegar em casa depois da meia-noite") ou uma empresa (quando o patrão diz a um empregado "eu te demito" ou aos diretores reunidos em assembleia "declaro a reunião encerrada"). Há menos encenação nestes casos, mas ainda assim fica claro que não são proferimentos constativos cujo ponto é descrever a realidade. Aqui também não cabe falar em condições de verdade. São proferimentos que contam como ações, desde que satisfeitas certas condições. Nenhuma proibição ou demissão se efetiva se um filho diz ao pai "Eu te proíbo ..." ou um funcionário diz ao patrão ou colega de trabalho "eu te demito".

Não é apenas no âmbito de instituições sociais complexas cujas convenções extrapolam o linguístico que a fala adquire um caráter acional e o uso de sentenças declarativas deixa de funcionar como um recurso descritivo. Ao contrário, comunicar é agir e há uma pluralidade de ações que se manifestam mesmo nas interações verbais mais corriqueiras:

(4) a. Prometo chegar em casa antes das 6h.
     b. Peço que vocês falem baixo.
     c. Convido todos vocês para o meu aniversário.
     d. Desculpo-me pelo que falei ontem.

Em todos esses casos, falar conta como fazer. Ao proferir essas sentenças, o falante prometeu, pediu, convidou, desculpou-se. E nem promessas, nem pedidos, nem convites, nem desculpas são descrições que taxamos de verdadeiras ou falsas a depender de sua correspondência ou não com a realidade. Não cabem aqui condições de verdade. Ainda assim, há critérios em relação aos quais podemos julgar a adequação de proferimentos como os em (4) e que Austin também inclui entre as condições de felicidade. Promessas, por exemplo, podem ser sinceras ou insinceras. Eu posso prometer com ou sem ter a intenção de cumprir o prometido. Em casos de insinceridade, Austin fala em ABUSOS. Diferentemente das falhas, que consistem na não efetivação de uma ação pelo não atendimento de um requisito, a infelicidade ou inadequação dos abusos é de outra ordem. Promessas insinceras ainda são promessas. Quem profere (4a), tendo ou não a intenção de chegar em casa antes das seis horas, fez uma promessa. Mesmo assim, a noção de abuso parece parte integrante e importante da caracterização da ação associada a um proferimento performativo. Quem promete, mesmo sem sinceridade, dá a entender que tem a intenção de agir de uma certa forma. Quem profere (4a), ainda que não tenha a intenção de chegar em casa antes das seis horas, dá a entender que tem essa intenção. Sem levar em conta esse componente, a própria noção de promessa perde o sentido. Isso fica ainda mais evidente diante de enunciados como (5), que soam contraditórios e beirando a irracionalidade:

(5) Prometo chegar em casa antes das seis, mas não tenho a intenção de chegar antes das seis.

Proferir (5) é dar um tiro no próprio pé. Sinceridade, ainda que não seja uma condição necessária para caracterizar uma ação como uma promessa, tem um papel regulador que entra de alguma forma na própria definição do que é prometer. Um abuso no sentido austiniano pode ser visto como uma forma de agir em desacordo com esse tipo de regra implícita. Podemos aplicar um raciocínio análogo a outros enunciados performativos e às ações a eles associadas. Por exemplo, quem profere (4b) pede a seus ouvintes que falem mais baixo. Quem faz um pedido dá a entender que tem a intenção ou desejo de ver o pedido realizado pelo(s) ouvinte(s). Pedir sem ter essa intenção é um abuso, que fica escancarado em (6):

(6) Peço que vocês falem mais baixo, mas não estou nem aí para a altura em que vocês estão falando.

Em todos os proferimentos performativos que vimos até aqui, as sentenças usadas tinham uma forma peculiar: uma oração declarativa, com um verbo que remete à própria ação efetivada pela fala, conjugado na primeira pessoa do singular do presente do indicativo e seguido de um complemento, em geral, oracional. Esses proferimentos são chamados de PERFORMATIVOS EXPLÍCITOS. De fato, está claro que quem diz *peço que vocês falem baixo* faz um pedido, ao passo que quem diz *eu costumo falar baixo* ou *eu pedi que vocês falassem baixo* está apenas descrevendo um hábito ou uma ação que já fez. Entretanto, quem profere (7) também faz um pedido:

(7)   Falem baixo, (por favor)!

Note a ausência do verbo *pedir*, do modo indicativo, da primeira pessoa do singular e de um complemento verbal. Ainda assim, (7) não soa como uma descrição da realidade e nem faz sentido perguntar se o que foi proferido é verdadeiro ou falso. Neste caso também, falar é fazer, e tanto quem profere (7), quanto quem profere *peço que vocês falem mais baixo*, está fazendo um pedido. O mesmo se pode dizer do proferimento de sentenças interrogativas:

(8)   Quando será pago o próximo salário?

Um empregado que se dirige ao patrão com o proferimento em (8) está fazendo uma pergunta e o faz de maneira tão ou mais natural do que se proferisse (9), em conformidade com a receita dos performativos explícitos:

(9)   Pergunto (ao senhor) quando será pago o próximo salário.

Pode-se alegar que o tipo sentencial (imperativo, interrogativo, declarativo) exerce nestes casos o papel desempenhado por 'prefixos' sentenciais, como *peço que/pergunto (se)*, nos casos anteriores. Sendo assim, ainda estaríamos em um domínio próximo dos performativos explícitos e da ideia básica de que falar conta como fazer. Se, no curso de uma conversa, alguém se dirige a um interlocutor proferindo uma oração imperativa, sua fala conta como um pedido. Da mesma forma, se a oração for do tipo interrogativo, a fala contará como uma pergunta. Voltaremos a essa relação entre ações e marcadores gramaticais mais adiante. Entretanto, mesmo que incluamos os tipos sentenciais (imperativo e interrogativo) no rol dos performativos explícitos, ainda assim não abarcaremos a totalidade dos enunciados performativos:

(10)   "Eu vou tirar você da prisão ainda hoje", prometeu o advogado ao cliente.

É possível prometer sem lançar mão de um expediente explícito do tipo *Prometo que ...*, mesmo que a língua não disponha de um tipo sentencial ou modo verbal

82 Pragmática

promissivo em sua gramática. Basta, como se vê em (10), uma oração declarativa simples.

Performativos explícitos e tipos sentenciais especializados não são necessários nem mesmo em casos vinculados fortemente a papeis e instituições sociais, como os que já apresentamos nesta seção. Proferidas por um juiz a um réu sob julgamento, por um patrão a um funcionário de sua fábrica, ou pelo presidente da república ao término de uma reunião ministerial, as falas em (11) contam como ações transformadoras. Novamente, bastam orações declarativas:

(11)   a.   O réu é culpado.
        b.   Você está demitido.
        c.   A reunião está encerrada.

Como se vê, a classe dos enunciados performativos se mostrou mais larga do que se suspeitava inicialmente. De certas fórmulas verbais inseridas nos rituais de certas instituições sociais, passamos aos performativos explícitos, às orações não declarativas e a certos usos de orações declarativas simples sem qualquer marca sintática evidente à qual pudéssemos associar uma função pragmática específica e sob a qual estivesse escondida a chave da performatividade. Cabe, neste ponto, questionar se os enunciados taxados inicialmente de constativos são mesmo tão inertes em termos acionais quanto pareciam e qualitativamente distintos neste quesito dos enunciados performativos. Considere (12), por exemplo:

(12)   Houve apenas um aprovado no concurso.

Eis um típico enunciado constativo. Descreve um estado de coisas e pode ser verdadeiro ou falso a depender de como o mundo é. Compare-o, agora, com (13):

(13)   Afirmo que houve apenas um aprovado no concurso.

Aqui já temos o conhecido molde dos performativos explícitos. Quem profere (13) afirma que houve apenas um aprovado no concurso. Afirmar é agir e essa ação pode afetar os interlocutores de várias maneiras: informando, indignando, convencendo, mudando crenças, etc. O uso de (13) também está sujeito a condições de felicidade. Como promessas e pedidos de desculpas, por exemplo, uma afirmação pode ser sincera ou insincera. E esteja o falante sendo sincero ou não, ao afirmar, ele estabelece, perante sua audiência, um compromisso com a verdade do que diz. Quem profere (13) dá a entender que sabe, tem evidências ou acredita que houve apenas um aprovado no concurso. Sendo assim, o falante pode ser cobrado pelos interlocutores sobre o conteúdo afirmado: como você sabe disso? Você tem certeza? Isso não é verdade! Ele pode, inclusive, ser levado a se retratar, caso fique claro posteriormente que o que ele afirmou era falso ou, pelo menos, que pode não ser verdade. Uma retratação é, por assim dizer, o oposto de uma afirmação, um ato que, ao invés de instaurar, suspende um comprometimento do falante.

Note, porém, que tudo o que acabamos de dizer sobre o papel comunicativo de (13) se aplica também a (12) e seu uso em uma conversa. Quem profere (12) também está afirmando algo e, como tal, dando a entender que tem evidência, que sabe ou que acredita que o conteúdo do que diz é verdadeiro, se comprometendo, perante seus interlocutores, com essa verdade. O mesmo se pode dizer de enunciados um tanto banais como (14):

(14)   Está chovendo forte aqui no bairro.

Aqui também cabe falar em condições de felicidade ou sinceridade. Evidência do papel regulador dessas condições é o caráter contraditório e irracional de enunciados como (15), paralelo ao que vimos com as intenções no caso de promessas e pedidos:

(15)   a.   Está chovendo, mas eu não sei se está.
        b.   Está chovendo, mas eu não acredito que esteja.

Nestes casos, o falante afirma algo e logo em seguida se desvincula ou se descompromete com a verdade do que acabou de afirmar. É importante notar que o aspecto paradoxal destes proferimentos não se explica em termos puramente semânticos, ou seja, pela inconsistência do conteúdo proferido. É perfeitamente possível que esteja chovendo, mas que o falante não saiba ou não acredite que está. Os exemplos acima não são como (16), em que as sentenças proferidas são contraditórias e necessariamente falsas:

(16)   a.   Está chovendo, mas não está chovendo.
        b.   Maria é mais alta que Pedro, mas Pedro não é mais baixo que Maria.

Ao contrário, a perplexidade causada por (15) só se explica pragmaticamente, ao levarmos em conta que quem as profere afirma que está chovendo, ao mesmo tempo que manifesta explicitamente seu desconhecimento (ou descrença) sobre estar chovendo.

A que ponto chegamos com essas considerações? Ao mesmo ponto em que o próprio Austin chegou a respeito do caráter performativo das afirmações:

> Seria correto dizer que quando afirmamos algo [...] também estamos fazendo algo distinto de apenas dizer? [...] Certamente afirmar é, em todos os aspectos, realizar um ato ilocucionário tanto quanto, digamos, avisar ou proclamar.
>
> Austin (1975:133-134), *tradução minha*

84 Pragmática

Em suma, falar é sempre fazer. Em contextos comunicativos, todo proferimento é um ato que engloba mais que a mera emissão de palavras. É a essa concepção de ação comunicativa que passaremos na próxima seção, na qual o conceito de *ato ilocucionário* empregado por Austin nesta citação ganhará papel central.

3.2 Locucionário, ilocucionário, perlocucionário

Em um certo sentido e em um nível bastante elementar, é óbvio e incontroverso que falar é fazer. Toda fala é uma ação fonética em que movemos a língua, os lábios, as cordas vocais, o diafragma, enfim, em que configuramos nosso aparato vocal de modo a produzir sons. Em um nível mais complexo, mas ainda elementar, uma fala pode ser vista como a vocalização ou externalização (se quisermos ser mais neutros e incluir, por exemplo, as línguas de sinais) de uma expressão linguística com forma e conteúdo, analisável em termos fonológicos, morfológicos, sintáticos e semânticos. Agimos tornando público algo que um falante competente na língua que usamos é capaz de recuperar com seu conhecimento estritamente linguístico sobre a associação entre forma e sentido. Austin chamou essas ações de ATOS LO-CUCIONÁRIOS.

Entretanto, como vimos na discussão da seção anterior sobre o caráter performativo da linguagem, quando falamos com o propósito de interagir ou nos comunicar, nossa fala traz consigo uma série de ações cuja caracterização ultrapassa o meramente locucionário. Falar pode ser também afirmar, perguntar, prometer, pedir, ordenar, alertar, etc. A essas ações comunicativas, Austin chamou de ATOS ILOCU-CIONÁRIOS. Como já vimos, quando em uma conversa alguém profere perante seus interlocutores uma sentença como *prometo nunca mais fumar*, essa pessoa faz uma promessa. Como tal, ela expressa uma intenção. Como tal, ela pode estar sendo sincera ou não. Como tal, ela firma um compromisso e pode ser criticada se evidenciar que não está cumprindo com o que disse. Prometer não se caracteriza pura e simplesmente como a vocalização de uma expressão linguística. Prometer não se reduz a fatos de ordem estritamente fonética, morfossintática ou semântica.

Contraste uma situação conversacional como a que acabamos de imaginar com a de uma pessoa ou grupo de pessoas treinando sua pronúncia, sua empostação de voz ou ensaiando para uma peça de teatro. Imagine ainda que a sentença usada no treinamento ou ensaio calhe de ser a mesma – *prometo nunca mais fumar* – e que qualquer falante competente que esteja passando por perto seja capaz de decodificar o sentido do que está sendo dito. Ainda assim, o falante, neste caso, não prometeu nada. Nem mesmo aqueles que o ouviram e decodificaram o som e o sentido de sua fala irão especular sobre sua sinceridade, criar expectativas sobre sua atitude futura diante do cigarro e muito menos poderão se outorgar o direito de criticar o

Ações comunicativas 85

falante, caso o vejam acendendo um cigarro minutos depois de sua fala. A despeito da semelhança no nível locucionário entre as duas situações, está claro que elas não se equivalem do ponto de vista ilocucionário. Em ambos os casos, o falante proferiu uma sentença do português com forma e conteúdo bem definidos, mas apenas no primeiro caso ele prometeu parar de fumar.

Contrastes semelhantes podem ser construídos em cima de outros tipos de fala, revelando as dimensões distintas em que o locucionário e o ilocucionário se constituem. Usando ainda o exemplo de um treinamento fonético, ninguém se sentiria compelido, neste caso, a responder ao proferimento de uma oração interrogativa ou a reagir ao proferimento de uma oração imperativa. E se a frase proferida tiver sido *a Terra é plana*, não caberiam comentários sobre as crenças equivocadas do falante ou sua ignorância sobre geografia elementar. Neste contexto, em que não se presumem intenções comunicativas ou o uso interativo da linguagem, o falante, ainda que pronuncie impecavelmente sentenças com um sentido claro e não ambíguo, não estará afirmando, perguntando ou pedindo nada. E houvesse tal palavra em português, diríamos que não houve ilocução nesses casos.

Há ainda um outro aspecto agentivo associado à ação de falar. Quando falamos, normalmente o fazemos com a intenção de provocar uma reação em nossa audiência. Suponha que eu me dirija a você proferindo a sentença *fale mais baixo, por favor!* com a intenção de que você diminua a altura de sua voz. Suponha que você compreenda meu pedido e em função disso passe a falar mais baixo. Neste caso, eu fiz você abaixar sua voz. A esse causar um efeito a partir de um ato ilocucionário, Austin chamou de ATO PERLOCUCIONÁRIO. Em nosso exemplo, o falante fez o ouvinte falar mais baixo. Suponha, porém, que o ouvinte, apesar de ter compreendido o pedido, continue falando tão alto quanto antes. Neste caso, minha fala não teve o efeito almejado. Minha fala não foi bem sucedida em termos perlocucionários, ainda que, tal como na situação em que o pedido foi atendido, eu tenha sido bem sucedido em termos locucionários e ilocucionários. Afinal de contas, em ambos os casos, você compreendeu minhas palavras e entendeu que eu estava lhe pedindo algo. Em ambos os casos, eu pedi que você falasse mais baixo. Só no primeiro, porém, eu fiz você falar mais baixo. As ações verbais se equivalem do ponto de vista (i)locucionário, mas diferem do ponto de vista perlocucionário. O mesmo se dá com a ação de perguntar (um tipo de ato ilocucionário). Quem pergunta alguma coisa a alguém, normalmente o faz com a intenção de obter uma resposta. Se o interlocutor reage à pergunta, fornecendo a informação solicitada, fomos perlocucionariamente bem sucedidos: falamos (ato locucionário), perguntamos (ato ilocucionário) e fizemos o ouvinte responder (ato perlocucionário). Entretanto, se meu interlocutor, mesmo tendo compreendido minhas palavras e seu caráter inquisitivo, permanecer em silêncio, eu terei fracassado em termos perlocucionários. Desta vez, eu falei (mesmo ato locucionário), perguntei (mesmo ato ilocucionário), mas não obtive resposta (não houve ato perlocucionário).

Em certos casos, o efeito desejado não diz respeito a ações, mas a estados psicológicos. Quando afirmo algo, eu frequentemente o faço com a intenção de que minha audiência acredite em mim. Quando argumento, minha intenção é convencer. Se afirmo (ou argumento) que a Terra é esférica e você acredita em mim, eu fiz você acreditar (eu te convenci, persuadi) que a Terra é redonda. Esse fazer acreditar, persuadir, convencer são também atos perlocucionários. Se, por outro lado, minha afirmação (ou argumentação) não abalou suas crenças ou convicções, não há ato perlocucionário, só (i)locucionário.

Vemos, então, que um proferimento pode estar atrelado a três atos de fala distintos, todos eles desencadeados pelo mesmo agente, o falante. Atos distintos, mas relacionados. As línguas naturais são um poderoso meio de expressão e nossos atos locucionários são excelentes veículos sinalizadores de nossas intenções ilocucionárias e perlocucionárias. Além disso, o ponto de um ato ilocucionário está frequentemente associado a uma intenção perlocucionária. Como acabamos de ver, quando eu afirmo, eu frequentemente quero que você acredite em mim. Quando eu ordeno, eu quero que você aja, quando eu ameaço, quero que você se assuste, e assim por diante. Entretanto, como também vimos, a efetivação de um ato locucionário não é sinônimo da efetivação de um ato ilocucionário. E a efetivação de um ato ilocucionário não é garantia da efetivação de um ato perlocucionário.

3.3 Interlúdio filosófico

Esta seção é uma espécie de interlúdio filosófico sobre a natureza da ação ilocucionária. Uma pergunta central em filosofia da linguagem é a seguinte: o que torna possível que o proferimento de uma expressão linguística seja um ato ilocucionário? Em que base se assenta a equação austiniana de que falar é fazer? Um proferimento, enquanto ato locucionário, se assenta sobre convenções linguísticas acrescidas de coordenadas contextuais (como autor, tempo e local da fala) que, juntas, compõem o conteúdo externalizado. Entretanto, a promoção do locucionário a ilocucionário requer, como já salientamos, algo mais. Mas o quê? Veremos a seguir quatro possíveis respostas a esta pergunta.

3.3.1 Convenções

Seria esse algo mais que eleva o locucionário a ilocucionário uma outra espécie de convenção, de acordo com a qual dizer X em determinadas condições conta como fazer Y? Seria a relação entre um proferimento e um ato ilocucionário a mesma relação entre marcar um X em uma cédula de papel e votar, como sugeriu o filósofo John Searle, importante crítico e desenvolvedor das ideias de Austin? De fato, fora das convenções político-eleitorais, marcar um X em uma cédula não passa de um ato, digamos, ortográfico, em que, com uma caneta, imprimimos manualmente uma marca de tinta em um pedaço de papel. Por outro lado, uma vez instauradas as convenções que constituem uma eleição, fazer um X em local, data e momento apropriados efetiva um voto, algo com poder de influenciar quem será a próxima liderança política de uma nação. Nessas circunstâncias, fazer um X conta como votar.

Algo nesta linha convencionalista parece ter sido o que o próprio Austin tinha em mente nesta passagem sobre os requisitos necessários para a existência de um ato de fala (ilocucionário):

> Deve haver um procedimento convencional aceito tendo um certo efeito convencional, procedimento este que inclui o proferimento de certas palavras por certas pessoas em certas circunstâncias [...]
>
> Austin (1975:14), *tradução minha*

Note a menção a efeitos convencionais. No caso de proferimentos inseridos em rituais institucionais, como aqueles com os quais Austin iniciou sua discussão sobre os atos de fala, está claro que convenções e que efeitos estão em jogo. É parte das convenções da igreja católica que o proferimento de certas palavras por uma autoridade religiosa em um determinado ritual efetive um matrimônio, o que impõe ao casal uma série de compromissos e deveres morais: fidelidade, apoio mútuo na saúde e na doença, etc. Assim como é frequente nas convenções jurídicas de uma nação que o proferimento de certas palavras por uma autoridade (o juiz) efetive uma condenação e tudo o que ela implica ao réu, incluindo a possível perda do direito de ir e vir. Sem essas convenções, tais comportamentos verbais seriam apenas palavras no ar.

As coisas são bem menos óbvias quando os atos ilocucionários não estão vinculados a certas instituições sociais bem estabelecidas, sendo, antes, parte de interações conversacionais frequentemente banais. Que efeitos e convenções estariam em jogo para fazer de um proferimento uma promessa, um pedido ou uma afirmação, por exemplo? Austin não foi muito preciso sobre o que ele tinha em mente em relação a esses efeitos convencionais, mas Searle, que buscou dar um tratamento sistemático às ideias de Austin e que manteve seu caráter convencional, fala em convenções linguísticas. Vejamos, como exemplo, as promessas. Para Searle, prometer é, acima de tudo, firmar um compromisso. Para ele, o traço característico de uma promessa, seu efeito essencial, é a instauração de uma obrigação de realizar uma ação. Promessas são como assinaturas de contratos, mas sem o aparato jurídico-burocrático que acompanha os últimos, incluindo presença de testemunhas, reconhecimento de firma em cartório e punições legais bem definidas em caso de descumprimento. No caso das promessas, a instituição no âmbito da qual essa obrigação se instaura é a própria linguagem. Podemos pensar nas afirmações em termos semelhantes. Afirmar p é efetivar um compromisso com a verdade de p, é assumir que p representa as coisas como elas são. Outros atos ilocucionários, como pedidos e perguntas, efetivam um requerimento ou solicitação do falante ao ouvinte. Pedir é solicitar do falante uma ação, enquanto perguntar é solicitar dele uma informação. Há ainda atos que efetivam a expressão de um estado psicológico. Agradecer, por por exemplo, é expressar gratidão ou reconhecimento. Searle associa cada tipo de ato ilocucionário a um efeito essencial.

Para explicar como o efeito de um ato ilocucionário é obtido, Searle assume que as línguas naturais dispõem de DISPOSITIVOS INDICADORES DE FORÇA ILOCUCIONÁRIA. Essa indicação se manifesta de várias formas na estrutura superficial de uma sentença e não precisa coincidir com um elemento mínimo, como um morfema ou palavra. Em português, por exemplo, identificamos uma pergunta polar através da prosódia apenas. Compare a oração declarativa *está chovendo* com a interrogativa *está chovendo?*. Em outros casos, entram em cena também o modo verbal, como nas orações imperativas (*coma os legumes!*), a presença de palavras como *quem, qual, quando* nas interrogativas de constituintes (*quem comeu o bolo?*), como *obrigado* e *valeu* em exclamativas, ou uma locução específica anteposta a um constituinte sintático, como no caso dos performativos explícitos (*Prometo que volto logo*). Seja como for, é ao menos concebível que, em um nível sintático mais abstrato, tais indicadores sejam representados como elementos isoláveis na estrutura sintática de uma expressão proferida. Desta forma, se chamarmos de Q o dispositivo indicador de força interrogativo, teríamos, para a sentença *está chovendo?* a representação abstrata Q *está chovendo*. E se chamarmos de Pr o dispositivo indicador de força promissiva, teríamos, para a sentença *prometo que volto logo*, a representação abstrata Pr *eu volto logo*.

A proposta de Searle é que as regras associadas aos dispositivos indicadores de força ilocucionária são da forma *proferir X conta como Y*, em que X é o dispositivo indicador de força ilocucionária e Y especifica o efeito essencial da ação. Por exemplo, abstraindo dos detalhes de sua realização sintática superficial, e continuando a chamar de Pr o dispositivo indicador de promessas, teríamos algo como *proferir Pr conta como a efetivação de uma obrigação de fazer algo*.

Essas regras têm um caráter definidor e conferem valor comunicativo a um proferimento. Searle as chama de REGRAS CONSTITUTIVAS e faz uma analogia com regras de jogos competitivos como o futebol, o basquete ou o xadrez. No futebol, por exemplo, fazer a bola passar por sob as traves conta como um gol, um jogador de linha colocar as mãos na bola dentro de sua própria área conta como pênalti, e assim por diante. Essa regras constituem o que é o jogo de futebol, assim como as regras do basquete constituem o que é o jogo de basquete e as regras do xadrez constituem o que é o jogo de xadrez. Sem elas, não há como falar nos respectivos jogos. Sem gols, pênaltis, laterais, tempo de jogo, simplesmente não há jogo de futebol. Essas regras são, por assim dizer, o próprio jogo. Regras constitutivas diferem de REGRAS REGULATÓRIAS. Essas são como as regras de etiqueta social que se aplicam a uma atividade já existente. Pense nas regras de bom comportamento durante uma refeição: não mastigue com a boca aberta, não apoie os cotovelos sobre a mesa, não ajeite a comida no garfo com as mãos, etc. Não são regras constitutivas. Comer à mesa é uma atividade que já existia e que continuaria a existir com ou sem tais regras. As regras, neste caso, apenas instauram um padrão puramente normativo de comportamento, estabelecendo critérios de julgamento do tipo "certo" ou "errado".

3.3.2 Intenções

Alguns filósofos questionaram a necessidade do apelo a convenções para explicar a possibilidade de ação ilocucionária. O principal deles, o britânico Peter Strawson, via na capacidade humana de discernir intenções comunicativas a essência dessas ações, aquilo que torna possível que o falar seja um fazer que extrapola o meramente locucionário. Ele não nega o papel das convenções e das instituições sociais nos casos de batizados, casamentos e condenações, e nem mesmo o das convenções linguísticas no caso dos performativos explícitos. Nega, porém, que a ausência desses elementos inviabilize a execução de um ato ilocucionário. Pense, por exemplo, em uma criança com "cara de pidão" dirigida a seus pais na frente de uma prateleira de doces no supermercado. Não estaria ela pedindo? E não estaria esse pedido efetivado no exato momento em que os pais reconhecem sua intenção de que eles deem a ela o doce? Aqui, de fato, não parece haver convenções, apenas a manifestação e reconhecimento de intenções. Radicalizando um pouco mais, pense em um cachorro de orelhas murchas, rabo abanando e latindo ou uivando com "cara de coitado" chamando a atenção de seu dono quando este se prepara para fechar a porta de casa, prestes a deixá-lo do lado de fora. Não estaria o cachorro pedindo, ou mesmo implorando, para ser posto para dentro? Neste caso, claro, soa menos verossímil ainda o apelo a convenções e a regras constitutivas. O próprio Searle concede que, talvez, essa atitude do cachorro possa ser chamada de um pedido, e que um número bem limitado de atos ilocucionários possam ser efetuados mesmo fora do âmbito das línguas naturais, de convenções sociais e de regras constitutivas. Ele insiste, porém, que são casos periféricos e que estão longe de ser característicos da diversidade dos atos ilocucionários típicos da comunicação humana. Como, por exemplo, prometer e afirmar, na ausência de convenções ou regras constitutivas?

Uma versão abrangente e bem articulada da visão intencionalista dos atos de fala foi apresentada pelos filósofos Kent Bach e Robert Harnisch em um livro do final dos anos 70 do século XX. Os autores propuseram que todo ato ilocucionário pode ser identificado como a expressão de atitudes mentais, tais como crenças, intenções e sentimentos. Para esses autores, afirmar, por exemplo, envolve a expressão de uma crença, prometer, a expressão de uma intenção, agradecer, a expressão de gratidão, e assim por diante. Obviamente, expressar um estado mental não deve implicar estar naquele estado. Já falamos sobre abusos e o fato de afirmações ou

90 Pragmática

promessas insinceras serem, apesar de tudo, afirmações e promessas. Também não devemos associar tais expressões a manifestações fortuitas de uma atitude. Se alguém me vê pegando um guarda-chuva ao sair de casa e infere a partir da minha ação que eu acho que está chovendo (ou que pode ou deve chover), isso ainda não conta como a expressão de uma crença. Falta um componente intencional. Para Bach e Harnich, expressar um estado mental é querer dar a entender que se está naquele estado. Quem afirma p quer dar a entender que acredita em p, quem promete p quer dar a entender que tem a intenção de agir para tornar p verdadeira, quem agradece alguém por ter feito algo quer dar a entender que está grato pela ação, e assim por diante. O ponto principal a ser captado aqui é que a intenção que descrevemos como "querer dar a entender" é uma intenção cuja realização consiste simplesmente em seu próprio reconhecimento pelo ouvinte. Bach e Harnish chamam esse tipo de intenção de intenção-R ou intenção reflexiva. A inspiração é claramente griceana, mas diferentemente das intenções comunicativas que compunham o significado não natural de Grice que discutimos no capítulo anterior, as intenções-R não englobam qualquer vestígio de efeito ou intenção perlocucionários. Afirmar, já vimos, envolve a expressão de uma crença e, nesse aspecto, pouco importa se o falante acredita no que diz, se o ouvinte vai acreditar no que o falante disse ou se vai reagir de alguma outra forma a sua ação. O que conta para uma ação ilocucionária ser bem sucedida é que o ouvinte reconheça a intenção embutida nela, ou seja, a atitude que o falante expressa. Note a diferença em relação a intenções tipicamente perlocucionárias, como uma pessoa querer que seu interlocutor acredite no que ela está dizendo. Neste caso, o interlocutor pode reconhecer a intenção e não acreditar no que foi dito. Sendo assim, o falante não foi bem sucedido, ainda que sua intenção tenha sido reconhecida. No caso das intenções-R isso jamais se dá, já que, voltamos a enfatizar, sua realização consiste em seu próprio reconhecimento.

A partir dessa caracterização, Bach e Harnish dividem os atos ilocucionários em quatro grande categorias: constativos, diretivos, comissivos e de reconhecimento. Atos constativos expressam a crença do falante e sua intenção de que o ouvinte forme essa mesma crença (afirmar, prever, relatar, etc.). Atos diretivos expressam atitude em relação a ações futuras do ouvinte (pedir, perguntar, ordenar, autorizar, etc.). Atos comissivos expressam a intenção ou crença do falante de que seu proferimento o coloque em algum tipo de obrigação de agir (prometer, jurar, garantir, etc.). Por fim, os atos de reconhecimento expressam sentimentos relacionados ao ouvinte (agradecimentos, saudações, arrependimentos, congratulações, etc.). A classificação é bastante detalhada e só a classe dos constativos é dividida em 15 subclasses, cada uma com vários exemplos. Os autores ainda postulam duas outras classes, a dos veriditivos e a dos efetivos, que apresentam um caráter mais convencional e menos comunicativo e que eles discutem separadamente.

3.3.3 Compromissos

É interessante notar que tanto a abordagem convencionalista de Searle quanto a intencionalista de Bach e Harnish lançam mão de noções como compromisso, responsabilidade, obrigação e direitos, normalmente encontradas no ambiente mais solene de tribunais e cartórios. No caso de Searle, o efeito essencial de uma promessa, por exemplo, é caracterizado a partir da noção de comprometimento, do trazer para si uma responsabilidade. Igualmente, no caso de Bach and Harnish, as atitudes mentais a partir das quais os atos comissivos são definidos envolvem a noção de obrigação, como vimos há pouco.

Alguns filósofos elaboraram propostas que buscam fundamentar a ação ilocucionária justamente em noções como compromisso, responsabilidade, obrigação e direito. Essas noções são trazidas para o âmbito das interações comunicativas, sendo a ideia de fundo a de que todo ato de ilocucionário é, em seu nível mais elementar, a instauração de um tipo de norma, atribuindo responsabilidades, garantindo permissões e impondo obrigações. Um exemplo pioneiro neste sentido é o filósofo americano Charles Sanders Peirce, que via na noção de responsabilidade o ingrediente principal de uma asserção:

> Este ingrediente, o assumir responsabilidade, que é tão proeminente em asserções solenes, deve estar presente em toda asserção genuína.
> Peirce (1935:5.546), *tradução minha*

Para Peirce, quem afirma põe em jogo sua reputação, estima ou credibilidade e é esta a razão que sua audiência tem para acreditar no que ele afirma. Sem essas noções fundamentais, não há como fazer sentido da própria noção de asserção ou afirmação.

É possível vislumbrar extensões do espírito da proposta para outros atos, mais obviamente as promessas, mas também ordens e pedidos, em que o agente busca impor responsabilidades não a si mesmo, mas a seus interlocutores. Permanecem como desafios mais prementes para esse tipo de abordagem a elucidação das noções de base e a demonstração de que são aplicáveis a todos os tipos de atos ilocucionários. Por exemplo, qual é exatamente a responsabilidade que um falante incorre ao afirmar ou prometer algo? O que seria justo esperar ou cobrar de alguém que faz uma afirmação ou promessa? Como aferir se seu comportamento está ou não de acordo com o padrão de responsabilidade instaurado por sua ação ilocucionária? No caso de uma promessa solene, efetivada pela assinatura de um contrato e reconhecida em cartório, é fácil responder. O mesmo se pode dizer de juramentos e testemunhos perante autoridades jurídicas em um tribunal. Mas e nas afirmações e promessas corriqueiras do dia a dia? E em atos como agradecimentos e saudações? Há algumas propostas na literatura filosófica que buscam responder a estas questões e às quais remetemos o leitor nas sugestões de leitura ao final do capítulo.

3.3.4 Normas

Por fim, há um outro grupo de abordagens filosóficas que vinculam a existência de certos atos ilocucionários a normas de conduta. Não se trata, como nas abordagens da seção anterior, de efeitos normativos que se instauram com a ação ilocucionária, mas sim de normas que estão em vigência e que regulam a execução do ato. São regras do tipo *V apenas se X*, em que *V* especifica uma ação e *X* uma précondição. O caso mais discutido na literatura é o das asserções (afirmações), para as quais há propostas normativas de vários tipos, incluindo: afirmar *p* apenas se *p* for verdadeira, afirmar *p* apenas se souber que *p*, ou ainda, afirmar *p* apenas se for razoável acreditar que *p*. Essas abordagens normativas veem os atos ilocucionários como jogos de linguagem e as normas como regras constitutivas, no mesmo sentido que já vimos anteriormente. Assim como uma partida de xadrez (ou qualquer outro jogo esportivo) só é possível mediante certas regras, a ideia é que "um jogo ilocucionário" só é possível se certas normas estiverem em vigor. E assim como o jogo de xadrez é definido ou constituído por suas regras (e nada mais), a abordagem normativa considera que a ação ilocucionária é definida ou constituída pela(s) norma(s) que a regem. Assim, se você quiser saber o que é um ato ilocucionário, você deve procurar saber quais as normas por trás de seu uso. Descobertas as normas, você terá automaticamente descoberto a natureza do ato. Uma questão importante na avaliação deste tipo de abordagem é saber se é mesmo viável o projeto de caracterizar uma ação (ou um jogo) apenas com regras proibitivas do tipo *fazer A apenas se X*. Entretanto, é importante notar que um ato ilocucionário pode se dar mesmo quando não se age em conformidade com a norma em questão. Uma afirmação, nós já vimos, não deixa de ser uma afirmação só porque o falante diz algo que não é verdadeiro ou que não sabe se é verdadeiro. Normas, entretanto, criam expectativas que vêm à tona quando se suspeita que alguém não esteja agindo em conformidade com elas. É o que acontece, por exemplo, quando alguém faz uma afirmação controversa e seu interlocutor replica imediatamente, indagando *como é que você sabe disso?* Tal reação pode ser tomada como evidência para a existência de uma norma epistêmica (relacionada ao saber) para os atos assertivos. Permanece a questão fundamental se isso basta para caracterizar e individuar um ato assertivo. Da mesma forma, fica o desafio de estender a abordagem para a enorme variedade de atos ilocucionários que as outras abordagens que vimos identificam por outros meios.

3.4 Força e conteúdo

Nas duas seções iniciais deste capítulo, refizemos o percurso de Austin em sua principal obra, *How to do things with words*, partindo da dicotomia constativo-performativo e chegando na tripartição locucionário-ilocucionário-perlocucionário.

Ações comunicativas 93

No centro desta tripartição, estão os atos ilocucionários, que são os atos comunicativos por excelência. Do ponto de vista conversacional, os atos ilocucionários são os mais importantes e frequentemente tomados como sinônimos de atos de fala. É padrão analisá-los em dois componentes principais: FORÇA ILOCUCIONÁRIA e CONTEÚDO. A força corresponde ao tipo de ato ilocucionário associado a um proferimento específico e o conteúdo é o elemento ao qual essa força se aplica. Um proferimento como *prometo que a prova será bem fácil*, dito por um professor a seus alunos, tem a força de uma promessa, sendo seu conteúdo a proposição *que a prova será bem fácil*. De forma geral, um ato ilocucionário se caracteriza pela associação de uma força (F) a um conteúdo (c): $F(c)$. Força e conteúdo são tratados como conceitualmente independentes, de modo que nem a força determina o conteúdo, nem o conteúdo determina a força. Dizer que alguém fez uma promessa não revela o conteúdo da promessa. Dizer que alguém expressou uma proposição p não revela a força com que o fez, podendo ter sido uma promessa, um alerta, uma afirmação, uma ameaça, etc. Outros tipos de atos ilocucionários cujas forças podem ser vistas como associadas a conteúdos proposicionais são *afirmar*, *questionar* e *pedir*, como se vê, de forma esquemática, em (17), em que o mesmo conteúdo proposicional p – João está sentado – se associa a três diferentes forças: A(firmar), Q(uestionar) e O(rdenar).

(17) a. O João está sentado.
          A(p)
      b. O João está sentado?
          Q(p)
      c. Fique sentado! (dito ao João)
          O(p)

Nem sempre, porém, o conteúdo é proposicional. Perguntas que não são do tipo polar (sim/não), como *quem descobriu o Brasil?* requerem um tratamento diferente, e como veremos nos capítulos 6 e 7, mesmo proferimentos de interrogativas polares e orações imperativas têm recebido análises semântico-pragmáticas em que se postulam conteúdos não proposicionais.

Seja como for, é inegável que o conteúdo de um ato ilocucionário, proposicional ou não, é uma fonte infinita de recursos expressivos, mesmo quando nos limitamos a uma única força. Quando se trata da comunicação verbal humana, por exemplo, a recursividade das línguas naturais nos fornece um estoque ilimitado de conteúdos com o potencial de serem afirmados, perguntados, prometidos, etc. A partir de palavras ou de morfemas (as menores unidades linguísticas dotadas de significado) organizados em estruturas sintáticas e de regras de composição semântica que as interpretam, é possível derivar, com meios finitos, uma infinitude de significados que entram na constituição do conteúdo de um ato ilocucionário.

94 Pragmática

Mas e as forças ilocucionárias? Seriam elas noções monolíticas, passíveis apenas de serem listadas e cada qual caracterizada independente das demais? Ou seriam elas noções complexas e multidimensionais? Se forem complexas, pode-se pensar em relacioná-las umas às outras, agrupando-as quando compartilham certos atributos ou constrastando-as quando há pouco ou nada em comum e as diferenças superam as semelhanças. Intuitivamente ao menos, certas forças parecem mais próximas entre si do que outras. Afirmar e alegar é um caso de proximidade óbvia. Prometer e jurar é outro. Pedir e ordenar também. Já entre ordenar e agradecer não parece haver quase nada em comum, o mesmo podendo ser dito de prometer e relatar, dentre muitos outros pares.

Os filósofos John Searle e Daniel Vanderveken, elaborando em cima de ideias anteriores do próprio Searle, apresentaram uma proposta de análise das forças ilocucionárias que vai nesta direção. Para eles, sete componentes determinam a força ilocucionária:

(18)   *Os componentes da força ilocucionária* (Searle e Vanderveken 1985)

1. **Ponto ilocucionário:** caracteriza o propósito de um ato, sendo o componente mais importante (essencial) na definição da força. São cinco os pontos:
    (i) **assertivo:** dizer como as coisas são (afirmar, relatar, alegar, etc.)
    (ii) **diretivo:** fazer outras pessoas agirem (ordenar, perguntar, sugerir, recomendar, etc.)
    (iii) **comissivo:** comprometer-se em fazer algo (prometer, jurar, etc.)
    (iv) **declarativo:** efetuar mudanças no mundo (batizar, nomear, demitir, declarar aberto ou encerrado um evento, etc.)
    (v) **expressivo:** exprimir sentimentos e atitudes (agradecer, parabenizar, desculpar-se, etc.)
2. **O grau de força do ponto:** estabelece uma relação de grau ou intensidade entre certos atos. Jurar é mais forte que prometer; suplicar é mais forte que pedir;
3. **O modo de realização:** requerimento de certas condições especiais para realização do ato. Testemunhar (num tribunal) ou ordenar (a um súdito) requerem certos arranjos de autoridade, estatuto jurídico, etc.
4. **Condições de conteúdo proposicional:** uma promessa deve dizer respeito a ações futuras do falante, já um relato diz respeito a ações passadas, etc.
5. **Condições preparatórias:** espécie de pressuposições do ato de fala. Uma promessa pressupõe que o prometido seja de interesse do interlocutor; um pedido de desculpas, que o que o falante fez foi ruim ou repreensível.

Ações comunicativas 95

6. **Condições de sinceridade:** diz respeito à expressão de certos estados psicológicos. Afirmar expressa crença no que foi afirmado. Prometer expressa a intenção de tornar o prometido verdadeiro, etc.

7. **Grau de força das condições de sinceridade:** diz respeito ao grau do estado psicológico expresso. Geralmente covaria com o grau de força do ponto (pedir, implorar, suplicar), mas nem sempre (pedir e ordenar variam em grau de força do ponto, mas não em grau de expressividade).

Os cinco pontos ilocucionários são a base e o principal critério para agrupar as forças ilocucionárias. Para Searle e Vanderveken, o ponto ilocucionário de uma determinada força relaciona o conteúdo de um proferimento ao mundo em que esse proferimento se dá. Para elucidar o que eles têm em mente, os autores se valem do conceito de DIREÇÃO DE ENCAIXE (*direction of fit*, em inglês), sendo quatro as possibilidades, explicadas em (19):

(19) *Direção de encaixe*

a. **palavra para o mundo (*word-to-world*):** o conteúdo deve corresponder a como as coisas são (ponto assertivo).

b. **mundo para a palavra (*world-to-word*):** alguém deve agir de modo a fazer as coisas corresponderem ao conteúdo (no ponto diretivo, é o ouvinte quem deve agir; no comissivo, é o falante).

c. **duplo (*double*):** o próprio proferimento garante que as palavras correspondam às coisas (ponto declarativo).

d. **nulo (*null*):** a questão da correspondência entre o conteúdo e o mundo não se coloca (ponto expressivo).

A partir dos pontos ilocucionários e da correspondência palavra-mundo que eles engendram, e com o auxílio dos outros seis componentes em (18), é possível propor uma série de relações entre as forças. Por exemplo, jurar e prometer se agrupam enquanto forças do tipo comissivas. Entretanto, o grau de força de jurar é superior ao de prometer. Sendo assim, jurar implica prometer, mas prometer não implica jurar. O mesmo se pode dizer de implorar e pedir, ambos atos diretivos: se alguém está implorando, então está pedindo. Mas alguém que pede, não necessariamente implora.

Da mesma forma, o modo de realização (a terceira dimensão elencada em (18)), pode especificar uma força já existente, tornando-a um subtipo dela. Por exemplo, um testemunho é um tipo de afirmação. Nem toda afirmação, porém, é um testemunho. Neste sentido, algumas forças se destacam como espécies de forças neutras, às quais se podem adicionar componentes de vários tipos, gerando um vínculo implicativo entre elas: afirmar é justamente uma delas. Já vimos que testemunhar é afirmar na condição de testemunha. Argumentar, por seu turno, é afirmar com a intenção de convencer. Outras ações que parecem implicar afirmação são relatar, confirmar, repetir, etc. Também as condições preparatórias podem ser invocadas neste sentido. Ameaçar pode ser definido como prometer algo que seja ruim para o ouvinte. Em ambos os casos, o falante se compromete em fazer algo, e expressa a intenção de agir nesse sentido. Mas os atos diferem em relação à ação afetar ou não o ouvinte negativamente. Pode-se pensar, inclusive, em uma força oposta a ameaçar neste quesito e que seja caracterizável como prometer algo de interesse do falante, ainda que talvez não haja no léxico do português um verbo específico para isso (Searle analisa o verbo *to promise* do inglês nesses termos).

A decomposição das forças também permite agrupar ações intuitivamente relacionadas, mas ao mesmo tempo opostas. É o que parece se dar com *relatar* e *prever*, que diferem apenas em relação à orientação temporal de seu conteúdo proposicional: *choveu muito na noite passada* e *vai chover muito esta noite* ilustra um par minimamente contrastante justamente em termos das condições de conteúdo proposicional (a quarta dimensão em (18)), sendo o primeiro um relato e o segundo uma previsão.

3.5 Atos de fala indiretos

Não há dúvida de que as intenções de um falante e seu reconhecimento por sua audiência são elementos fundamentais da comunicação humana. Vimos isso no capítulo anterior, quando apresentamos as noções griceanas de significado do falante e implicatura conversacional. Perguntado sobre o potencial intelectual de um certo indivíduo X, um falante, ao proferir como resposta a sentença *X é esforçado*, quer expressar que X é esforçado, mas não (muito) inteligente. E sua audiência, muito provavelmente, captará essa intenção. Nos termos griceanos que já conhecemos, o falante diz que X é esforçado e implica conversacionalmente que X não é lá muito inteligente. Posto em outros termos, o falante foi direto em relação ao esforço, mas indireto em relação à (pouca) inteligência de X. Com esse aparato analítico griceano a nosso dispor, se abrirmos o horizonte para outros tipos sentenciais e outras forças ilocucionárias que não a assertiva, veremos que são possíveis várias formas de ação comunicativa indireta. Vejamos um exemplo característico:

(20)   A: Você pode me passar o saleiro?
         B: Sim. Aqui está.

A faz uma pergunta que, literalmente, solicita de B a informação de se ele é capaz de lhe passar o saleiro. A intenção de A, claro, é que B lhe passe o saleiro e sua fala bastou para que B captasse essa intenção. Indiretamente, A pediu a B que lhe passasse o saleiro. É interessante notar que a resposta de B se conecta a ambas as ações. Ao dizer *sim*, está respondendo à pergunta polar. Ao dizer *aqui está* com o saleiro em mãos, atende prontamente à solicitação de ação correspondente ao pedido. Voltando a Grice, agora munidos das noções de conteúdo e força ilocucionária, temos no nível do dito e do convencional uma pergunta, e no nível do implicado e do conversacional, um pedido. A conclusão de que o falante estava pedindo, ou seja, solicitando uma ação, pode ser inferida *à la Grice*, presumindo-se cooperatividade do interlocutor e buscando conciliar sua fala com tal postura: está mutuamente claro para A e B que naquele momento da conversa não há qualquer interesse nas capacidades físicas de B e, muito provavelmente, está pressuposto que B seja fisicamente capaz de passar um saleiro até A. Logo, a intenção de A ao proferir sua pergunta não pode ser uma mera solicitação de informação. Por outro lado, capacidade física é uma pré-condição para realizar uma ação. A está comendo, o saleiro não está a seu alcance, mas está ao alcance de B. O mais plausível, portanto, é que A esteja pedindo que B lhe passe o saleiro.

Algo na mesma linha pode ser esquematizado em relação ao diálogo em (21), entre um cliente e um funcionário de um banco, durante um processo de abertura de conta:

(21)   A: Eu preciso que o senhor me forneça seu nome completo.
        B: Ok. José Oliveira da Silva.

Literalmente, a fala de A é a expressão de uma necessidade. Conversacionalmente, fica claro que o ponto em questão não é o de uma afirmação ou simples manifestação, mas uma solicitação de informação. Indiretamente, a fala de A tem a força de uma pergunta, algo que poderia, inclusive, ser mais diretamente veiculado com uma oração interrogativa: *qual o nome completo do senhor?* Obviamente, não é preciso esperar que A faça tal pergunta diretamente. Por que motivo, naquele contexto, A manifestaria tal necessidade se não para solicitar de B a informação em questão?

Mesmo o proferimento de uma oração declarativa simples como *vocês estão falando alto* pode ser visto conversacionalmente não apenas como uma mera constatação a respeito do tom de voz da audiência, mas também como um alerta, ou ainda um pedido para abaixar o tom de voz. A sentença *o pagamento será efetuado na próxima segunda-feira* pode contar como uma promessa na boca de um patrão que se dirige a seus funcionários, mas não na boca de um desses funcionários quando ele se dirige a seus colegas, após ouvir uma conversa na sala da diretoria financeira.

Em todos esses casos, é muito menos óbvio que a caracterização da ação ilocucionária se apoie exclusivamente em algum tipo de convenção. Neles, o que parece mais relevante na rotulação do ponto principal da ação do falante são suas intenções comunicativas. E mesmo em casos de expressões já quase cristalizadas em idiomatismos, como no exemplo do saleiro, que poderíamos tornar ainda mais estilizado com um futuro do pretérito – *você poderia me passar o saleiro?* – há um componente intencional que parece essencial. Só diremos que uma pessoa que profere uma oração interrogativa do tipo *você poderia fazer X?* está agindo imperativamente, ou seja, solicitando do ouvinte que faça X, se essa for, de fato, a intenção da pessoa.

Searle se referiu a esse tipo de fenômeno como ATOS DE FALA INDIRETOS e ele próprio sugeriu a explicação que delineamos acima e que combina sua teoria convencionalista dos atos de fala (que apresentamos sucintamente na seção 3.3.1) com uma teoria conversacional intencionalista do tipo griceano. Resumindo e colocando as coisas de forma geral: o que é dito por um falante A, levando-se em conta força e conteúdo – $F(p)$ – alavanca uma sondagem, por parte do ouvinte, das intenções comunicativas de A. E a melhor explicação resultante pode ser que A quis comunicar $F'(q)$, novamente levando em conta força e conteúdo. Se A agiu contando com essa inferência da parte de sua audiência, ou seja, contando que sua fala fosse entendida como a expressão de uma intenção, sua ação ou fala significou ou implicou conversacionalmente $F'(q)$. Desta forma, mesmo que a força ilocucionária seja parte da forma da sentença e que toda sentença tenha um indicador de força, isso não significa que o uso da sentença esteja incontornavelmente limitado e atado pelas convenções da língua a uma única ação ilocucionária. Nem é preciso postular ambiguidades em relação ao indicador de força. Como nos casos típicos de implicaturas conversacionais, pode-se manter uma semântica austera e monossêmica e acoplá-la aos mecanismos griceanos baseados nas máximas conversacionais para derivar uma pluralidade de forças e ações a partir de um estoque limitado de indicadores.

3.6 Força ilocucionária e linguagem

É importante ter em mente que teorias de atos de fala são teorias sobre ações comunicativas e não teorias linguísticas sobre a natureza do léxico ou da gramática das línguas naturais. Seu poder explicativo deve ser avaliado na medida em que lança luz sobre a natureza da ação comunicativa e sobre a compreensão do vínculo entre falar e agir. Não se trata, portanto, de elencar os verbos de comunicação que entram no repertório dos performativos explícitos desta ou daquela língua, nem de vincular este ou aquele tipo sentencial a esta ou aquela força ilocucionária. Não se trata nem mesmo de apresentar taxonomias detalhadas de forças ilocucionárias. Ainda que esses sejam meios importantes para a compreensão da ação ilocucionária, não constituem os fins de tal teoria. Ainda assim, as línguas naturais e seus ricos repertórios de palavras, locuções e construções que remetem ao universo da ação comunicativa podem e, para alguns filófosos, devem, ser um guia para a descoberta da natureza da ação ilocucionária. Esta, aliás, é a postura que caracteriza a escola de pensamento conhecida como filosofia da linguagem ordinária, da qual Austin foi um expoente. Em suas palavras:

> Nosso estoque usual de palavras incorpora todas as distinções que os homens acharam dignas de serem traçadas, e as conexões que acharam dignas de serem anunciadas, nas vidas de muitas gerações; estas certamente serão mais numerosas, mais sólidas, uma vez que resistiram ao longo teste de sobrevivência do mais apto, e mais sutis, pelo menos em todos os assuntos comuns e razoavelmente práticos, do que qualquer uma que você ou eu provavelmente pensar em nossas poltronas em uma tarde [...]
>
> Austin (1957:8), *tradução minha*

Invertendo a direção e pensando, agora, do ponto de vista de um linguista, ainda que força ilocucionária não seja um conceito linguístico e ainda que não seja requerido, ou mesmo esperado, que haja uma correspondência biunívoca (um pra um) entre as forças e os verbos de comunicação ou entre elas e os tipos sentenciais atestados nas línguas naturais, pode ser interessante investigar o possível enraizamento de certas propriedades da linguagem humana (léxico e gramática) na maneira como a ação ilocucionária se constitui de acordo com teorias filosóficas dos atos de fala, como são, por exemplo, a de Searle e Vanderveken e a de Bach e Harnish, que já discutimos anteriormente. Façamos, pois, alguns exercícios neste sentido.

Tomemos incialmente, como exemplo, certas polissemias. O verbo *to ask* do inglês pode significar tanto perguntar quanto pedir, uma possível indicação de sensibilidade aos pontos ilocucionários em (20), exprimindo, no caso, o ponto diretivo, sem especificar se a ação corresponde à solicitação de informação ou de ação. Já o verbo *jurar* do português pode remeter tanto ao ponto comissivo (*Juro me comportar melhor*) quanto ao assertivo (*Juro que não fiz nada de errado*). Aqui, o que parece unir os significados e estar por trás do processo de lexicalização é o grau de força do ponto, algo igualmente marcado em ambas as acepções: jurar (na acepção comissiva) está para prometer, assim como jurar (na acepção assertiva) está para afirmar.

Mesmo um verbo como *convencer*, cujo sentido nos remete a um ato perlocucionário e não, ao menos diretamente, a um ato ilocucionário, pode nos trazer algo revelador em sua polissemia. *Convencer* pode significar tanto causar uma crença (*convenci Pedro que a Terra não é plana*) quanto causar uma ação (*convenci Pedro a comer cenoura*). Como já vimos, o ponto de um ato ilocucionário é, frequentemente, um certo efeito perlocucionário. No caso do ponto assertivo, o efeito é psicológico, enquanto no caso do ponto diretivo, o efeito é acional. Temos assim uma lexicalização que neutraliza uma oposição entre dois pontos ilocucionários.

Note, porém, que a distinção entre os pontos se manifesta gramaticalmente no tipo dos complementos oracionais. *Convencer*, no sentido de causar uma crença, toma um complemento verbal indicativo, enquanto *convencer*, no sentido de causar uma ação, toma um complemento verbal infinitivo (ou subjuntivo, como em *con-*

venci Pedro que comesse cenoura). Curiosamente, esta distinção oracional também se manifesta no caso de *jurar*, com o complemento indicativo associado ao ponto assertivo (ou à direção de encaixamento *world-to-word*) e o complemento infinitivo associado ao ponto diretivo (ou ao encaixamento *word-to-world*). Contraste, por exemplo, *Pedro jurou que estava doente* e *Pedro jurou não faltar mais ao trabalho*. Até com um verbo como *dizer*, mais conectado à ação locucionária que a qualquer tipo de força ilocucionária, notamos o contraste: *Pedro me disse que a Terra é plana* relata um ato assertivo, enquanto *Pedro me disse pra sair de sua cadeira* relata um ato diretivo.

Já no caso do verbo *to ask* do inglês, bem como dos seus correlatos *perguntar* e *pedir* em português, a associação entre ponto ilocucionário e tipo de complemento oracional é menos óbvia. Perguntar e pedir têm ponto diretivo. Entretanto, o verbo *perguntar* toma um complemento indicativo, enquanto o verbo *pedir* um complemento infinitivo, o mesmo valendo para as acepções do verbo *to ask* em inglês, como se vê em (22):

(22) a. Pedro asked Maria if she left.
          Pedro perguntou à Maria se ela saiu.
      b. Pedro asked Maria to leave.
          Pedro pediu à Maria para sair.

Ainda assim, nota-se que a alternância na forma verbal continua a sinalizar a distinção entre informação e ação. Quando se trata de solicitação de informação, temos o indicativo. Quando se trata de solicitação de ação, o infinitivo. Levando-se em conta que o que é solicitado no caso do verbo *perguntar*, ou de seu correlato inglês quando interpretado nesse sentido, é uma resposta (um tipo de afirmação), permanece o vínculo entre o ponto assertivo e a forma indicativa.

Passando agora às orações principais e aos tipos sentenciais, escancara-se uma discrepância entre alguns poucos padrões gramaticais associados à expressão proferida e uma grande variedade de forças ilocucionárias que caracterizam o próprio proferimento. Em português, por exemplo, temos sentenças declarativas, interrogativas, imperativas e exclamativas, um padrão presente também em outras línguas. Contrastando com esse número reduzido, de acordo com a listagem feita por Bach e Harnish na obra que já mencionamos, temos mais de uma centena de atos ilocucionários. Torna-se nula, portanto, a chance de uma correspondência no nível sintático-pragmático que associe de forma direta o tipo sentencial e a força ilocucionária associados a um proferimento. Ao mesmo tempo, está sempre no ar a intuição de que sentenças declarativas são feitas para afirmar, interrogativas para perguntar, imperativas para pedir ou ordenar e exclamativas para exprimir sentimentos.

Uma possível saída frente a tudo isso é buscar uma correspondência não entre os tipos sentenciais e as forças ilocucionárias, mas entre esses tipos e certas classes de forças ilocucionárias, como sugerido no caso das orações subordinadas e seus modos verbais. Novamente, é neste aspecto que tanto a abordagem componencial de Searle e Vanderveken quanto a taxonomia de Bach e Harnish podem se revelar interessantes do ponto de vista linguístico. Podemos pensar, por exemplo, em associar as sentenças declarativas com o ponto assertivo de Searle e Vanderveken ou com a classe dos constativos de Bach e Harnish. A ideia, neste caso, é que o tipo sentencial restringe, mas não determina a força ilocucionária expressa por um proferimento da sentença em questão. Sendo assim, sentenças declarativas podem expressar qualquer força ilocucionária que especifique um ato particular dentro de um grupo postulado teoricamente. Seriam, portanto, o veiculo linguístico para a expressão de afirmações, relatos, previsões, alertas, confissões, juízos, anúncios, etc.

Há problemas, porém, bastante óbvios e que põem em xeque uma harmonia maior entre gramática e forças ilocucionárias, ao menos como elencadas e classificadas pelas propostas filosóficas mais importantes. Prometer, talvez, seja o caso mais claro. Promessas são atos com ponto comissivo para Searle e Vanderveken e inseridas na classe de mesmo nome na taxonomia de Bach e Harnish. São, porém, normalmente expressas por orações declarativas, quebrando a associação sentença declarativa/atos assertivos. Pode-se alegar que tais sentenças trazem o verbo no futuro e, geralmente, na primeira pessoa do singular (*Vou pagar meus funcionários no dia primeiro*) e que isso deve ser levado em conta. O mesmo, porém, pode ser dito de previsões, estas sim pertencentes à classe dos assertivos (*Vou participar de uma reunião muito chata amanhã*). O problema permanece se buscarmos na direção de encaixe de Searle e Vanderveken uma possível reconciliação. Atos comissivos, como as promessas, têm direção de encaixe do mundo para a palavra, ao passo que os atos assertivos tem direção contrária, da palavra para o mundo.

Se o problema posto pelas promessas era o de um mesmo tipo sentencial se associar a mais de uma classe de atos ilocucionários, sentenças interrogativas e imperativas revelam o problema oposto: o de dois tipos sentenciais distintos para uma mesma classe de atos. Tanto Searle e Vanderveken quanto Bach e Harnish classificam perguntas e pedidos/ordens como atos diretivos, mas, como se nota, essa inclusão em uma mesma classe não encontra respaldo no nível gramatical.

Um descompasso ainda mais dramático entre tipo sentencial e força ilocucionária vem dos performativos explícitos, proferimentos em que a expressão dos mais variados tipos de força ilocucionária se dá pelo uso uniforme de sentenças declarativas (*afirmo que ..., pergunto se ..., peço que ...*). Searle e Vanderveken deram um tratamento ilocucionário especial aos performativos, atribuindo a eles o ponto declarativo com direção de encaixe dupla, do mundo para a palavra e da palavra para o mundo. A ideia, lembremos, é que a própria enunciação garante que as palavras correspondam às coisas e que o propósito da ação declarativa é efetuar mudanças no mundo. Mas se o ponto declarativo é, ao lado dos pontos assertivo, diretivo,

102 Pragmática

comissivo e expressivo, a manifestação de um componente básico da força ilocucionária na análise de Searle e Vanderveken, não deveríamos esperar a emergência de um tipo sentencial específico na gramática das línguas naturais? Poderíamos apelar aqui a um padrão gramatical mais específico, com a presença de um verbo principal que nomeia o próprio ato e que aparece na primeira pessoa do singular do presente simples do modo indicativo. Talvez essa configuração seja, ela mesma, a marcação gramatical de um ato declarativo. O problema é que essa mesma configuração aparece em contextos subordinados sem que isso engendre uma transformação no mundo. Tome, como exemplo, a oração adverbial em um período composto como *Quando eu prometo que vou terminar a aula mais cedo, eu sempre cumpro o prometido.* Aqui vemos a mesma configuração, mas sem a força ilocucionária de uma promessa. Forças ilocucionárias não se associam a orações subordinadas adverbias. A associação, no caso, se dá com o período inteiro, sendo nesse caso uma asserção, que pode ser verdadeira ou não a depender de como as coisas são no mundo. Se quisermos manter a proposta de que sequências como *eu prometo que* instanciam uma força ilocucionária comissiva, precisaremos postular uma ambiguidade, já que, como acabamos de ver, esse nem sempre é o caso. Ainda que isso seja uma solução possível, está longe de ser interessante ou genuinamente explicativa, dando margem, agora, à pergunta: por que o veículo linguístico para o ponto declarativo seria o padrão acima instanciado por uma sentença declarativa e não um outro padrão ou tipo sentencial qualquer? Vejamos uma possível linha de ataque.

Voltemos à origem da visão performativa da linguagem, advogada por Austin. Como já sabemos, Austin entendia que os proferimentos performativos não tinham condições de verdade, não sendo nem verdadeiros nem falsos. Contrastavam com os proferimentos constativos, estes sim sujeitos a condições de verdade, sendo verdadeiros ou falsos a depender de como o mundo é. Podemos, entretanto, reavaliar o contraste, admitindo que também os performativos explícitos manifestam condições de verdade. A ideia é que um performativo explícito (ou a sentença proferida na ocasião), quando proferido em obediência a suas condições de felicidade, é sempre verdadeiro. Em outras palavras, a verdade de um performativo explícito é verificável pela satisfação de suas próprias condições de felicidade. De forma mais sintética, um performativo explícito P é verdadeiro se, e somente se F, com F representando suas condições de felicidade. Por exemplo, quando em uma sessão do congresso nacional, o presidente da câmara diz *declaro encerrada a seção*, a sentença proferida seria verdadeira. Há, sem dúvida, algo contraintuitivo nesta atribuição de valor de verdade a um performativo explícito, tendo sido inclusive uma das razões para a aceitação da dicotomia constativo/performativo. Entretanto, ao menos do ponto de vista linguístico, e em face da instanciação gramatical destes proferimentos na forma de sentenças declarativas, típicas dos atos constativos ou assertivos, é interessante explorar propostas que aproximem aspectos constativos e performativos a partir do sincretismo revelado pelas sentenças declarativas. Não exploraremos aqui essa relação entre a forma e a força dos performativos explícitos, mas indicaremos algumas obras nas sugestões de leitura ao final do capítulo.

Antes de finalizar esta seção e este capítulo, é importante abrir o foco e colocar as questões que acabamos de levantar em uma perspectiva mais abrangente do ponto de vista translinguístico, levando em conta certas generalizações tipológicas. Por exemplo, os tipos sentenciais mais comuns (quase universais) são declarativo, interrogativo e imperativo, primariamente associados a atos de asserção, pergunta e ordem/pedido. Por que a prevalência desses três tipos ou modos? Outra pergunta dentro do mesmo espírito: o modo promissivo é raro, ou muito menos frequente que o imperativo. Por quê, se ambos têm a direção de encaixe mundo-palavra (*world-to-word*)? Por outro lado, por que a frequente coexistência de formas distintas para sentenças interrogativas e imperativas, ambas associadas à força diretiva? Essas são apenas algumas das questões mais estritamente linguísticas que uma combinação de esforços empíricos e teóricos podem (e devem) ajudar a esclarecer em benefício tanto de teorias filosóficas sobre a ação ilocucionária e comunicativa quanto de teorias linguísticas sobre a associação entre forma sintática e conteúdo semântico-pragmático. São perguntas que permanecem em aberto e que são fontes de pesquisas atuais nessa área tão fascinante das ações comunicativas e suas realizações verbais.

Recomendações de leitura

A obra clássica de Austin sobre os atos de fala é Austin (1975). Uma apresentação dos principais elementos das ideias de Searle se encontra em Searle (1969), trabalho que ele continuou desenvolvendo nas décadas seguintes. Ver, em particular, Searle (1979) sobre os atos de fala indiretos e Searle & Vanderveken (1985) sobre os componentes da força ilocucionária. Sobre a divisão entre força e conteúdo proposicional, vale a pena ver Frege (2002), publicado originalmente em 1918, pioneiro em sistematizar com rigor essa distinção. A crítica de Strawson ao convencionalismo austiniano está em Strawson (1964). A proposta de Bach e Harnish está detalhada em Bach & Harnish (1979).

Excelentes e acessíveis panoramas dos desenvolvimentos da teoria dos atos de fala podem ser encontrados em Green (2020) e Harris et al. (2018). Sobre os atos assertivos, MacFarlane (2011) fornece uma discussão bastante lúcida. Para ótimas introduções aos estudos dos atos de fala com um viés mais linguístico, ver Portner (2018) (seções 1.4.2 e 3.2) e Siemund (2018).

Exercícios

1. Explique por que o proferimento em (a) soa estranho, ao passo que (b) e (c) soam naturais:

   (a) Pedro: Acho que a Maria esteja em casa, mas ela não está.

   (b) João: Pedro acha que a Maria está em casa, mas ela não está.

   (c) Pedro: Achei que a Maria estava em casa, mas ela não estava.

2. Considere o seguinte relato: *Ao ouvir o patrão dizer "Amanhã sem falta eu te dou uma resposta", o funcionário se animou.* Essa breve passagem ilustra os três tipos de atos que compõem um ato de fala austiniano. Identifique-os, justificando suas respostas.

3. No trecho a seguir há menção a dois atos ilocucionários. Identifique-os e diga, para cada um deles, qual a força e o conteúdo do ato:

   "Na noite de ontem, a polícia recebeu um telefonema anônimo. A pessoa que ligou informou que um grupo armado havia assaltado uma joalheria no centro de São Paulo. A polícia prometeu que capturaria os bandidos rapidamente, mas até o momento não há pistas. O dono da joalheria acredita que, quando o grupo for localizado, as joias já terão sido vendidas no mercado negro."

4. Analise os dois casos a seguir, valendo-se da ideia de atos de fala indiretos que vimos neste capítulo:

   (a) Freguês: Gostaria de um café e um pão de queijo.
   Garçom: Já vou trazer.

   (b) A: Está muito abafado nesta sala.
   B: Já vou ligar o ar condicionado.

4 Asserção e dinâmica contextual

Em um conhecido texto do final da década de 70 do século XX, o filósofo David Lewis sugeriu uma analogia entre certos aspectos de uma conversa e a evolução do placar de um jogo esportivo. Seu exemplo foi o de um jogo de beisebol, mas podemos ilustrar a ideia com o placar de uma partida de futebol, provavelmente mais familiar aos leitores deste livro. Neste caso, o placar inclui informações sobre a quantidade de gols marcados por cada equipe, a etapa do jogo (primeiro ou segundo tempo), os cartões amarelos e vermelhos atribuídos aos jogadores, além do tempo já decorrido na partida. Esses elementos podem ser representados com o uso de certos objetos abstratos. A etapa de jogo é um número positivo (1 ou 2), os gols das equipes formam um par de números, inicialmente $\langle 0, 0 \rangle$ e alterado a cada vez que um gol é marcado. O número de cartões atribuído a um jogador pode ser visto como um terno ordenado $\langle j, a, v \rangle$ em que j identifica o jogador, talvez com uma letra indicando sua equipe e um número correspondendo ao estampado em seu uniforme, a o número de cartões amarelos (0, 1 ou 2) e v o número de cartões vermelhos (0 ou 1).

No curso do jogo, certas ações dos jogadores e do juiz alteram elementos do placar. A marcação de um gol é o caso mais óbvio. O recebimento de um cartão após uma falta grave cometida é outro. O apito inicial e final do juiz ainda outro. O placar não apenas é afetado, mas também afeta e influi nas possíveis ações dos participantes em um dado momento da partida. Um jogador que já recebeu um cartão amarelo e recebe o segundo, receberá imediatamente um vermelho, sendo excluído do restante da partida. Caso o cartão atribuído fosse o primeiro, não haveria o vermelho e o jogador poderia continuar na partida.

Esses elementos abstratos podem ser usados para modelar a progressão de uma partida. Limitando a atenção apenas aos gols marcados, poderíamos ter a sequência em (1) como o registro do andamento de uma partida em que uma das equipes marcou um gol, a outra empatou e depois virou o placar:

(1) $\langle 0, 0 \rangle, \langle 1, 0 \rangle, \langle 1, 1 \rangle, \langle 1, 2 \rangle$

E se quisermos acrescentar informações sobre a etapa e o momento em que os gols aconteceram, poderíamos acrescentar outras coordenadas numéricas ao registro. No exemplo a seguir, o primeiro gol foi marcado aos 5 minutos da primeira etapa, o gol de empate aos 8 da segunda etapa e o gol da virada um minuto depois, aos nove do segundo tempo:

(2) $\langle 1, 0, 5, 1 \rangle, \langle 1, 1, 8, 2 \rangle, \langle 1, 2, 9, 2 \rangle$

Outros lances, como a atribuição de um cartão pelo árbitro ou a substituição de um jogador por outro, poderiam ser acrescentados na forma de outras coordenadas devidamente codificadas abstratamente.

A analogia sugerida por Lewis é que o desenrolar de uma conversa pode ser anotado em um placar abstrato semelhante ao que acabamos de delinear para uma partida de futebol, mas com outros tipos de objetos no lugar de números. Possíveis coordenadas incluem conjuntos de proposições que descrevem o que já foi dito até o momento, os compromissos já firmados, o que é proibido e permitido aos participantes, etc. Nesta visão, o contexto de fala seria um registro do estado momentâneo do placar conversacional. Já os atos de fala seriam os lances ou movimentos que afetam e são afetados por esse placar/contexto no momento do proferimento. A ideia central é que atos de fala adicionam, eliminam ou editam elementos deste placar/contexto e que essas operações podem ser formalizadas como vimos anteriormente e de maneira ainda rudimentar em (1) e (2). Certas afirmações, por exemplo, seriam adições ao conjunto de informações já compartilhadas entre os participantes. Já uma retratação ou desmentido seria uma subtração.

Em seu conhecido e amplamente utilizado livro-texto, publicado pela primeira vez no início da década de 80, Stephen Levinson assim avaliava esse tipo de abordagem centrado na dinâmica contextual:

> Um dos principais atrativos da teoria da mudança de contexto é que ela pode ser expressa rigorosamente usando conceitos da teoria dos conjuntos.
>
> Levinson (1983/2007, seção 5.6)

E completava:

> Aguardamos as teorias plenamente desenvolvidas [...] Enquanto isso, a abordagem oferece esperança de formalização sistemática numa da área da pragmática que há muito resiste a ela.

Nestes quarenta anos desde a primeira publicação da obra, muitas propostas neste espírito mais formal foram elaboradas e refinadas, somando-se a algumas já então existentes. Neste e nos demais capítulos deste livro, falaremos mais pormenorizadamente destas abordagens, exemplificando como elas se enquadram na perspectiva apresentada por Lewis e como elas concretizam a esperança de Levinson.

Neste capítulo em particular, olharemos para o uso de sentenças declarativas e as asserções, ou atos assertivos, que esse uso representa. Seguiremos de perto as ideias do filósofo americano Robert Stalnaker, um dos pioneiros nas abordagens pragmáticas dinâmicas e cuja obra exerceu enorme influência sobre linguistas e filósofos, inclusive na ideia de placar conversacional que acabamos de delinear e que foi celebrizada por David Lewis.

4.1 Pressuposição do falante

O aspecto do placar conversacional que abordaremos neste capítulo ficou conhecido como COMMON GROUND, termo que usaremos sem tradução e que abreviaremos de CG. Em uma primeira aproximação, podemos tomá-lo como um conjunto de informações que os participantes de uma conversa tomam como sendo de conhecimento mútuo ou compartilhado entre eles.

Para explicitar o que está por trás dessa noção de conhecimento mútuo ou compartilhado e para evidenciar desde já como isso afeta nossas ações comunicativas, considere a seguinte situação: uma falante monolíngue de português está em uma cidade de um país distante cuja língua ela desconhece completamente. Ela precisa chegar rapidamente à rodoviária para não perder seu ônibus, mas está perdida e sem um mapa ou um celular em mãos. Já bastante preocupada, ela percebe que um morador local se aproxima e, meio reticente, pensa em abordá-lo para tentar comunicar-se com gestos. Obviamente, tudo seria muito mais fácil se ela pudesse simplesmente perguntar: *onde fica a rodoviária?* Por que ela não agiu assim? A resposta parece óbvia: porque o morador local não sabia português. Ou assim ela supunha. Imagine, porém, que por uma tremenda coincidência, esse morador falasse português fluentemente. Será que o comportamento de nossa falante mudaria? Muito provavelmente, não. Mas por quê? Afinal de contas, nesse novo cenário, tanto ela quanto o morador local sabiam português. A questão, claro, é que ela não sabia que ele sabia. E é razoável supor que o morador também não sabia que nossa falante sabia português.

Mas a estória continua. Alguns segundos após o contato, e enquanto nossa falante se esforça com gestos e mímicas, o morador local percebe um pequeno broche com a bandeira do Brasil na blusa dela e pergunta: *você é brasileira?*. Ela, muito surpresa, mas já aliviada, responde que sim, e pergunta: *onde fica a rodoviária?* O morador lhe explica prontamente. Ela agradece e alguns minutos depois chega à rodoviária a tempo de pegar seu ônibus.

Qual a moral deste breve drama comunicativo de final feliz? Em uma conversa, muitas vezes o que conta não é só o que cada um sabe, mas o que cada um sabe

108 **Pragmática**

que o outro sabe. No começo de nossa estória, estávamos diante de um entrave comunicativo envolvendo duas pessoas, que podemos chamar de A e B, em que A sabia português, B sabia português, mas nem A sabia que B sabia, e nem B sabia que A sabia. Um tempinho depois, A passa a saber que B sabe português e B passa a saber que A sabe português. O entrave é eliminado e tudo flui a contento. É esse tipo de conhecimento compartilhado que queremos incluir no CG e que, como acabamos de ver, pode afetar drasticamente o comportamento comunicativo dos interlocutores.

Essas considerações nos levam a uma das noções que nos serão mais valiosas na caracterização da dinâmica de uma conversação, a noção de PRESSUPOSIÇÃO DO FALANTE, tal como proposta por Robert Stalnaker. Pressupor, neste sentido, é uma espécie de disposição ou atitude mental, relacionando um falante e uma proposição. Intuitivamente, as pressuposições de um falante correspondem às proposições cuja verdade ele toma como certa para os propósitos de uma conversa. É aquilo que, para ele, constitui o pano de fundo de uma conversa, um corpo de informações tratadas como já sendo de conhecimento mútuo pelos participantes. Ainda com nossa estória anterior em mente, vamos dizer que, mesmo que Λ e B falassem a mesma língua, essa informação não era pressuposta por nenhum deles. Já no final, essa mesma informação passou a ser pressuposta tanto por A quanto B.

No restante deste e dos demais capítulos, vamos sempre assumir que os interlocutores compartilhem a mesma língua e estejam cientes disso. Nosso foco passa então a ser no corpo de informações extralinguísticas que se acumula no desenrolar de uma conversa. Vejamos mais alguns exemplos que nos ajudarão a refinar a ideia de pressuposição do falante e do próprio CG. Imagine uma situação em que eu e você tenhamos um amigo em comum, Pedro, que, infelizmente, acabou de falecer após um longo período doente. Eu já sei do ocorrido, mas você ainda não, e a família me encarregou de dar a notícia aos amigos mais próximos. Quando eu te encontro, eu digo algo como *eu tenho uma notícia triste para te dar, a doença do Pedro se agravou muito nos últimos dias e ele acabou falecendo*. Como fica claro pela minha fala, eu me dirijo a você sem assumir que você saiba que Pedro morreu. Ao mesmo tempo, está claro que eu assumo que você saiba que Pedro estava doente. Neste caso, diremos que eu inicio a conversa pressupondo que Pedro estava doente, mas não que ele morreu.

Após lhe informar que Pedro morreu, eu passo a tomar como certo que a morte do Pedro seja uma informação compartilhada entre nós. Daí ser natural, a partir desse ponto, dizer coisas como *a morte do Pedro foi muito sofrida*. Note o quão estranho do ponto de vista conversacional teria sido se eu tivesse iniciado a conversa com uma sentença como essa. Eu estaria agindo como se Pedro ter morrido fosse algo já compartilhado entre nós, mesmo sabendo que você ainda não havia sido informado sobre o ocorrido. Como veremos no próximo capítulo, o uso do artigo definido em expressões como *a morte do Pedro* sinaliza uma pressuposição do falante. Como já se vê, o CG não só é afetado por aquilo que os interlocutores dizem, mas também afeta o que se diz.

É importante notar que aquilo que um falante pressupõe não precisa ser verdadeiro e nem mesmo precisa ser algo em que ele acredita. Imagine que, ao conversar com você sobre o novo emprego do João, eu perceba que você acredita que ele e Maria sejam casados, quando na verdade, eu sei que ela é apenas sua namorada. Se o real estatuto da relação entre os dois não me interessa ou não é particularmente relevante para os propósitos da conversa em questão, eu posso passar por cima do que eu sei e, para não travar a conversa, agir como se também acreditasse que eles são casados, referindo-me a João como o marido de Maria. A conversa fluirá normalmente, você e eu iremos adquirir informações novas e relevantes sobre João e seu novo emprego e tudo isso sem que as discrepâncias entre nossos conhecimentos atrapalhem. Neste caso, eu pressuponho, ajo como se acreditasse ou fosse verdade, que Maria e João são casados, mesmo que isso não seja verdade e mesmo que eu nem acredite que isso seja verdade.

O CG é, portanto, o conjunto de pressuposições dos participantes de uma conversa. Ele constitui o pano de fundo em relação ao qual as contribuições dos interlocutores são avaliadas. Podemos modelá-lo como um conjunto de proposições pressupostas por todos os falantes em questão. Nas palavras do próprio Stalnaker, são as "proposições que o falante está disposto a agir como se assumisse ou acreditasse que são verdadeiras, e, ao mesmo tempo, como se assumisse ou acreditasse que sua audiência também assume ou acredite que são verdadeiras". Pode ser um pouco confuso de início, mas, como vimos, é aí que reside o caráter mútuo ou compartilhado da atitude: eu assumo a verdade de p e assumo que minha audiência também assume essa verdade.

O CG é um aspecto dinâmico do placar conversacional e que está em permanente mudança à medida que uma conversa se desenvolve. Como vimos, ele é afetado pelo que os interlocutores dizem. Mas não só por isso. Informações externas também contam. Imagine que você e eu estejamos na cidade de São Paulo e nos preparando para ir buscar Maria, uma amiga em comum, no aeroporto. Maria já está voando rumo à cidade. Neste instante, nós percebemos que está chovendo e, ao ligar o rádio, ouvimos que a Marginal Pinheiros, uma das vias que dá acesso ao aeroporto, está alagada. Nós, então, começamos a pensar em alternativas em relação ao que fazer. Neste momento, faz parte do CG que Maria está voando rumo à cidade, que está chovendo em São Paulo e que a Marginal Pinheiros está alagada.

E há, claro, muito mais, já que nunca entramos em uma conversa sem uma boa quantidade de pressuposições relacionadas a nosso conhecimento de mundo. Muito provavelmente, nós, os interlocutores dessa conversa, pressupomos que chuvas costumam causar alagamentos, que alagamentos prejudicam o trânsito e que vôos atrasam em condições climáticas adversas. Em um nível ainda mais elementar, todos provavelmente sabemos e sabemos que o outro sabe que a Terra é redonda, que gira em torno do sol, etc. Sendo assim, todas essas informações seriam parte do CG, do fundo conversacional sobre o qual a interação verbal prosseguirá.

Por fim, salientemos que informações vindas de outros meios que não o verbal também se incorporam ao CG. Se eu e você estamos conversando em um restaurante e, de repente, notamos um cachorro que passa ao lado da nossa mesa e vai na direção da cozinha, esse fato e a existência desse cachorro passam a ser informação pressuposta, já que cada um de nós sabe e sabe que o outro sabe daquilo. Nesse ponto, é natural que eu me refira ao animal dizendo coisas como *aquele cachorro parecia perdido*. Note que isso não soaria natural se apenas eu tivesse me dado conta da presença do cachorro, ou mesmo que você também tivesse se dado conta, mas eu achasse que não.

4.2 Asserções

O quadro geral emergente das considerações feitas até aqui é o de um contexto dinâmico, em constante mudança à medida que uma conversa flui. Cada vez que um interlocutor profere uma sentença e os demais não a rejeitam, seu conteúdo proposicional é adicionado ao CG. A ressalva da não rejeição é necessária, em função de situações como a seguinte, em que A e B são colegas de turma, ambos cientes de que haverá uma prova na semana seguinte:

(3)   **A:** As questões serão de múltipla escolha.
        B: Não! O professor avisou que será uma prova dissertativa.
        A: Ah, eu não estava sabendo disso. Vou ter que estudar mais.

A asserção de A de que a prova seria de múltipla escolha foi imediatamente rejeitada por B. Sendo assim, tal proposição não passou a integrar o CG. Já a asserção de B de que a prova seria dissertativa foi aceita por A, tendo a proposição correspondente sido adicionada ao CG. Levando ambas as possibilidades em conta, podemos dizer que uma asserção equivale a uma proposta de adição ao CG. Quando não rejeitada, uma asserção resulta em adição ao CG.

Pondo de lado os casos de rejeição, as pressuposições dos participantes vão se modificando com as asserções que eles fazem. Esse é, para Stalnaker, o efeito essencial de uma asserção. Para o autor, fazer uma asserção é (tentar) ampliar o CG. Em termos linguísticos, o falante profere uma sentença S cujo valor semântico é uma proposição p, em um momento em que o CG é C_1. Assumindo, como estaremos sempre fazendo aqui, que sua contribuição não seja rejeitada, p é adicionada a C_1, tornando-se pressuposta, o que resulta em um novo CG: C_2. Daí, o mesmo falante ou um outro participante profere uma outra sentença S' com conteúdo p' e o processo se repete resultando em um CG ainda mais ampliado, C_3, e assim sucessivamente.

Como se vê, há uma conexão estreita e importante entre pressuposição e asserção. Tão importante que dedicaremos o próximo capítulo ao estudo detalhado dessa relação e do seu papel na dinâmica contextual. Antes, porém, iremos nos familiarizar com algumas ferramentas formais, lógico-matemáticas, que nos capacitarão para modelar com mais precisão essa dinâmica contextual característica das asserções, de sua relação com as pressuposições e, como veremos mais adiante em capítulos posteriores, de outros tipos sentenciais e atos de fala que os acompanham, como perguntar e pedir ou ordenar. A próxima seção será, portanto, uma ponte entre o caráter mais nocional e informal dos capítulos e seções anteriores e o caráter mais técnico e formal do que está por vir.

4.3 Modelando proposições

Desde o início deste livro, estamos usando o termo PROPOSIÇÃO de maneira informal e apelando em parte a um entendimento pré-teórico que temos desta palavra. Nesta seção, daremos um tratamento formal (lógico-matemático) às proposições que nos será bastante útil para explicitar e iluminar uma série de aspectos da dinâmica contextual e dos atos de fala que a constituem.

4.3.1 Os múltiplos papeis das proposições

Como ponto de partida, vejamos alguns dos requisitos que impusemos, implícita ou explicitamente, à noção de proposição ao longo do que vimos até aqui:

(i) Proposições podem ser verdadeiras ou falsas, a depender de como as coisas são. A princípio, a proposição de que a Terra é plana poderia ser verdadeira ou falsa. Entretanto, sendo o mundo real como ele é, trata-se de uma proposição falsa. Já a proposição de que a Terra gira em torno do Sol também poderia, a princípio, ser verdadeira ou falsa. Entretanto, dados os fatos deste mundo que habitamos, sabemos que ela é verdadeira.

(ii) Proposições estão vinculadas aos significados de (certas) sentenças declarativas como *A Terra é plana*. Dizemos que tais sentenças expressam proposições e que um falante competente de uma língua é capaz de parear essas sentenças declarativas com as proposições que elas expressam. Proposições devem ser, por assim dizer, um veículo universal para o significado de sentenças. Sentenças distintas de uma mesma língua, e mesmo sentenças de línguas diferentes, podem expressar a mesma proposição: é o caso de *Pedro beijou Maria*, *Maria foi beijada por Pedro* e *Pedro kissed Maria*, esta última em inglês.

(iii) Proposições se vinculam à noção de informação: um banco de dados, um arquivo ou um dossiê são, intuitivamente, um corpo ou conjunto de proposições, que juntas, caracterizam uma situação (como em um inquérito policial), um objeto (como em um relatório de pesquisa sobre um certo planeta) ou uma pessoa (como em uma ficha cadastral).

(iv) Proposições são o objeto de certas atitudes ou estados mentais, como crenças e desejos. Dizer que Pedro acredita que a Terra é plana é atribuir ao indivíduo Pedro a crença na proposição de que a Terra é plana, uma crença equivocada, como já vimos. Não se trata propriamente de crença em uma sentença, já que Pedro pode ser um falante monolíngue de espanhol, de inglês, ou de que língua for, e ainda assim nosso relato em português ser adequado. O mesmo se pode dizer de relatos como *Pedro deseja que Maria seja feliz*.

(v) Proposições representam o conteúdo de certos atos de fala, como no caso das asserções que começamos a discutir neste capítulo. Quando dizemos que Pedro surpreendeu a todos ao afirmar (ou asserir) que a Terra era plana, a afirmação (e a surpresa causada) diz respeito a uma proposição. Aqui também queremos abstrair da língua em que ele se expressou ao proferir a sentença. Nada mudaria em nosso relato, se Pedro estivesse falando em espanhol ou chinês.

Queremos, portanto, que proposições sejam objetos independentes desta ou daquela língua, que possam ser verdadeiras ou falsas e que possam fazer as vezes de significado sentencial, de conteúdo de um corpo de informações, de objeto de crenças individuais, e, como estávamos discutindo neste capítulo, do conteúdo de asserções e pressuposições de interlocutores. Com tudo isso em mente, iremos agora encapsular proposições em objetos matemáticos bastante simples, mas que, como veremos, atendem as especificações em (i)-(v).

4.3.2 Mundos possíveis

A ideia que vamos explorar é que proposições são conjuntos de possibilidades ou, de maneira mais chamativa e beirando o místico, conjuntos de MUNDOS POSSÍVEIS. Conjuntos, como veremos logo adiante, são objetos matemáticos que possuem certas propriedades. Mas o que são mundos possíveis? Tentemos desmistificar o conceito.

Vivemos em um mundo em que Brasília é a capital do Brasil, Barack Obama foi presidente dos EUA, a Terra gira em torno do sol, etc. Mas as coisas poderiam ser diferentes: São Paulo poderia ser a capital do Brasil, Obama poderia ter perdido as eleições presidenciais americanas e se retirado da vida pública, o sol poderia girar em torno da Terra, etc. Mais ainda, as leis e fatos naturais com que estamos acostumados poderiam não ser como são: poderia não haver gravidade na Terra, humanos poderiam fazer fotossíntese e nosso planeta poderia vagar pelo universo em trajetória irregular. Todas essas possibilidades são, de um ponto de vista estritamente lógico, coerentes, ainda que estejam mais ou menos distantes do mundo real. Vislumbramos realidades alternativas quando lemos uma obra de ficção ou mesmo quando nos entretemos com hipóteses contrafactuais do tipo *e se São Paulo fosse a capital do Brasil, e se a Terra não girasse em torno do Sol*, etc.

Vamos dizer que cada uma das maneiras como o mundo poderia ser, incluindo a maneira como ele, de fato é, é um MUNDO POSSÍVEL. Há, portanto, uma infinidade deles, sendo o mundo real, este em que vivemos, apenas um. Há mundos em que apenas um planeta gira em torno do sol, mundos em que apenas dois planetas giram em torno do sol, mundos em que apenas três planetas giram em torno do sol, etc. Cada um desses mundos é um arranjo completo de fatos, que inclui desde os mínimos detalhes, como o número de fios de cabelo em minha cabeça no momento em que escrevo estas linhas, até a (in)finitude das estrelas.

Vamos representar o conjunto de todos os mundos possíveis com a letra maiúscula W (*world*, em inglês) e cada um de seus elementos com a letra minúscula w, normalmente decorada com subscritos numéricos: w_0, w_1, etc. Vamos reservar para o mundo real, este em que vivemos, o índice zero. Sendo assim, w_0 representará sempre este mundo que habitamos, como no diagrama a seguir, em que a área interna ao retângulo corresponde a W e os pontos aos mundos possíveis:

(4)   *O conjunto W de todos os mundos possíveis*

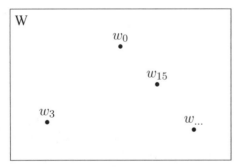

Isolar e especificar um único mundo neste vasto espaço de possibilidades é algo um tanto restritivo. Pense em um mundo em que haja apenas uma árvore e em que o número de folhas nessa árvore em um determinado instante seja 1837. Trata-se de um fato bastante específico, é verdade, mas, ainda assim, existirá uma infinidade de mundos como este. Em alguns deles, tudo será igual, exceto que pelo fato de as folhas serem um milímetro mais grossas que no mundo original. Em outros, tudo é ainda mais parecido, exceto pelo fato de a árvore em questão ser um milionésimo de milímetro mais alta. E assim para qualquer aspecto do mundo que selecionemos.

Pensemos, agora, não em um mundo específico, mas em um conjunto de mundos. Pensemos, por exemplo, nos mundos em que há somente uma estrela:

(5) *Um conjunto de mundos p em W*

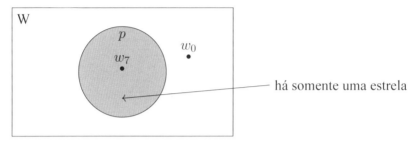

Temos agora uma região em W, que marcamos de cinza e rotulamos de p no diagrama. Nela estão os mundos em que há apenas uma estrela, como w_7, por exemplo. Fora dela estão os mundos em que esse não é o caso, ou seja, mundos em que não há estrelas e mundos em que há mais de uma estrela. Note que w_0, o mundo real, está fora de p, já que há muitas estrelas neste mundo. No jargão da teoria dos conjuntos, dizemos que w_7 pertence a p, o que se representa por $w_7 \in p$. Já w_0 não pertence a p, o que indicamos por $w_0 \notin p$.

Como dissemos, p é um conjunto de mundos. Para que um mundo w qualquer esteja em p, é necessário (e suficiente) que haja uma única estrela em w, o que representamos da seguinte forma:

(6) $p = \{w \mid \text{há somente uma estrela em } w\}$

É uma notação da forma $\{w \mid \phi\}$ e que representa o conjunto constituído pelos mundos w que obedecem a condição ϕ. Com ela, ao invés de listarmos um a um os elementos que pertencem ao conjunto, especificamos uma propriedade que os caracteriza e que os distingue dos elementos que não pertencem ao conjunto. Veja a seguir uma outra proposição (q) representada com a mesma notação e logo a seguir o diagrama de W com p, q e alguns mundos possíveis:

(7) $q = \{w \mid \text{há mais de um planeta em } w\}$

(8)   *Dois conjuntos de mundos, p e q, em W*

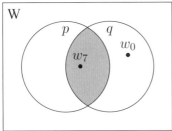

Note que w_0, o mundo real, pertence a q, já que há mais de um planeta neste mundo. Note ainda que w_7 pertence tanto a p quanto a q. Isso quer dizer que se trata de um mundo em que há apenas uma estrela, mas mais de um planeta. Tecnicamente, dizemos que w_7 pertence à interseção de p e q. A interseção de dois conjuntos X e Y quaisquer, representada por $X \cap Y$, é o conjunto dos elementos que pertencem tanto a X quanto a Y. Quando X e Y não têm elementos comuns dizemos que a interseção é o conjunto vazio ($\varnothing$): $X \cap Y = \varnothing$. Em nosso exemplo, temos que $w_7 \in p \cap q$ e que $w_0 \notin p \cap q$. Como se vê, neste caso, $p \cap q \neq \varnothing$.

Essas considerações nos levam à proposta a que queríamos chegar. Em termos possibilísticos, uma PROPOSIÇÃO nada mais é que um conjunto de mundos possíveis. Em nossos exemplos anteriores, p e q eram proposições. Ambas eram subconjuntos de W, o conjunto de todos os mundos possíveis, o que se representa por $p \subset W$ e $q \subset W$. Quando um mundo pertence a uma proposição, dizemos que a proposição é verdadeira nesse mundo. Em nosso exemplo anterior, dizemos que a proposição q, mas não a proposição p, é verdadeira no mundo real.

Conjuntos, na acepção matemática do termo, são objetos bastante simples. São, basicamente, coleções não ordenadas e sem repetição de elementos de qualquer tipo. No nosso caso, os elementos são os mundos possíveis, nossos primitivos teóricos. Ainda assim, essa caracterização um tanto simples das proposições nos permite tornar precisa uma série de noções importantes do ponto de vista semântico-pragmático. Destacaremos algumas que nos serão úteis. Para o leitor interessado em mais detalhes formais, recomendamos os apêndices A e B ao final do livro em que são apresentados de maneira um pouco mais sistemática alguns aspectos elementares da teoria dos conjuntos.

Dizemos que duas proposições são CONSISTENTES quando suas verdades não se opõem. Que João trabalha e que João estuda são proposições consistentes, já que ambas podem ser verdadeiras em um mesmo mundo. Já as proposições que João tem menos de três filhos e que João tem mais de quatro filhos não são consistentes. Elas se contradizem, já que não podem ser ambas verdadeiras em uma mesma situação. A teoria dos conjuntos nos permite formalizar essas noções:

(9) *Consistência*
Duas proposições p e q são consistentes quando $p \cap q \neq \emptyset$

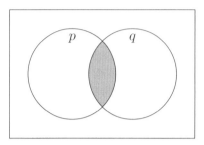

(10) *Contradição (inconsistência)*
Duas proposições p e q se contradizem quando $p \cap q = \emptyset$

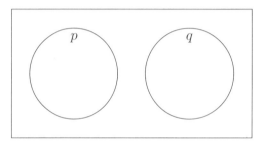

Também a noção de ACARRETAMENTO ou consequência lógica pode ser formalizada facilmente. Uma proposição p acarreta uma proposição q se, sempre que p for verdadeira, q também for verdadeira. Em outras palavras, não há como p ser verdadeira e q falsa em um mesmo mundo. É como se a verdade de p já trouxesse embutida a verdade de q. Por exemplo, que Pedro estuda e trabalha acarreta que Pedro estuda. Da mesma forma, que João tem mais de três filhos acarreta que João tem mais de dois filhos. Vista de outro ângulo, a noção de acarretamento se relaciona ao grau de informação embutido em uma proposição. Dizer que João tem mais de três filhos é mais informativo que dizer que ele tem mais de dois, já que a primeira exclui a possibilidade de ele ter apenas três filhos. Formalmente, a relação de acarretamento se reduz à relação de subconjunto. Tecnicamente, p é um subconjunto de q ($p \subseteq q$) quando todo elemento que pertencer a p também pertencer a q:

(11) *Acarretamento*
Uma proposição p acarreta uma proposição q quando $p \subseteq q$.

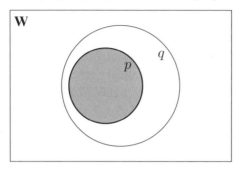

Por fim, uma breve minúcia técnica: como a notação $p \subseteq q$ deixa entrever, a relação de acarretamento (e a de subconjunto) admite a possibilidade de p e q serem iguais. Afinal, todo elemento de um conjunto pertence a esse conjunto! Tecnicamente, que Pedro tem mais de dois filhos acarreta que ele tem mais de dois filhos! Se quisermos nos limitar a subconjuntos p estritamente menores que q, escrevemos $p \subset q$. Subconjuntos diferentes do próprio conjunto são chamados subconjuntos próprios. Por exemplo, a proposição que Pedro tem mais de três filhos é um subconjunto próprio da proposição que Pedro tem mais de dois filhos, já que mundos em que ele tem três filhos pertencem à segunda, mas não à primeira.

4.3.3 Revisitando os papeis proposicionais

Veremos agora que, além de permitir a formalização de noções semânticas capitais como acarretamento e consistência, a caracterização de proposições como conjuntos de mundos possíveis atende aos cinco requisitos que elencamos no início desta seção, o que será particularmente importante para os propósitos deste livro. Voltemos, portanto, àqueles papeis semânticos e pragmáticos que queríamos que as proposições desempenhassem, reavaliando-os a partir de nossa nova perspectiva formal:

Proposições e verdade

Como já antecipado, dizemos que uma proposição p é verdadeira em um mundo w quando $w \in p$ e falsa quando $w \notin p$. Em um de nossos exemplos anteriores, dissemos que a proposição de que há somente uma estrela, é falsa no mundo real. Já a proposição de há mais de um planeta é verdadeira no mundo real. Dada uma proposição e um mundo possível qualquer, podemos sempre perguntar se a proposição é verdadeira ou não naquele mundo.

Proposições e significado

Dizemos que uma sentença declarativa S (com a possível exceção dos enunciados performativos austinianos) expressa uma proposição p_S que encapsula suas condições de verdade. Se S for a sentença *A Terra é plana*, p_S será o conjunto dos mundos em que a Terra é plana. Sentenças que são intuitivamente sinônimas expressam a mesma proposição, mesmo que sejam gramaticalmente distintas e mesmo que pertençam a línguas distintas. As sentenças do português *Pedro beijou Maria* e *Maria foi beijada por Pedro*, e a sentença do inglês *Pedro kissed Mary* expressam a mesma proposição: o conjunto dos mundos em que Pedro beijou Maria. Sendo proposições conjuntos de mundos possíveis, elas não são objetos linguísticos e nem estão atreladas a nenhuma língua particular, exatamente como queríamos.

Proposições e informação

Como já havíamos colocado anteriormente, um conjunto ou corpo de informações pode ser modelado como um conjunto de proposições. Por exemplo, um banco de dados a respeito de um certo planeta distante sobre o qual ainda não se sabe muito pode incluir informações como (p_1), expressando que o planeta é esférico; (p_2), que há gelo em sua superfície; (p_3), que o planeta não tem luas; etc. Em termos diagramáticos:

(12)   *Um corpo de informações sobre um certo planeta P*

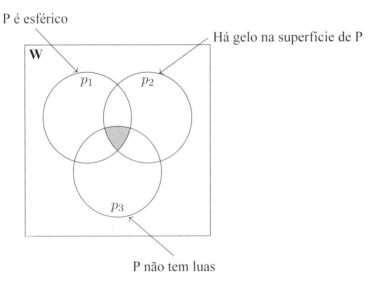

A área em cinza correspondente à interseção das proposições. São os mundos em que p_1, p_2 e p_3 são verdadeiras, ou seja, os mundos em que o planeta é uma esfera com gelo na sua superfície e sem luas ao seu redor. Os mundos no interior dessa região são os mundos compatíveis com tudo o que já se sabe sobre o planeta. Dadas as informações coletadas até o momento, qualquer um deles pode ser o mundo real. À medida que novas informações são obtidas, novas proposições são adicionadas e a área de interseção diminui, representando o ganho de conhecimento. Adquirimos uma ideia melhor de como o mundo em que vivemos é, ou, mais apropriadamente ainda, uma ideia melhor a respeito de nossa localização no espaço lógico das possibilidades.

O fato de a área da interseção ser menor que W mostra que já sabemos coisas a respeito do paneta e não estamos mais em um estado de completa ignorância. A princípio, o planeta poderia ou não ser esférico, poderia ou não haver gelo em sua superfície, bem como poderia ou não haver luas ao seu redor. As proposições em questão excluem algumas destas possibilidades. A proposição p_2, por exemplo, nos informa que há gelo na superfície do planeta. Já o fato de a interseção no diagrama em (12) ser uma área e não um ponto reflete o desconhecimento de vários aspectos do planeta em questão. Como será seu núcleo? Quais serão os elementos de sua atmosfera? Há muitos mundos possíveis compatíveis com o que se sabe até o momento, o que significa que muitas possibilidades permanecem em aberto.

Proposições e atitudes mentais

Na mesma linha do que acabamos de ver sobre informações, podemos pensar em atitudes mentais como crenças e desejos, só que agora, relativizando a indivíduos. Toda pessoa tem, por exemplo, convicções ou crenças dos mais variados tipos. Dada uma pessoa x qualquer, podemos então nos perguntar: dentre todos os mundos possíveis, quais são aqueles compatíveis com tudo o que x acredita? Posto de outra forma, quais são os mundos que, do ponto de vista de x, poderiam ser o mundo que x habita? Chamemos esse conjunto de mundos de estado doxástico de x, Dox_x (a raiz do termo remete ao grego, doxa, e está ligada a crenças). Diremos que uma pessoa x acredita em uma proposição p se em todos os mundos w compatíveis com as crenças de x, p é verdadeira em w, ou seja, $w \in p$. De forma ainda mais compacta: $\text{Dox}_x \subseteq p$.

Proposições e atos de fala

As mesmas considerações que acabamos de fazer conectando proposições com informação e atitudes mentais se estendem a atos de fala assertivos, cujo conteúdo também queremos associar a proposições. Quando um falante diz p e seu interlocutor acrescenta q, tanto p quanto q passam a ser pressupostas e eles passam a agir como se ambas fossem verdadeiras, ou seja, como se o mundo real, ou aquele em que a conversa está se desenrolando, pertencesse a ambas as proposições. Note mais uma vez que por estarmos falando em proposições no sentido possibilístico que estamos adotando, o conteúdo afirmado a cada momento independe da língua sendo usada. Mesmo uma incomum conversa em que interlocutores poliglotas usem cada um uma língua diferente teria seu placar conversacional alterado via adição de proposições. Proposições, já dissemos, são um meio universal e extralinguístico para a representação do significado sentencial e do conteúdo de certas ações comunicativas.

4.4 O conjunto contextual

Já estamos prontos para retomar a caracterização da dinâmica contextual das seções anteriores. Voltemos, pois, ao *common ground* (CG) stalnakeriano, entendido como um conjunto de proposições, e à dinâmica contextual envolvendo pressuposições e asserções que estávamos discutindo anteriormente, mas desta vez já munidos da caracterização das proposições como conjunto de mundos possíveis.

Sendo o CG um conjunto de proposições, a interseção de todas elas será também uma proposição, um conjunto de mundos em que tudo o que é pressuposto até o momento é verdadeiro. A esse conjunto de mundos, Stalnaker chamou de *context set*, que traduziremos por CONJUNTO CONTEXTUAL, abreviado por CS. Os mundos pertencentes ao CS são os mundos compatíveis com tudo o que se pressupõe em um dado instante de uma conversa. Ilustremos retornando a um exemplo que já apresentamos anteriormente: está chovendo e você e eu estamos no carro rumo ao aeroporto para buscar Maria, que está chegando de avião em São Paulo, quando o rádio anuncia que a via que dá acesso ao aeroporto (Marginal Pinheiros) está alagada:

(13)   *Exemplo de CG e CS*

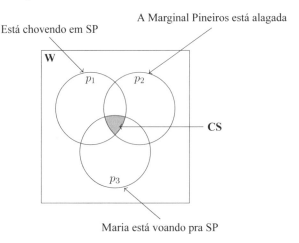

Asserção e dinâmica contextual 121

Faz parte do CG (dentre outras pressuposições) que está chovendo em São Paulo, que a Marginal Pinheiros está alagada e que Maria está voando rumo à cidade. O conjunto contextual, CS, é formado pelos mundos em que tudo isso (e tudo mais que estiver sendo pressuposto e que não representamos aqui) é verdade.

Em termos mais dinâmicos, cada vez que uma asserção é feita (e aceita pelo interlocutor), o CG se amplia e o CS se reduz. Se um interlocutor profere uma sentença S que expressa uma proposição p em um momento em que o CS é C, então o novo CS passa a ser $C' = C \cap p$. Vamos representar o efeito da asserção resultante do proferimento de uma sentença S qualquer em um contexto C por $C[S]$. Sendo p a proposição expressa por S, teremos o seguinte:

(14) *Efeito do proferimento de S (com conteúdo p) em um contexto inicial C*

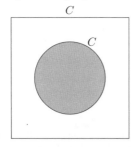
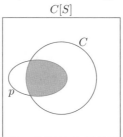

E se logo em seguida alguém profere uma outra sentença S' com conteúdo p', CS se atualiza novamente, passando de C' para $C''' = C' \cap p' = (C \cap p) \cap p'$, e assim sucessivamente. Tanto p quanto p' passaram a ser pressupostas, o que se reflete no fato de todos os mundos pertencentes ao CS atualizado serem mundos em que p e p' são verdadeiras. Em termos mais técnicos: $C''' \subset p$ e $C''' \subset p'$.

(15) *Sequência de asserções em um contexto inicial C*

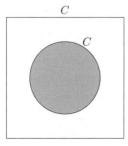
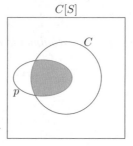
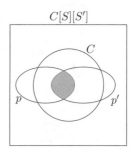

Como se vê, a área em cinza, que corresponde ao contexto atualizado, vai encolhendo à medida que as asserções vão sendo efetivadas.

Com isso em mente, vejamos algumas características desta dinâmica contextual. Em primeiro lugar, note que uma redução efetiva do CS só ocorrerá se a proposição expressa pelo falante for informação nova, ou seja, se já não for pressuposta no momento da asserção. Caso a proposição já pertença ao CG, a informação expressa será redundante, o que se traduz formalmente na preservação do CS:

(16) *Redundância contextual*
O proferimento de uma sentença S em um contexto C será contextualmente redundante quando $C[S] = C$

É o que aconteceria em uma conversa na qual, já sendo de conhecimento mútuo dos interlocutores que Pedro estuda e trabalha (p), alguém, ainda assim, proferisse a sentença *Pedro estuda* (S), afirmando a proposição correspondente (q):

(17) *Efeito de uma afirmação contextualmente redundante*

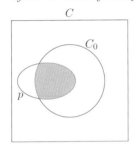 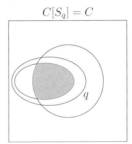

Por outro lado, se o que é dito contradiz o que está pressuposto, não restarão possibilidades no CS:

(18) *Contradição contextual*
O proferimento de uma sentença S em um contexto C será contextualmente contraditório quando $C[S] = \varnothing$

É o que aconteceria se, após já ter sido dito que Pedro estuda e trabalha (p), alguém dissesse que Pedro não estuda (r):

(19) *Efeito de uma afirmação contextualmente contraditória*

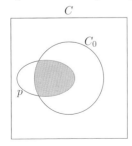 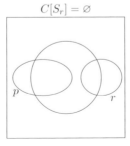

Para Stalnaker, não contradizer nem repetir o que já é pressuposto estão entre as condições essenciais da comunicação racional, ecoando as máximas griceanas de qualidade e quantidade, agora formalizadas e relativizadas a um contexto dinâmico. As proposições expressas pelas asserções de um falante racional engajado em uma conversa cujo propósito principal é a troca de informações devem ser verdadeiras em alguns dos mundos do CS (evitando inconsistência), mas não em todos eles (evitando redundância).

4.5 Bônus: ignorância contextual e conceitos proposicionais

[Um alerta ao leitor: o conteúdo desta seção é um pouco mais abstrato que o das anteriores. Como ele não é necessário para o acompanhamento dos capítulo seguintes, ele pode ser pulado sem que isso afete a continuidade da leitura. Fica, entretanto, o convite para que o leitor embarque em um interessante exercício intelectual que mescla elementos linguísticos, lógicos e filosóficos.]

No processo de mudança contextual que acabamos de descrever, presumimos que a proposição expressa pela sentença proferida estava clara para todos os participantes da conversa. Sem essa presunção linguística, não há como identificar a proposição a ser adicionada ao CG e, por conseguinte, como reduzir o CS. Isso reflete uma obviedade comunicativa: para informar e ser informado, é preciso determinar previamente o conteúdo do que está sendo dito. Há situações, porém, em que mesmo ignorando o exato conteúdo do que foi dito, é possível extrair informação do proferimento e efetuar uma redução do CS. Nesta seção, vamos olhar para um exemplo envolvendo pronomes indexicais e um outro envolvendo nomes próprios.

Vamos começar com um cenário muito simplificado, mas cuja simplicidade nos ajudará a introduzir os conceitos necessários. Suponha que haja apenas três mundos possíveis – w_1, w_2, w_3 – e que você tenha que descobrir qual deles é o mundo real, este que você e eu habitamos. Para tanto, você ouve o que as pessoas ao seu redor afirmam, presumindo que elas sejam sinceras e bem informadas. Suponha, então, que em um dado momento, você ouça alguém dizer *João é brasileiro*. A seu dispor, você tem as seguintes informações:

(20)   Em w_1, João é brasileiro;
         em w_2, João é português;
         em w_3, João é brasileiro.

Rapidamente, você elimina w_2, retendo apenas w_1 e w_3 como possíveis candidatos ao mundo real. A afirmação que você ouviu foi informativa, reduzindo o espaço das possibilidades.

Note que neste cenário simplificado, a proposição expressa pelo proferimento em questão equivale ao conjunto $\{w_1, w_3\}$, os mundos em que o que foi dito era

124 **Pragmática**

verdadeiro. Uma outra forma de representá-la é através de um pareamento entre mundos e valores de verdade, como em (21), em que 1 representa *verdadeiro* e 0 *falso*:

(21)

w_1	w_2	w_3
1	0	1

Considere, agora, um cenário alternativo ao anterior. Continuamos com os três mundos iniciais, mas, desta vez, o que você ouve é a sentença *eu sou brasiliero*. Em (22), estão algumas informações relevantes que você tem a seu dispor:

(22)   Em w_1, João é brasileiro e Pedro é português,
em w_2, João é português e Pedro é brasileiro,
em w_3: João é brasileiro e Pedro é português.

O ponto a se notar neste novo cenário é que essas informações não lhe bastam. Ainda que a sentença proferida diga respeito à nacionalidade do falante, sem saber quem a proferiu, você não tem como eliminar nenhuma das possibilidades, já que você não saberá a proposição expressa pelo proferimento. Se tiver sido João quem proferiu a sentença, o mundo a ser eliminado é w_2. Por outro lado, se tiver sido Pedro quem proferiu a sentença, os mundos a serem eliminados são w_1 e w_3. Em outras palavras, sem saber os detalhes do proferimento, você não saberá qual das duas proposições em (23) corresponde ao que foi dito (assumindo que João e Pedro sejam os únicos indivíduos em questão):

(23)   a.

w_1	w_2	w_3
1	0	1

b.

w_1	w_2	w_3
0	1	0

Vamos suplementar os dados extralinguísticos em (22) com os dados do proferimento, colocando ao seu dispor o que está em (24):

(24)   Em w_1, foi João quem disse *eu sou brasileiro*,
em w_2, foi Pedro quem disse *eu sou brasileiro*,
em w_3, foi Pedro quem disse *eu sou brasileiro*.

Note que, agora, você é capaz de eliminar w_3 como candidato ao mundo real. Ainda que você não tenha sido capaz de identificar quem proferiu a sentença, presumindo que o proferimento tenha sido sincero e verdadeiro, você reterá apenas os mundos em que quem proferiu a sentença, seja essa pessoa quem for, é brasileiro. Esse é o caso de w_1, em que João disse que era brasileiro, e ele, de fato, era brasileiro. Também é o caso de w_2, em que Pedro disse que era brasileiro e ele, de fato, era brasileiro. Já em w_3, Pedro disse que era brasileiro, quando ele, de fato, era português. De três possibilidades – w_1, w_2 e w_3, passamos a apenas duas – w_1 e w_2. A conclusão é que mesmo quando não identificamos a proposição expressa pelo que foi dito, é possível extrair alguma informação de uma asserção. Obviamente, se tivéssemos identificado o autor do proferimento como sendo Pedro, por exemplo, extrairíamos ainda mais informação, eliminando w_1 e w_3, retendo w_2 apenas.

Tudo isso que acabamos de ver a respeito do proferimento da sentença *eu sou brasileiro* e dos cenários apresentados em (22) e (24) pode ser representado em uma matriz $\mathcal{P}$, como a seguinte:

(25)　　$\mathcal{P}$:

	w_1	w_2	w_3
w_1	1	0	1
w_2	0	1	0
w_3	0	1	0

Nesta matriz, as linhas representam o papel dos fatos do proferimento na determinação das proposições expressas. Note que a segunda e a terceira linhas são idênticas, em conformidade com o que se vê em (24): tanto em w_2 quanto em w_3, a proposição expressa foi que Pedro é brasileiro. As colunas da matriz representam o papel dos fatos extralinguísticos na determinação do valor de verdade do que foi dito. Note que a primeira e a terceira coluna são idênticas, em conformidade com o que se vê em (22): as nacionalidades de João e Pedro são as mesmas em w_1 e w_3. Por fim, mas não menos importante, a diagonal da matriz mescla os dois papeis, expressando algo como *o que foi dito em w é verdadeiro em w*. Note que apenas w_1 e w_2 levam ao valor 1 (verdadeiro) nessa direção, indicando que apenas nestes dois mundos, o falante (nao importando quem ele é) proferiu algo verdadeiro.

Uma matriz bidimensional como (25) é chamada de CONCEITO PROPOSICIONAL. Conceitos proposicionais relacionam pares de mundos possíveis. O primeiro membro do par desempenha o papel de determinante da proposição expressa pelo que foi dito e o segundo o papel de fornecedor dos fatos extracontextuais para a avaliação da veracidade do que foi dito. Como ferramentas analíticas, podem formalizar a semântica/pragmática bidimensional de sentenças com elementos indexicais, como os que acabamos de ver. No caso de *eu sou brasileiro* e da matriz $\mathcal{P}$ em (25), teríamos:

(26)　　$\mathcal{P}[w, w'] = 1$ *quando* o falante em w é brasileiro em w'

Já a diagonal de um conceito proposicional $\mathcal{C}$ qualquer, que representamos por $\Delta_{\mathcal{C}}$, pode ser expressa como em (27):

(27)　　$\Delta_{\mathcal{C}} = \{w \mid \mathcal{C}[w, w] = 1\}$

Para o caso de $\mathcal{P}$ em (26), teríamos:

(28) $\Delta_\mathcal{P} = \{w \mid$ o falante em w é brasileiro em $w\}$

Stalnaker põe esses conceitos proposicionais e suas diagonais em uso para modelar situações conversacionais em que não se consegue identificar exatamente a proposição expressa pelo que foi dito, mas ainda assim se consegue extrair informação capaz de reduzir o conjunto contextual (CS) em questão. Vamos ilustrar com exemplos que retomam as ideias que acabamos de apresentar. Como passo preliminar, considere inicialmente um caso em que não há dúvidas sobre a proposição expressa no proferimento. Três homens, A, B e C, estão conversando na sala ao lado, quando um deles diz *eu vou ser promovido*. Apesar de você e seu interlocutor não estarem em contato visual com os três homens, vocês identificam, pelo tom de voz, que foi A quem proferiu a sentença. Sendo assim, vocês conseguem recuperar o conteúdo proposicional relevante: A vai ser promovido. Para simplificar, vamos imaginar que o CS, no momento do proferimento, tenha apenas três membros, w_1, w_2 e w_3, com as seguintes características:

(29)   a.   Em w_1, apenas A e B serão promovidos.
       b.   Em w_2, apenas B e C serão promovidos.
       c.   Em w_3, apenas A será promovido.

Esse cenário nos leva à seguinte matriz:

(30)

	w_1	w_2	w_3
w_1	1	0	1
w_2	1	0	1
w_3	1	0	1

Note que as linhas são idênticas, indicando certeza sobre o que foi dito. Note também que as colunas diferem, indicando que o que foi dito é verdadeiro em w_1 e w_3, mas falso em w_2. Procede-se, então, à redução do CS, eliminando-se w_2, retendo-se w_1 e w_3, que passam a constituir o novo CS.

Com isso em mente, contraste o cenário anterior com o seguinte: os mesmos três homens, A, B e C, estão conversando na sala ao lado, quando um deles diz: *eu vou ser promovido*. Sem contato visual com os participantes da conversa e sem conseguir identificar de quem era a voz, você e seu interlocutor não sabem o conteúdo exato do que foi dito. Imaginemos mais uma vez apenas três mundos possíveis, desta vez com as seguintes características:

(31)   a.   Em w_1, A diz: *Vou ser promovido*. Nesse mundo, apenas A e B, de fato, serão promovidos.
       b.   Em w_2: B diz: *Vou ser promovido*. Nesse mundo, apenas C, de fato, vai ser promovido.

c. Em w_3, C diz: *Vou ser promovido*. Nesse mundo, apenas B e C, de
fato, vão ser promovidos.

Esse cenário nos leva à seguinte matriz:

(32)

	w_1	w_2	w_3
w_1	1	0	0
w_2	1	0	1
w_3	0	1	1

Note a diferença entre as linhas, indicando incerteza sobre o que foi dito. Neste caso, trata-se de incerteza sobre quem proferiu a sentença. Note ainda a diferença entre as colunas, indicando ignorância até o momento do proferimento sobre os fatos relativos a quem seria e quem não seria promovido. Sem saber exatamente o que foi dito, não há como proceder diretamente, eliminando, como no exemplo anterior, os mundos em que o que foi dito era falso. Ainda assim, vocês conseguem retirar uma informação da situação: quem quer que tenha proferido a sentença será promovido. Essa informação pode ser útil, por exemplo, caso vocês venham a descobrir quem foi que proferiu a sentença. Pense, por exemplo, em peritos criminais tentando identificar a voz de alguém em conversa telefônica interceptada pela polícia e na qual a pessoa confesse um crime, dizendo algo como *fui eu quem matei a vítima*.

Como já havíamos mencionado anteriormente, essa informação de que o que quer que tenha sido dito é verdadeiro está armazenada na diagonal da matriz que representa o conceito proposicional. Em (32), essa diagonal corresponde à informação de que o autor do proferimento, seja ele quem for, será promovido. Como se pode ver, trata-se de uma proposição verdadeira apenas nos mundos w_1 e w_3. Sendo assim, você e seu interlocutor, mesmo com conhecimento apenas parcial do que foi dito, podem reduzir o CS, eliminado o mundo w_2.

Para representar a redução do CS através da diagonal da matriz, Stalnaker sugere o uso de uma estratégia de reparação, formalizada através de uma operação sobre conceitos proposicionais. Ele chamou o operador em questão de DAGGER (†). Esse operador projeta a proposição diagonal nas linhas horizontais, resultando em um novo conceito proposicional:

(33)

	w_1	w_2	w_3
w_1	1	0	0
w_2	0	0	0
w_3	0	0	1

$\overset{\dagger}{\longrightarrow}$

	w_1	w_2	w_3
w_1	1	0	1
w_2	1	0	1
w_3	1	0	1

A partir desse reparo, procede-se como no caso que vimos anteriormente, em que se sabia exatamente o que foi dito, eliminado do contexto os mundos em que a proposição era falsa.

Pragmática

Stalnaker entende essa estratégia de reparação como uma maneira de se adequar a um outro aspecto que ele considera parte da essência da comunicação racional e que, nos termos do aparato teórico que ele propõe, pode ser resumido na seguinte máxima: a mesma proposição deve ser expressa em todos os mundos do conjunto contextual, CS. Se a intenção é informar, não faz sentido expressar algo cujo conteúdo informativo não se pode identificar. A diagonalização seria, portanto, um recurso excepcional de adequação a casos de indeterminação parcial do que foi dito.

Asserções de identidade

Para terminar, vale à pena olhar para uma interessantíssima aplicação desse aparato bidimensional proposta por Stalnaker como possível solução para um conhecido desafio semântico envolvendo nomes próprios. Trata-se de proferimentos de sentenças do tipo A é B, em que A e B são dois nomes diferentes de um mesmo objeto ou ser. São conhecidos como proferimentos de identidade, justamente por serem usados para identificar os portadores dos nomes A e B como sendo, na verdade, o mesmo indivíduo. O exemplo mais famoso é o que aparece em um dos textos mais célebres da filosofia da linguagem, escrito pelo eminente lógico e filósofo alemão Gottlob Frege, um dos fundadores da lógica moderna, considerado também um dois pais da semântica formal. Trata-se do artigo "Über Sinn und Bedeutung" (*Sobre o sentido e a referência*, em tradução para o português). Eis o exemplo adaptado do original:

(34)   Hesperus é Phosphorus.

Hesperus, também conhecida como Estrela Vespertina, é o nome que os gregos antigos davam a um astro brilhante que aparecia no céu ao fim da tarde. Phosphorus, também conhecida como Estrela Matutina, é o nome que davam ao astro que aparecia no céu pela manhã. Até um certo ponto da história, acreditava-se serem dois astros distintos, até que uma importante descoberta astronômica revelou que, na verdade, o astro matinal e o astro vespertino eram, ambos, o planeta Vênus. Pode-se imaginar a surpresa de todos ao ouvirem (34) da boca de alguém pela primeira vez.

O problema semântico que (34) coloca é que muitos teóricos sustentam que o sentido ou valor semântico de um nome próprio é nada mais que o indivíduo ou objeto nomeado, também chamado de referência ou denotação do nome. Nomes próprios seriam como rótulos pregados em um ser ou objeto qualquer, o que parece intuitivamente correto. Entretanto, se esse for o caso, o sentido de (34) não deveria diferir do sentido de (35), ambos expressando a óbvia identidade de um objeto consigo mesmo:

(35)   Hesperus é Hesperus.

Asserção e dinâmica contextual 129

As duas sentenças diferem apenas pela substituição de um nome por outro que lhe é correferente. Sendo assim, e sendo o sentido de um nome próprio identificado com a sua própria referência, (34) e (35) deveriam ser sinônimas e não informativas. Isso, porém, é flagrantemente contraintuitivo. (35), de fato, é uma obviedade, já que necessariamente verdadeira. (34), porém, é potencialmente informativa, tendo sido, como já dissemos, uma grande descoberta científica, fruto de observação e análise minuciosas. Essas considerações levaram Frege a rejeitar a hipótese semântica de que nomes próprios não têm sentido para além de sua referência. Sua alternativa foi a de considerá-los descrições definidas disfarçadas, algo como *o astro que mais brilha no céu de manhã*, no caso de Phosphourus e *o astro que mais brilha no céu de tarde*, no caso de Hesperus. Essas expressões têm um caráter descritivo e sua referência claramente depende dos fatos extra-linguísticos. Só conhecimento linguístico não basta para chegarmos a suas referências.

Por mais que a análise fregeana tenha apelo empírico frente ao desafio posto pelas sentenças de identidade, ela enfrenta problemas que foram trazidos à tona na segunda metade do século XX pelo filósofo americano Saul Kripke, em outra célebre obra da filosofia contemporânea, seu livro *Naming and Necessity*. Nele, Kripke propôs um retorno à semântica puramente referencial dos nomes próprios e sua análise foi e continua sendo influente em círculos filosóficos e linguísticos. Não iremos aqui adentrar o debate (ver referências ao final do capítulo). Queremos apenas trazer à tona o desafio fregeano para mostrar como o aparato teórico que estamos vendo nesta seção pode lançar luz sobre ele, tornando possível reconciliar o caráter informativo de sentenças como (34) com uma semântica referencial dos nomes próprios.

Eis, em linhas gerais, a proposta de Stalnaker: dados dois nomes próprios distintos, N_1 e N_2, uma proposição da forma N_1 é N_2 será ou necessariamente verdadeira ou necessariamente falsa, a depender se os nomes são correferentes ou não. Como o sentido de um nome próprio é sua própria referência, ignorar se dois nomes são ou não correferentes acaba por ser uma forma de ignorância linguística. Dessa forma, alguém que ouve uma sentença do tipo N_1 é N_2 e ignora a referência de pelo menos um dos nomes, ignora o conteúdo proposicional expresso pela sentença. É neste ponto que entram os conceitos proposicionais.

Imagine alguém que ouça a sentença *Hesperus é Phosphorus*, sabendo que Hesperus se refere ao planeta Vênus, mas ignorando a referência do nome Phosphorus. Essa pessoa não saberá que proposição a sentença expressa. Imagine, simplificadamente, que haja apenas duas opções para a referência do nome Phosphorus: Vênus e Marte. Se for Vênus, a sentença será necessariamente verdadeira, já que a proposição expressa um caso de autoidentidade, do tipo x *é igual a* x. Se for Marte, ela será necessariamente falsa, já que expressará algo como x *é igual a* y, sendo x e y objetos distintos.

130 **Pragmática**

Continuando com a simplificação de exemplos anteriores, imagine um contexto com apenas três mundos, w_1, w_2 e w_3, em que a mesma sentença, *Hesperus é Phosphorus*, foi proferida. A diferença entre eles é de natureza linguística: em w_1 e w_3, o nome Phosphorus é correferente ao nome Hesperus, ao passo que em w_2 os nomes têm referências distintas. Isso nos leva ao seguinte conceito proposicional:

(36)

	w_1	w_2	w_3
w_1	1	1	1
w_2	0	0	0
w_3	1	1	1

Como se vê, as linhas são diferentes, refletindo ignorância sobre o que foi dito. Note, entretanto, que são linhas homogêneas, só com 1s ou só com 0s. Isso indica que a proposição em questão é, ou necessariamente verdadeira, ou necessariamente falsa. Note, por fim, que as colunas são idênticas, indicando que os fatos extralinguísticos não distinguem os mundos em questão. Como, então, extrair informação dessa situação conversacional, reduzindo o CS? Diagonalizando, sugere Stalnaker.

Podemos não saber de antemão qual proposição a sentença expressa, mas, presumindo que quem a enunciou seja sincero e bem informado, assumimos que o que foi dito era verdadeiro, o que, no caso, significa que os nomes são correferentes. Como nos exemplos que discutimos anteriormente, essa informação está na diagonal da matriz em (36). Essa diagonal representa uma proposição verdadeira em w_1 e w_3, e falsa em w_2. Note que não se trata de uma necessidade, mas de uma contingência, verdadeira em alguns mundos e falsa em outros. Daí a informatividade intuitivamente associada à sentença. A partir disto, o contexto se reduzirá de $\{w_1, w_2, w_3\}$ para $\{w_1, w_3\}$.

Finalizamos, assim, nossa primeira incursão na dinâmica contextual e no papel dos atos assertivos no processo de mudança de contexto. Continuaremos este percurso nos próximos capítulos.

Recomendações de leitura

O artigo de David Lewis mencionado na abertura deste capítulo é Lewis (1979). Os trabalhos pioneiros sobre pragmática de Robert Stalnaker são Stalnaker (1970), Stalnaker (1974) e Stalnaker (1978). Esses e outros artigos clássicos do autor estão reunidos em Stalnaker (1999). Ótimas discussões sobre asserção são MacFarlane (2011) e Szabó & Thomason (2018), capítulos 8 e 10.

Exercícios

1. Imagine um ultrassonografista U que acabou de examinar uma paciente P pela primeira vez e constatar que ela está grávida. Considere, agora, os dois diálogos a seguir:

   (a) U: Você está grávida.
       P: Sério! Que ótima notícia!
   (b) U: Sua gravidez está indo bem.
       P: Espera aí! Eu estou grávida?

   Em ambos os casos a fala de U deixa P surpresa. Entretanto, há algo estranho em (b) que não se nota em (a). Explique em termos de pressuposição do falante.

2. Ainda sobre o cenário do exercício anterior, imagine que o ultrassonografista, logo após a paciente sair do consultório, telefone para o marido dela M e conte a ele sobre a gravidez. Quando ela chega em casa, temos o seguinte diálogo:

   (c) M: Como está indo a sua gravidez?
       P: Ahn!?

   Novamente, como em (a) e (b), P se surpreende com o que ouve. E, de fato, a fala de M soa estranha! Continuando a se apoiar na noção de pressuposição do falante, explique o porquê desse estranhamento e em que aspecto ele difere do que foi observado em (b).

3. Retome a questão da multidimensionalidade do significado do capítulo 1 e discuta se, além do conteúdo afirmado, também os conteúdos expressivo, suplementar e implicado convencional devem ser adicionados ao *common ground* após o proferimento de uma sentença como aquela com que terminamos o capítulo: *O idiota do marido da Maria, que tem 18 anos, é estudante, mas não gosta de ler.*

4. O proferimento de certas sentenças complexas contendo orações condicionais, como (a) a seguir, pode ser visto como um caso de asserção condicional, da mesma forma que o proferimento das sentenças em (b) e (c) podem ser vistos como uma pergunta e uma ordem condicionais, respectivamente:

(a) Se o Pedro está na festa, a Maria está se divertindo.

(b) Se estiver chovendo, a festa vai ser cancelada?

(c) Se a banana estiver barata, compra duas dúzias!

Como você caracterizaria a mudança de contexto $C[(a)]$ efetuada pelo proferimento de (a)? Qual a diferença entre (a) e uma asserção categórica como (d)?

(d) A Maria está se divertindo.

5. Considere uma conversa em que, em um primeiro momento, um dos interlocutores afirma que João é português e, mais adiante volta atrás dizendo: *retiro o que eu disse sobre a nacionalidade de João*. Vimos neste capítulo como formalizar o efeito da asserção inicial, eliminando do conjunto contextual os mundos em que João não é português. A questão menos óbvia é como formalizar a retratação feita posteriormente. Considere as duas opções a seguir e discuta se alguma, ambas, ou nenhuma delas funciona: (a) adicionar diretamente ao conjunto contextual todos os mundos em que João é português; (b) retirar do *common ground* (CG) a proposição de que João é português, recalculando o conjunto contextual.

5 Dinâmica das pressuposições

O conceito de PRESSUPOSIÇÃO DO FALANTE introduzido no capítulo anterior foi caracterizado naquele capítulo em termos puramente pragmáticos e independentes de qualquer noção linguística. Pressupor, naquele sentido, era uma disposição ou atitude mental referente a conteúdo proposicional vinculada à noção de agir como se se assumisse ou se acreditasse que uma proposição é verdadeira e que essa assunção ou crença fosse de conhecimento mútuo entre os participantes de uma conversa. A partir dessa noção, definimos outros conceitos fundamentais do aparato analítico utilizado para caracterizar a dinâmica contextual centrada nos atos de fala assertivos, incluindo o COMMON GROUND e o CONTEXT SET.

Pressuposições, entretanto, são frequentemente estudadas a partir de uma perspectiva linguística, e a razão para isso está em uma intuição bastante sólida: o uso de certas sentenças é inadequado em contextos nos quais certa informação não é tomada como certa pelos participantes de uma conversa. Essa inadequação resulta da presença de certas expressões que se caracterizam como marcas linguísticas que disparam pressuposições, sinalizando uma atitude do falante e criando um vínculo entre o semântico e o pragmático, entre o convencional e o conversacional. Este capítulo é dedicado ao estudo linguístico da pressuposição e a esse elo que certas expressões estabelecem.

5.1 Gatilhos

A intuição básica que queremos analisar é que algumas sentenças contendo certos itens lexicais ou formadas a partir de certas locuções ou construções sintáticas soam inadequadas discursivamente quando usadas em contextos em que certa informação não é compartilhada pelo falante e sua audiência. Essa inadequação pragmática, que representaremos pelo símbolo #, não implica em anomalia gramatical, e os exemplos que discutiremos são, todos eles, impecáveis do ponto de vista estritamente sintático. Comecemos com alguns destes exemplos:

(1)   A prova de amanhã terá quatro questões.
      [# se não é compartilhado que haverá uma prova amanhã]

(2)   O diretor sabe que todos os alunos foram reprovados.
       [# se não é compartilhado que todos os alunos foram reprovados]

(3)   Pedro parou de roubar.
       [# se não é compartilhado que Pedro roubava]

(4)   Foi o João que quebrou a máquina de café.
       [# se não é compartilhado que alguém quebrou a máquina]

Estendendo a noção de pressuposição para o universo linguístico, vamos dizer que uma sentença *S* pressupõe *p* quando o uso adequado de *S* requer que *p* seja conhecimento compartilhado pelos participantes da conversa no momento do proferimento de *S*. Chamaremos os elementos linguísticos responsáveis por essa (in)adequação pragmática de GATILHOS PRESSUPOSICIONAIS, remetendo-nos à ideia de que são eles quem disparam as pressuposições em questão. Nos exemplos em (1)-(4), os gatilhos são o artigo definido *o*, o verbo *saber*, a locução verbal *parar de* e a construção sintática conhecida como clivagem *foi ... que ....*

Evidências ligando a presença desses elementos linguísticos à inadequação conversacional de que estamos falando são facilmente obtidas considerando-se exemplos como o uso repentino, no início de um diálogo, de sentenças com gatilhos pressuposicionais. Note, por exemplo, o quão estranho seria se nos aproximássemos de um colega de escritório que acabou de chegar ao trabalho e começássemos um diálogo com (4):

(5)   A: Foi o João que quebrou a máquina de café.
       B: Mas espera aí! Eu nem sabia que a máquina tinha sido quebrada.

Contraste isso com o uso, nas mesmas circunstâncias, de uma sentença sem clivagem, mas expressando a mesma informação:

(6)   A: O João quebrou a máquina de café.
       B: Droga! Ele vai ter que pagar o conserto.

O diálogo em (6) soa natural do ponto de vista discursivo, ainda que o conteúdo da fala de A tenha sido surpreendente para B. Isso mostra que a estranheza do diálogo em (5) não vem dessa surpresa perante a informação transmitida, mas da forma linguística com que ela foi veiculada. Sentenças clivadas da forma *foi NP que VP*, em que *NP* denota um indivíduo e *VP* uma ação, soam conversacionalmente inadequadas quando não é de conhecimento mútuo entre falante e ouvinte(s) que alguém já havia feito a ação descrita por *VP* que a sentença atribui ao indivíduo referenciado por *NP*. É como se o conteúdo da sentença se sobrepusesse a um *background* ou pano de fundo conversacional já contendo certa informação. No caso em questão, essa informação prévia é que a máquina foi quebrada. Em cima disso, acrescenta-se a informação de que foi João que a quebrou. Sem esse pano de fundo, algo parece estar fora do lugar ou faltando.

Exemplos análogos podem ser construídos com outros gatilhos pressuposicionais. Considere, por exemplo, um professor que, na aula seguinte à aplicação de uma prova, chega na sala de aula e, logo de cara, anuncia aos alunos:

(7)   A: Pessoal, o diretor sabe que todo mundo tirou zero.
       B: Como assim! O senhor já tem as notas?

Note o contraste com o exemplo a seguir, minimamente diferente, apenas com a locução *tem certeza* no lugar de *saber*:

(8)   A: Pessoal, o diretor tem certeza que todo mundo tirou zero.
       B: Nossa, por que ele tem uma imagem tão ruim da gente?

Aqui também, temos surpresa nos dois casos, mas em (7), há uma espécie de incongruência conversacional resultante do uso do verbo *saber* que não volta a ocorrer com *ter certeza*, ainda que as duas expressões remetam a atitudes mentais pertencentes a um mesmo campo semântico. A diferença crucial é que *saber* pressupõe a verdade de seu complemento, ao passo que *ter certeza* não. Na mesma linha, considere o mesmo professor diante de sua turma, mas agora em um diálogo logo nas primeiras semanas de aula:

(9)   A: Pessoal, a prova de amanhã terá quatro questões.
       B: Espere aí! O senhor avisou que haveria prova amanhã?

O pivô da inadequação pragmática neste caso é o artigo definido, que desencadeia a pressuposição de que haverá uma prova no dia seguinte, informação que, aparentemente, o professor não havia compartilhado com sua turma. Sem o artigo definido, a surpresa e o alarde continuam, mas com um outro colorido:

(10)   A: Pessoal, faremos uma prova amanhã com quatro questões.
       B: Professor, o senhor é cruel!

Neste caso, pode até faltar ao professor uma boa conduta pedagógica, mas não há nada anômalo do ponto de vista linguístico. Já em (9), o problema era dobrado, além da má conduta pedagógica, não é boa prática conversacional usar o artigo definido em um contexto que não suporte a pressuposição que ele desencadeia.

Por fim, veja a desconfortável posição de um suspeito de roubos interrogado por um delegado e a quem só é permitido responder com um *sim* ou com um *não*:

(11)   A: O senhor parou de roubar, correto?
       B: Sim.
       A: Ah, então o senhor admite que estava roubando.

136 **Pragmática**

(12)   A: O senhor parou de roubar, correto?
         B: Não.
         A: Ah, então o senhor admite que estava roubando.

Não há como responder e não se incriminar. Uma resposta afirmativa de B indica que ele roubava, mas não rouba mais. Uma resposta negativa indica que ele roubava e continua roubando. O fato é que a fala do delegado já inicia a conversa de forma enviesada, justamente por trazer à tona a pressuposição de que o suspeito roubava, limitando o interrogatório ao que ele tem feito no presente e tendo como pano de fundo um suposto passado criminoso sobre o qual não cabe discussão. A retirada da locução *parar de* da fala do delegado dá uma margem de manobra maior para o suspeito:

(13)   A: O senhor costumava roubar, correto?
         B: Não.
         A: Nunca roubou?
         B: Correto.

Neste caso, apesar de a fala inicial do delegado expressar a expectativa de que o suspeito roubava, não há a mesma pressuposição que havia em (12) e as respostas do suspeito não têm mais aquele efeito de autocondenação.

Em suma, a presença de certas marcas convencionais em uma sentença impõem condições de uso que remetem ao conceito pragmático de pressuposição do falante e que definimos em termos extralinguísticos no capítulo anterior. Entretanto, como veremos na próxima seção, nem todas as sentenças que contêm um gatilho pressuposcional têm seu uso afetado da mesma forma. Pressuposições disparadas por gatilhos nem sempre chegam ao nível sentencial (da oração principal).

5.2   O problema da projeção

Considere o diálogo a seguir com seus ruídos comunicativos:

(14)   A: O rei da França é careca?
         B: O quê? Não!
         A: Quer dizer então que o rei da França não é careca.
         B: Não!
         A: Mas, então, o rei da França é careca.
         B: Não é isso! A França simplesmente não tem rei!

Neste caso, as falas de A deixam B confuso. A razão, pode-se notar, está na pressuposição que elas carregam: a de que existe um rei da França. Essa pressuposição é compartilhada pelas versões afirmativas, negativas e interrogativas da atribuição da propriedade de ser careca ao rei da França:

(15)   O rei da França é careca.

(16)   O rei da França não é careca

(17)   O rei da França é careca?

(15) pressupõe que a França tem um rei e afirma que esse rei é careca. A negação em (16) não exclui a França do conjunto das monarquias, negando apenas a calvície de um pressuposto soberano. A sentença pressupõe que a França tem um rei e nega que esse rei seja careca. E a pergunta em (17) não incide sobre a parte pressuposta. (17) pressupõe que a França tem um rei e questiona se esse rei é careca. Aliás, se o ruído conversacional observado no diálogo em (14) viesse exclusivamente da controvérsia sobre a presença ou ausência de cabelos na cabeça de um certo alguém, observaríamos algo semelhante em (18):

(18)   A: Maria Antonieta era careca?
       B: Não!
       A: Quer dizer então que ela não era careca.
       B: Exato!
       A: Será mesmo?

Neste caso, não há mais ruídos conversacionais, restando apenas controvérsias sobre o passado, algo corriqueiro mesmo nos diálogos mais banais.

Além das construções negativa e interrogativa, pressuposições desencadeadas por um gatilho e manifestadas no uso de sentenças simples como (15), são compartilhadas por outras sentenças mais complexas formadas a partir dela, como se vê em (20), que adaptamos de Gamut (1991):

(19)   a.   Se o rei da França é careca, a calvície é hereditária.
       b.   O rei da França é careca e a calvície é hereditária.
       c.   O rei da França é careca ou a calvície não é hereditária.

As sentenças em (19), assim como aquelas em (15)-(17), pressupõem a existência de um rei da França e soariam inadequadas quando essa informação não é compartilhada entre quem as proferir e sua audiência. Em outros casos, porém, não se observa a mesma inadequação:

(20)   A França tem um rei e o rei da França é careca.

(21)   Se a França tem um rei, o rei da França é careca.

(22)   Ou a França não tem rei ou o rei da França é careca.

138 **Pragmática**

Diferentemente dos exemplos anteriores, nenhuma das três sentenças em (20)-(22) parece pressupor a existência de um rei da França, ainda que todas elas tenham como parte a oração *o rei da França é careca*. O uso de nenhuma delas requer, no momento de seu proferimento, que os interlocutores assumam mutuamente que a França tem um rei. Muito pelo contrário, quem profere (20) afirma, ao invés de pressupor, a existência de um rei da França. E quem profere (21) ou (22) expressa dúvidas sobre a existência de um tal rei.

De tudo isso, resulta o que é chamado na literatura de PROBLEMA DA PROJEÇÃO: como prever as pressuposições de sentenças complexas de forma composicional, ou seja, a partir das pressuposições de suas partes e de sua estrutura sintática? Resolver este problema é entender o que está por trás da assimetria entre a projeção observada em (16), (17) e (19) e seu bloqueio em (20)-(22). Ou entender o que se passa nos exemplos a seguir:

(23)   O rei tem um filho.

(24)   O filho do rei é careca.

(25)   Se o rei tem um filho, o filho do rei é careca.

Estes são exemplos da linguista Irene Heim, uma das figuras mais importantes nos estudos semântico-pragmáticos da projeção das pressuposições. Voltaremos a falar de seu trabalho mais adiante. Note que (25) é uma sentença complexa cujas partes são as orações em (23) e (24). Note ainda que tanto (23) quanto (24) pressupõem que há um rei, e que (24) também pressupõe que o rei tem um filho. A observação relevante de Heim neste caso é que (25) herda a pressuposição de que há um rei, ao mesmo tempo que não herda a pressuposição de que o rei tem um filho.

O problema da projeção tem feições semânticas, sendo formulado em termos de gatilhos, orações simples que os contêm e orações complexas sintaticamente formadas a partir delas. Todos esses são ingredientes convencionais e é razoável supor que o problema seja resolvido nesta esfera. De fato, a projeção de pressuposições, bem como a própria noção de pressuposição, estão historicamente associadas a uma honrada tradição lógico-semântica baseada em abordagens vericondicionais (proposicionais) para o significado sentencial, como veremos na próxima seção, em que delinearemos uma abordagem semântica para as pressuposições.

5.3   Pressuposição e verdade

O ponto-chave de um abordagem semântica para as pressuposições é a passagem de uma lógica clássica obediente ao princípio da bivalência, de acordo com o qual sentenças declarativas são ou verdadeiras ou falsas, para uma lógica trivalente, que o subverte e de acordo com a qual sentenças podem ser verdadeiras, falsas, ou nem verdadeiras nem falsas. Essa lacuna ou ausência de valor de verdade está associada a casos em que pressuposições não são satisfeitas, como esquematizado a seguir:

(26)   A sentença *o rei da França é careca* é:
  verdadeira se a França tem um rei e esse rei é careca.
  falsa se a França tem um rei e esse rei não é careca.
  * se a França não tem um rei.

O símbolo $*$ indica ausência de valor de verdade. A definição emergente é que, semanticamente, uma sentença S_1 pressupõe uma sentença S_2 se S_1 só tiver um valor de verdade (verdadeiro ou falso) quando S_2 for verdadeira. Gatilhos pressuposicionais, como o artigo definido, conferem às orações simples que os contêm uma semântica trivalente como a que acabamos de ilustrar. A sentença *o rei da França é careca* pressupõe (semanticamente) a sentença *A França tem um rei*.

Em relação à projeção, a ideia é que certos itens lexicais das línguas naturais que são usados para formar orações complexas a partir de orações mais simples, como *não*, *e*, *ou* e *se*, além de sua contribuição semântica vericondicional, são lexicalmente especificados quanto à maneira como filtram ou projetam as pressuposições de seus argumentos. Nas subseções seguintes, veremos os exemplos desses operadores ou conectivos lógicos, um de cada vez, começando pela negação, a fim de ilustrar melhor o que está por trás de uma abordagem puramente semântica para o problema da projeção.

5.3.1   A negação

Em termos clássicos, o papel semântico da negação é inverter o valor de verdade de uma sentença ou proposição. Se uma sentença é verdadeira, sua negação é falsa e vice-versa. Representando por $\neg\phi$ a negação de uma sentença ϕ qualquer, e por 0 e 1 os dois valores de verdade clássicos (falso e verdadeiro, respectivamente), teremos:

(27)   *Conteúdo vericondicional da negação*

ϕ	$\neg\phi$
1	0
0	1

Em relação à projeção, já vimos que a negação não afeta o conteúdo pressuposto. Dizemos que a negação é um BURACO PRESSUPOSICIONAL, que deixa passar as pressuposições da oração sobre a qual ela opera. Tanto *o rei da França é careca* quanto o *o rei da França não é careca* pressupõem que a França tem um rei. Com base nisso, podemos enunciar a seguinte propriedade:

(28) *Propriedade projetiva da negação*
As pressuposições de uma sentença negativa $\neg\phi$ são as mesmas de sua contraparte positiva ϕ.

A ideia que emerge é que tanto (27) quanto (28) estão codificadas na especificação lexical da negação, sendo parte do conhecimento semântico de um falante competente da língua. Se eu sou um falante competente de português, eu sei que o *não* sentencial inverte o valor de verdade da oração afirmativa correspondente e que este item não afeta as pressuposições desta oração.

5.3.2 A conjunção e

Sobre a conjunção *e*, em termos clássicos, uma sentença da forma $[\phi\ e\ \psi]$ é verdadeira se tanto ϕ quanto ψ forem verdadeiras, e falsa se ao menos uma delas for falsa:

(29) *Conteúdo vericondicional de* e

ϕ	ψ	$\phi\ \&\ \psi$
1	1	1
1	0	0
0	1	0
0	0	0

Já seu padrão projetivo é menos óbvio. Compare os três exemplos a seguir:

(30) O rei da França é careca e a calvície é hereditária.

(31) A calvície é hereditária e o rei da França é careca.

(32) A França tem um rei e o rei da França é careca.

Das três sentenças, apenas (32) não pressupõe que existe um rei da França. O que vemos em (32) é que a primeira oração é a própria pressuposição da segunda. É como se essa pressuposição fosse absorvida internamente e a sentença inteira não a herdasse. Quando isso não acontece, como em (31), a pressuposição projeta. O mesmo acontece com as pressuposições da primeira oração, que, como vemos em (30), permanecem intactas e também são herdadas pela sentença como um todo. A conjunção aditiva *e* é um FILTRO PRESSUPOSICIONAL, que deixa passar todas as pressuposições da primeira oração, mas apenas algumas das pressuposições da segunda oração.

Há, porém, um pequeno complicador, revelado por exemplos como (33):

(33) Toda nação tem um rei e o rei da França é careca.

Neste caso, também não há projeção da pressuposição da segunda oração. Diferentemente do que vimos em (31), essa pressuposição não é equivalente à primeira oração. Ela, porém, é acarretada pela oração: se toda nação tem um rei, então, a França tem um rei. Isso basta para a absorção da pressuposição, sugerindo o seguinte padrão:

(34)   *Propriedade projetiva de* e:
As pressuposições de [ϕ e ψ] são as pressuposições de ϕ e as pressuposições de ψ que não são acarretadas por ϕ.

Aqui também, a ideia de fundo é que tanto (29) quanto (34) fazem parte da entrada lexical da conjunção *e* e que um falante de português sabe disso.

5.3.3 O *se* condicional

Passando às construções condicionais da forma *se* ϕ, ψ, sua semântica é um tanto complexa e cheia de mistérios de que ainda se ocupam muitos linguistas, fazendo interagir ingredientes interpretativos vinculados às categorias de modo, tempo e aspecto, para ficar em alguns elementos mais óbvios de seu perfil. As coisas são particularmente misteriosas quando o modo subjuntivo entra em cena. Apenas a título de ilustração, note a diferença clara entre (35) e (36):

(35)   Se Pedro estiver em casa neste momento, ele estará dormindo.

(36)   Se Pedro estivesse em casa neste momento, ele estaria dormindo

Apesar de ambas estabelecerem um vínculo entre Pedro estar em casa e Pedro estar dormindo, (36) indica que ele não está, e a hipótese em questão soa contrafactual. Já (35) não veicula contrafactualidade, indicando que o falante ignora se Pedro está ou não em casa. Além disso, apesar de as orações condicionais nos dois exemplos serem interpretadas como uma hipótese sobre o presente, o tempo verbal na primeira é futuro e na segunda pretérito. Já orações condicionais no modo indicativo são um pouco mais bem comportadas. (37) indica transparentemente em sua forma que se está falando do presente:

(37)   Se Pedro está em casa, ele está dormindo.

Muito provavelmente, mesmo nos exemplos mais simples, a semântica do *se* não é a de um conector sentencial puramente verifuncional, ou seja, que relacione apenas os valores de verdade das orações em questão. Noções como causa e consequência parecem ser essenciais para cobrir o que esse conector expressa. Ainda assim, é possível capturar alguns aspectos de seu comportamento pressuposicional com uma abordagem deliberadamente simplificadora e que atribui, ao menos às construções condicionais no modo indicativo, a tabela de verdade que os lógicos

142 **Pragmática**

atribuem ao operador conhecido como *implicação material*, representado por →, e definido da seguinte forma:

(38) *Conteúdo vericondicional de* se

ϕ	ψ	$\phi \rightarrow \psi$
1	1	1
1	0	0
0	1	1
0	0	1

Como se pode notar, de acordo com essa tabela, [*se* ϕ, ψ] só é falsa se ϕ, chamado de antecedente, for verdadeiro e ψ, chamado de consequente, for falso. Nos demais casos, a sentença é verdadeira. Em um caso como (37), a sentença só seria falsa se verificássemos que Pedro estava em casa, mas não estava dormindo no momento do proferimento.

Já o comportamento projetivo de *se* parece semelhante ao da conjunção *e*. Das quatro sentenças a seguir, apenas as duas primeiras pressupõem a existência de um rei da França:

(39) Se o rei da França é careca, a calvície é hereditária.

(40) Se a calvície é hereditária, o rei da França é careca.

(41) Se a França tem um rei, o rei da França é careca.

(42) Se toda nação tem um rei, o rei da França é careca.

Isso nos leva à seguinte caracterização, nos mesmos moldes do que vimos para o *e*:

(43) *Propriedade projetiva de* se:
      As pressuposições de [*se* ϕ, ψ] são as pressuposições de ϕ e as pressuposições de ψ que não são acarretadas por ϕ.

Como se vê, a construção condicional (indicativa) também é um FILTRO PRESSUPOSICIONAL

5.3.4 A disjunção ou

Por fim, chegamos ao conectivo disjuntivo *ou*, que, como já vimos no capítulo 2, também tem os seus caprichos. Vamos aqui tratar esse item como um operador verifuncional inclusivo, que resulta em sentenças verdadeiras sempre que ao menos uma das sentenças conectadas seja verdadeira:

(44) *Conteúdo vericondicional de* ou

ϕ	ψ	ϕ *ou* ψ
1	1	1
1	0	1
0	1	1
0	0	0

Compreender seu comportamento projetivo requer certa atenção. Considere os seguintes exemplos:

(45) (Ou) a França está falida ou o rei da França é careca.

(46) (Ou) o rei da França é careca ou a França está falida.

(47) (Ou) a França não tem rei ou o rei da França é careca.

(48) (Ou) o rei da França é careca ou a França não tem rei.

Destes exemplos, apenas os dois primeiros pressupõem que a França tem um rei. Nos dois últimos, diferentemente, o que se tem é a expressão de dúvida a respeito da existência de um tal rei. O que esses dois últimos casos têm de peculiar é que uma das orações conectadas pelo *ou* (*a França não tem rei*) é a negação da pressuposição da outra oração (*o rei da França é careca*). Em casos assim, essa pressuposição não projeta. Daí, a seguinte proposta:

(49) *Propriedade projetiva de* ou:
As pressuposições de [ϕ *ou* ψ] são as pressuposições de ϕ que não são acarretadas pela negação de ψ e as pressuposições de ψ que não são acarretadas pela negação de ϕ.

Haveria mais a se dizer sobre a disjunção e os demais conectivos lógicos que acabamos de analisar. O que vimos, porém, serve para dar ao leitor um boa ideia do tipo de questão que as abordagens semânticas se colocam e a maneira como elas enfrentam o problema da projeção, sobre o qual continuaremos a falar na próxima seção.

5.4 Pressuposição e contexto

A abordagem para o problema da projeção delineada na seção anterior foi estritamente lógico-semântica, sem apelo a elementos contextuais. Voltemos, por exemplo, ao caso das construções condicionais e da projeção associada ao conectivo *se*, que, por conveniência, repetimos a seguir:

144 Pragmática

(50) *Propriedade projetiva de* se:
As pressuposições de $[se\ \phi,\ \psi]$ são as pressuposições de ϕ e as pressuposições de ψ que não são acarretadas por ϕ

Como se vê, tudo o que precisamos são as pressuposições das partes e o que elas acarretam, algo que a semântica e a lógica nos fornecem. Entretanto, a validade dessa pureza lógico-semântica é questionável. Considere, por exemplo, o caso a seguir:

(51) Se João é milionário, a casa de praia dele tem muitos quartos.

De acordo com (50), essa sentença deveria pressupor que João tem uma casa de praia. Essa é a pressuposição do consequente e, como ela não é acarretada pelo antecedente, a pressuposição deveria projetar, tornando-se uma pressuposição de (51) como um todo. Decorre disso que, intuitivamente, (51) deveria soar inadequada em contextos em que a informação de que João tem casa de praia não fosse compartilhada pelos interlocutores no momento de seu proferimento.

O que se observa, porém, é algo mais sutil. Imagine, por exemplo, que os interlocutores em questão compartilhem da ideia que todo homem rico tem uma casa de praia e tomem isso como certo. Tal compartilhamento parece suficiente para tornar o uso de (51) adequado. Não é preciso que nada sobre o patrimônio imobiliário do João tenha sido afirmado ou assumido até o momento do proferimento. Em outras palavras, a associação entre o uso adequado de (51) e a informação prévia de que João tem uma casa de praia é restritiva demais. A pressuposição que buscamos é algo como (52) ou, mais especificamente, (53):

(52) Todo milionário tem uma casa de praia.

(53) Se João é milionário, ele tem uma casa de praia.

Dissemos mais acima que o antecedente de (51), *João é milionário*, não acarreta que *João tem uma casa de praia*, a pressuposição do consequente de (51). De fato, ser milionário não implica logicamente ter uma casa de praia. Posto de outra forma, do ponto de vista estritamente lógico-semântico, é perfeitamente possível que alguém seja milionário e não tenha uma casa na praia. Note, porém, que se ao antecedente de (51), juntarmos como premissa adicional (52) ou (53), teríamos como acarretamento que João tem uma casa na praia. Os argumentos em (54) e (55) são, ambos, válidos:

(54) Todo milionário tem uma casa na praia;
João é milionário;
Logo, João tem uma casa na praia.

(55) Se João é milionário, ele tem uma casa de praia;
João é milionário;
Logo, João tem uma casa na praia.

O ponto que estamos realçando é que essas premissas adicionais podem vir do contexto e que essa forma de acarretamento contextual basta para absorver a pressuposição disparada no consequente, tornando o uso da sentença adequado. A lição que fica é que ignorar o papel do contexto no cômputo da projeção das pressuposições pode levar a previsões inadequadas.

Uma possível saída para o desafio que exemplos como (51) colocam para a agenda estritamente lógico-semântica que estávamos considerando até o momento é um refinamento das propriedades projetivas de vários itens e construções linguísticas. Para o caso do *se*, poderíamos introduzir pressuposições condicionais, como a que tínhamos sugerido em (53). Uma saída alternativa e mais radical é olhar o problema de frente e admitir que contexto e composição sintático-semântica estão mais atrelados entre si do que se imaginava. Esse foi o caminho perseguido por Irene Heim, inspirada pelos trabalhos pioneiros do linguista Lauri Kartunnen, e pelas ideias sobre asserção e pressuposição do filósofo Robert Stalnaker, que já vimos no capítulo anterior. É sobre essas ideias que falaremos no restante deste capítulo, com consequências diretas para o que veremos nos capítulos seguintes.

5.5   Potencial de mudança de contexto

A motivação inicial da proposta de Heim pode ser posta da seguinte forma: na abordagem delineada na seção anterior, o conteúdo vericondicional e o comportamento projetivo dos operadores lógicos foram tratados separadamente. Seria possível unificar esses dois atributos, reduzindo-os a uma única especificação? Heim responde afirmativamente, desenvolvendo uma semântica dinâmica enraizada na noção de mudança de contexto. Essa concepção dinâmica do significado, que, como veremos a seguir, mescla elementos linguísticos formais e elementos contextuais, acaba por ofuscar a própria divisão entre semântica e pragmática. Posto em forma de slogan, e antecipando um pouco o que está por vir, eis o que está em jogo: o significado de uma sentença é o potencial que esta sentença tem de mudar o contexto conversacional em que é proferida.

Comecemos recapitulando o que já sabemos do capítulo anterior. De acordo com a pragmática dinâmica stalnakeriana, as proposições pressupostas até um dado momento de uma conversa formam o *common ground*, CG, dessa conversa. A interseção de todas essas proposições constitui o conjunto contextual, CS, que nos fornece uma síntese instantânea de tudo o que está pressuposto pelos interlocutores, como esquematizado em (56):

(56) $CS = \bigcap CG$

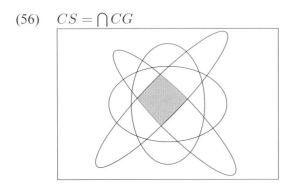

Por $\bigcap CG$, entenda-se a interseção de todos os elementos de CG. Como se pode ver, CS está contido em cada proposição p pressuposta, o que quer dizer que em todos os mundos w pertencentes a CS, p é verdadeira em w. Posto ainda de outra forma: cada uma dessas proposições p é acarretada por CS.

Ainda de acordo com Stalnaker, o uso assertivo de uma sentença S com conteúdo proposicional p_S adiciona essa proposição ao CG, reduzindo o CS. CS é o parâmetro contextual em relação ao qual as asserções são computadas. Na metáfora do jogo de linguagem que já utilizamos, CS é o aspecto do placar conversacional a ser alterado a cada vez que uma asserção é feita.

A essa dinâmica pragmática, Heim mescla elementos linguísticos de uma maneira nova, modelando o próprio significado sentencial em termos de mudança de contexto. Para termos uma primeira ideia do que está em jogo, comecemos com uma sentença simples e sem pressuposição:

(57)   [$_S$ Maria é portuguesa]
       Para qualquer conjunto contextual c,
       $c + S = c \cap \{w \mid \text{Maria é portuguesa em } w\}$

A notação $c + S$ empregada por Heim representa a atualização ou mudança do contexto c mediante o uso de uma sentença S. Ela é semelhante à notação $C[S]$ que usamos no capítulo anterior e que voltaremos a usar nos capítulos seguintes. Neste capítulo, porém, para sermos fiéis ao texto de Heim que estamos seguindo, vamos manter a notação da autora. Por concisão, deixaremos implícita a qualificação *para qualquer conjunto contextual c* que usamos em (57), assumindo que c seja sempre um conjunto contextual e, portanto, um conjunto de mundos possíveis. Admitindo que S seja proferida e que não seja rejeitada pelos interlocutores, o efeito é a redução de c, retendo-se apenas aqueles mundos em que Maria é portuguesa. Obviamente, se S não é proferida ou se a asserção correspondente não for aceita, não haverá a mudança em questão. É nesse sentido que o significado sentencial passa a expressar um potencial de mudança de contexto.

Definições como (57) foram chamadas por Heim justamente de POTENCIAL DE MUDANÇA DE CONTEXTO de uma sentença, frequentemente abreviado por CCP (do inglês *context change potential*). Intuitivamente, o CCP é uma instrução especificando uma operação sobre um contexto conversacional. Saber o significado de uma sentença é saber o seu potencial de mudança de contexto. Sentenças com significados diferentes mudam o contexto de forma diferente:

(58) CCP de [$_{S'}$ Maria é brasileira]

$$c + S' = c \cap \{w \mid \text{Maria é brasileira em } w\}$$

Feitas essas considerações mais básicas, passemos a sentenças que carregam pressuposições, que são os casos mais interessantes. Na linha do que vimos nas considerações iniciais deste capítulo, se uma sentença S pressupõe p, então o uso adequado de S requer que a verdade de p seja tomada como certa pelos participantes da conversa no momento do proferimento de S. A ideia central é que as pressuposições de uma sentença são condições que limitam os contextos em que a sentença pode ser proferida. Vejamos como isso pode ser explicitado nos termos de um CCP heimiano:

(59) CCP de [$_S$ o rei da França é careca]

$$c + S = \begin{cases} c \cap \{w \mid \text{o rei da Fr. é careca em } w\} & se\ c \subseteq \{w \mid \text{a Fr. tem} \\ & \text{um rei em } w\} \\ indefinido & \text{nos demais casos} \end{cases}$$

Neste exemplo, o CCP da sentença *o rei da França é careca* checa, primeiro, se o contexto c contém apenas mundos em que a França tem um rei. Se esse for o caso, a instrução é para intersectar esse conjunto c com o conjunto dos mundos em que o rei da França é careca, eliminando, portanto, aqueles em que a França tem um rei que não é careca. Se esse não for o caso, ou seja, se a França não tiver um rei, há indefinição e a dinâmica emperra, resultando em inadequação pragmática.

Generalizando a ideia para qualquer sentença declarativa simples S (sem operadores lógicos de qualquer natureza) contendo um gatilho que dispara uma pressuposição $\pi(S)$, temos o seguinte:

(60) $c + S = \begin{cases} c \cap p_S & se\ c \subseteq \pi(S) \\ indefinido & \text{nos demais casos} \end{cases}$

Note que tanto p_S quanto $\pi(S)$ são conjuntos de mundos possíveis (proposições) cuja natureza está vinculada a S e que portanto irão variar de sentença a sentença. A ideia geral é que uma sentença S só é admitida em um contexto c se suas pressuposições forem satisfeitas em c, ou seja, se suas pressuposições forem verdadeiras em todos os mundos pertencentes a c. Quando admitida em c, a proposição expressa por S intersecta c, como proposto por Stalnaker.

É, porém, na definição do CCP de sentenças complexas que as inovações de Heim se revelam mais interessantes. Um avanço notável é a possibilidade de unificar conteúdo vericondicional e comportamento projetivo das pressuposições que mencionamos anteriormente, como veremos nas subseções a seguir.

5.6 Contextos locais e projeção de pressuposições

Recordemos do capítulo anterior o efeito que a asserção consecutiva de duas sentenças, S_1 e S_2 (nessa ordem), tem em um contexto c. Em primeiro lugar, a asserção de S_1 resultará em um novo contexto c', obtido pela interseção dos mundos de c com os mundos da proposição p_1 expressa por S_1:

(61) $c + S_1 = c' = c \cap p_1$

Em seguida, esse novo contexto c' é afetado pela asserção de S_2, resultando em um outro contexto c'', obtido pela interseção dos mundos de c' com os mundos da proposição p_2 expressa por S_2:

(62) $c' + S_2 = c'' = c' \cap p_2$

Note que se trata de um processo incremental em que as adições ao contexto refletem a ordem em que as sentenças foram proferidas. A relevância dessa ordenação fica clara quando consideramos casos envolvendo pressuposições:

(63)   a.   A França tem um rei. O rei da França é careca.
       b.   O rei da França é careca. A França tem um rei.

Se o contexto inicial ainda não acarretava a existência de um rei da França, a sequência em (63a) soará adequada. Ainda que a segunda sentença pressuponha que a França tem um rei, no instante de seu proferimento essa informação já terá sido incluída no contexto, justamente pela asserção da sentença anterior. Já a sequência em (63b) soará inadequada, independente de o contexto inicial conter ou não a informação de que a França tem um rei. Se ele não contiver tal informação, a primeira asserção já será inadequada. E se ele a contiver, a segunda asserção será redundante e inadequada. Ao menos do ponto de vista informacional, não se afirma aquilo que já é pressuposto.

Com isso em mente, revisitemos os casos vistos anteriormente na seção 3 envolvendo conectivos ou operadores sentencias, em que há apenas uma asserção, mas em que a sentença proferida é complexa.

5.6.1 A conjunção e

Comecemos pelo conjunção aditiva *e*. Intuitivamente, queremos que o efeito contextual do proferimento de uma sentença S da forma $[S_1\ e\ S_2]$ seja o mesmo da asserção de S_1 seguida imediatamente pela asserção de S_2. Independente de qual seja o contexto inicial, tanto o proferimento de (64a) quanto o de (64b) terão o mesmo efeito informativo:

(64) a. João é brasileiro e Maria é portuguesa.
b. João é brasileiro. Maria é portuguesa.

Sendo assim, e dado o que acabamos de relembrar na introdução a esta seção, é natural propor para sentenças da forma $[S_1\ e\ S_2]$ o CCP a seguir:

(65) $c + [S_1\ e\ S_2] = (c + S_1) + S_2$

Os diagramas seguintes mostram a dinâmica do processo, com c representando o contexto inicial, e p_1 e p_2 as proposições expressas por S_1 e S_2, respectivamente:

(66) *Mudança de contexto após o proferimento de* $[S_1\ e\ S_2]$

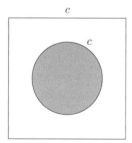 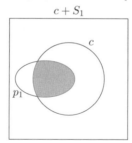 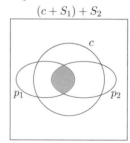

Em primeiro lugar, note que, ao final do processo, só restarão em c mundos em que tanto S_1 quanto S_2 são verdadeiras, capturando assim o conteúdo vericondicional associado ao conectivo *e*. Em segundo lugar, note que se trata de um processo em dois passos. No primeiro deles, o conteúdo de S_1 é adicionado a c. No segundo passo, o resultado parcial do processo, $c + S_1$, serve de entrada para a adição do conteúdo de S_2. Dizemos que c é o CONTEXTO LOCAL para S_1, enquanto $c + S_1$ é o contexto local para S_2. É nessa interação local que está a chave para a compreensão da projeção das pressuposições. O ponto crucial é que as pressuposições de uma oração serão computadas em relação a seu contexto local e que esse contexto pode não ser o mesmo para todas as partes de uma sentença.

Em (66), as pressuposições de S_1 precisarão ser satisfeitas por c, o CONTEXTO GLOBAL, ou seja, o contexto inicial referente ao momento em que S é proferida. Já as pressuposições da segunda oração, S_2, só precisam ser satisfeitas por $c + S_1$. Isso significa que se S_1 acarretar as pressuposições de S_2, todos os mundos

150 **Pragmática**

em $c + S_1$ serão mundos em que essas pressuposições são verdadeiras, e que esse novo contexto, portanto, admitirá S_2. Em outras palavras, c, o contexto global, não precisa satisfazer as pressuposições de S_2 acarretadas por S_1, justamente um dos fatos que destacamos anteriormente. Repetimos os exemplos relevantes em (67):

(67) O rei da França é careca e a calvície é hereditária.
[ok apenas em contextos que acarretam a existência de um rei da França]

(68) A França tem um rei e o rei da França é careca.
[ok mesmo em contextos que não acarretam a existência de um rei da França]

Em (67), a pressuposição da oração *o rei da França é careca* será computada em relação ao contexto inicial c. Sendo assim, esse contexto deverá conter apenas mundos em que a França tem um rei. A pressuposição da primeira oração sempre projeta, tornando-se uma pressuposição da sentença toda. Já em (68), qualquer que seja o contexto inicial c, após a adição da primeira oração, o contexto resultante só conterá mundos em que a França tem um rei. Isso garante que a pressuposição da segunda oração seja sempre satisfeita nesse contexto local, o que significa que ela não projetará e não se tornará uma pressuposição da sentença toda.

Em (68), a primeira oração era a própria pressuposição da segunda oração. Como já sabemos das seções anteriores, essa identidade não é necessária para a filtragem da pressuposição, bastando que a primeira oração acarrete a pressuposição da segunda:

(69) Toda nação tem um rei e o rei da França é careca.
[ok mesmo em contextos que não acarretam a existência de um rei da França]

Neste caso também, a adição da primeira oração ao contexto inicial c, seja esse contexto qual for, resultará em um contexto local contendo apenas mundos em que a França tem um rei. E, mesmo quando a primeira oração não acarreta as pressuposições da segunda, pode haver filtragem, se o contexto inicial contribuir:

(70) A França fica na Europa e o rei da França é careca.

Neste caso, o contexto inicial não precisa, ele mesmo, acarretar que a França tem um rei. Basta que acarrete, por exemplo, que toda nação europeia tem um rei. Como a adição de S_1 reduz esse contexto a mundos em que a França fica na Europa, $c + S_1$, o contexto local para S_2, terá apenas mundos em que a França tem um rei, satisfazendo internamente o requerimento pressuposicional de S_2.

5.6.2 A negação

Já sabemos que, no caso da negação, não há filtragem de pressuposições. A negação, como vimos, é um buraco pressuposicional, o que significa que uma sentença S

e sua contraparte negativa ¬S compartilham as mesmas pressuposições. Queremos que o CCP de sentenças negativas capte esse fato. Eis uma proposta que formaliza essa ideia:

(71) $c + [\neg S] = c - (c + S)$

O símbolo − representa a operação de diferença da teoria dos conjuntos. Dados dois conjuntos A e B, $A - B$ é o conjunto formado pelos elementos de A que não pertencem a B. O que o CCP em (71) instrui a fazer é eliminar de c todos os mundos em que S é verdadeira, capturando o aspecto verifuncional da negação. Para se certificar disso, atente para a dinâmica do processo de modificação contextual, representada passo a passo em (72):

(72)   *Mudança de contexto após o proferimento de* $[\neg S]$

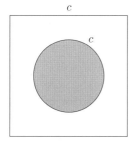 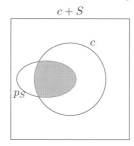 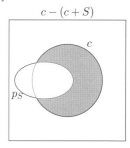

Note que o contexto local para S é c, o mesmo contexto inicial do momento em que a sentença negativa é proferida. Essa é exatamente a característica definidora dos buracos pressuposicionais:

(73)   O rei da França é careca
       [ok apenas em contextos que acarretam a existência de um rei da França]

(74)   O rei da França não é careca.
       [ok apenas em contextos que acarretam a existência de um rei da França]

Como se vê, a negação afeta o conteúdo vericondicional, sem afetar as pressuposições da oração à qual ela se aplica.

5.6.3 O *se* condicional

Passemos em seguida às construções condicionais. Lembremos que estamos assumindo simplificadamente que uma sentença da forma $[Se\ S_1,\ S_2]$ só é falsa se S_1 for verdadeira e S_2 falsa. Nos demais casos, a sentença é verdadeira. Sendo assim, quando tais sentenças forem proferidas em um contexto inicial c, o resultado final que queremos é o que está em (75):

(75) *Mudança de contexto após o proferimento de* $[se\ S_1,\ S_2]$

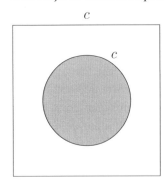
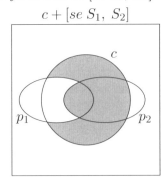

Já o CCP das construções condicionais é mais complexo do que o que vimos para a conjunção *e* e a negação, e iremos analisá-lo por partes. Eis a proposta:

(76) $c + [Se\ S_1,\ S_2] = c - (\underbrace{((c + S_1)}_{c'} - \underbrace{((c + S_1) + S_2)}_{c''})$
$\underbrace{\qquad\qquad\qquad\qquad}_{c' - c''}$

Em (76), c' corresponde aos mundos de c em que S_1 é verdadeira e c'' àqueles em que S_1 e S_2 são verdadeiras. Sendo assim, $c' - c''$, a diferença entre c' e c'', corresponde aos mundos em que S_1 é verdadeira e S_2 é falsa. Esses são os mundos que serão retirados do contexto inicial c, o que representa adequadamente o caráter vericondicional da construção que representamos em (75).

Em relação à dinâmica interna do processo, note que apenas as pressuposições de S_1 precisarão ser satisfeitas por c. Já as de S_2 só precisarão ser satisfeitas por $c + S_1$. O contexto local para S_1 é o contexto inicial c, mas o de S_2 é $c + S_1$, residindo aí a assimetria. A virtude dessa análise fica particularmente bem ilustrada contrastando-se os três exemplos a seguir:

(77) Se João tem uma casa de praia, a casa de praia dele tem muitos quartos.
[OK em qualquer contexto]

(78) Se João não tem uma casa de praia, a casa de praia dele tem muitos quartos.
[pragmaticamente anômala em qualquer contexto]

(79) Se João é milionário, a casa de praia dele tem muitos quartos.
[OK, se o contexto acarreta, por exemplo, que todo milionário tem uma casa de praia.]

No primeiro exemplo, o antecedente acarreta a pressuposição do consequente. Com isso, independentemente de qual era o contexto inicial em questão, não haverá falha pressuposional. Já no segundo exemplo, o antecedente contradiz a pressuposição do consequente. Sendo assim, a adição desse antecedente ao contexto inicial resulta em um contexto local para o consequente que contem apenas mundos em que sua pressuposição é falsa. O resultado é uma inadequação pragmática, qualquer que seja o contexto em questão. Por fim, no terceiro exemplo, o qual já havíamos discutido na seção anterior, não há relação lógica direta entre o antecedente e a pressuposição do consequente. Essa pressuposição só será satisfeita se a adição de S_1 ao contexto inicial resultar em um contexto local que a acarrete. Esse será o caso, se, por exemplo, o contexto inicial contiver a informação de que todo homem rico tem casa de praia. Essa informação, somada à informação do antecedente de que João é milionário, acarreta que João tem uma casa de praia. Sendo assim, só restarão no contexto local de S_2 mundos que satisfazem sua pressuposição. Contextos em que esse não for o caso resultarão em falha pressuposicional, o que parece intuitivamente correto e foi exatamente o que havíamos apontado anteriormente, antes de introduzirmos a noção de potencial de mudança de contexto.

5.6.4 A disjunção ou

Tão complexo quanto o ccp das construções condicionais é o ccp das construções disjuntivas formadas pela conjunção alternativa *ou*. Comecemos com o aspecto puramente vericondicional da disjunção, que já conhecemos das seções anteriores. Como estamos tratando da disjunção inclusiva, queremos que após o proferimento de uma sentença da forma S_1 ou S_2 sejam eliminados do contexto inicial c apenas os mundos em que ambas as orações – S_1 e S_2 – sejam falsas, retendo todos os demais. Deverão, portanto, permanecer no contexto final todos os mundos em que ao menos uma das orações é verdadeira, como mostrado a seguir:

(80) *Mudança de contexto após o proferimento de* $[S_1$ *ou* $S_2]$

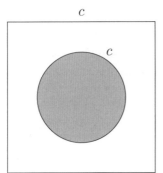 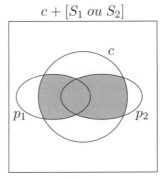

Também neste caso destrincharemos o processo incremental de modificação contextual, dividindo-o em partes. O ccp a ser analisado é o seguinte:

154 **Pragmática**

$$(81) \quad c + [S_1 \ ou \ S_2] = c - (\underbrace{(c - (c + S_1))}_{c'} - (\underbrace{\underbrace{(c - (c + S_1))}_{c'} + S_2)}_{c''})$$
$$\underbrace{}_{c' - c''}$$

Já sabemos do que vimos com a negação que $(c - (c + S_1))$ corresponde aos mundos de c em que S_1 é falsa. Vamos chamar esse subconjunto, que aparece duas vezes em (81), de c'. Note, então, que a porção final de (81) representa a adição de S_2 a c', o que corresponde aos mundos de c em que S_1 é falsa e S_2 é verdadeira. Vamos chamar esse novo subconjunto de c''. Em seguida, temos a diferença entre c' e c'': de todos os mundos de c em que S_1 era falsa, retiramos aqueles em que apenas S_1 era falsa. Restarão, portanto, os mundos em que tanto S_1 quanto S_2 eram falsas. Esse é o subconjunto que excluiremos do contexto inicial c. Dessa exclusão dos mundos em que ambas as sentenças são falsas, restarão apenas aqueles em que pelo menos uma delas é verdadeira, que é o que queríamos. O CCP em (81) modela adequadamente o conteúdo verifuncional da disjunção inclusiva.

Do ponto de vista incremental, note que apenas as pressuposições de S_1 precisarão ser satisfeitas por c. Já as de S_2 só precisarão ser satisfeitas por $c - (c + S_1)$, os mundos de c em que S_1 é falsa. A disjunção, já sabemos, é um FILTRO PRESSUPOSICIONAL. Note que $c - (c + S_1)$ é o contexto local para S_2. Como consequência, só projetarão as pressuposições dessas sentenças que não forem acarretadas pela negação de S_1. Eis as evidências relevantes:

(82) (Ou) a calvície é hereditária ou o rei da França é careca.
[ok apenas em contextos que acarretam a existência de um rei da França]

(83) (Ou) a França não tem rei ou o rei da França é careca.
[ok em contextos que não acarretam a existência de um rei da França]

A diferença relevante aqui é que, em (83), o contexto local para a segunda oração só conterá mundos em que a França tem um rei, o que basta para satisfazer a pressuposição da segunda oração, independentemente de qual seja o contexto global no qual a sentença inteira foi proferida. Já em (82), como a primeira oração não diz nada sobre a França ter ou não um rei, o contexto local para a segunda oração só irá satisfazer sua pressuposição se o contexto global já acarretasse que a França tem um rei, exatamente o que queríamos.

5.7 **Acomodação**

Nesta seção, vamos discutir um aspecto da dinâmica contextual que ignoramos nas seções anteriores e que diz respeito a como interlocutores, de fato, reagem diante de uma falha pressuposicional no curso de uma conversa. O que vimos até aqui leva a uma previsão um tanto drástica: se um contexto c não admite uma sentença S por não acarretar ao menos uma de suas pressuposições, $c + S$ não é definido e a atualização do contexto simplesmente não ocorre, emperrando o fluxo da conversa.

Entretanto, falantes reais se mostram um tanto flexíveis diante de casos assim e, de uma forma ou de outra, costumam prosseguir mesmo diante deste suposto obstáculo comunicativo. Se eu pouco ou nada sei sobre a França de alguns séculos atrás, e você começa a me informar a respeito e, antes mesmo de me dizer que a nação era uma monarquia, me diz algo como *o rei da França era careca*, é possível que eu incorpore a implicação de que a França tinha um rei e logo em seguida a de que esse rei era careca, sem sequer interromper sua fala. Ou em um universo mais cotidiano, imagine um professor que logo no primeiro dia de aula diz a seus alunos: *vou terminar a aula mais cedo porque preciso buscar a minha filha na escola.* Sua audiência nada sabia sobre sua vida pessoal e se ele tinha ou não uma filha. Os alunos, naturalmente, incorporam a informação, e já começam a contar os minutos para a saída antecipada. Pressuposições, às vezes, são veiculadas como informação nova.

O termo técnico que descreve esse tipo de atitude leniente de uma audiência perante uma falha pressuposicional é ACOMODAÇÃO, termo que devemos ao filósofo David Lewis, que o descreveu vivamente ainda na década de 70 do século XX no mesmo artigo sobre placares conversacionais que mencionamos no capítulo anterior:

> [...] não é tão fácil como você pensa dizer algo que será inaceitável por falta de pressupostos necessários. Diga algo que exija uma pressuposição ausente, e imediatamente essa pressuposição surge, tornando o que você disse aceitável, afinal. [...] eu disse que a pressuposição evolui de uma forma mais ou menos regrada durante a conversa. Agora podemos formular uma regra importante: chame-a de de *regra de acomodação para pressuposições*:
>
> Se no tempo t é dito algo que requer que a pressuposição P seja aceitável, e se P não é pressuposta imediatamente antes de t, então – *ceteris paribus* e dentro de certos limites – a pressuposição P passa a existir em t.
>
> Lewis (1979:339), tradução minha

Note que Lewis inclui a ressalva de que a acomodação ocorre dentro de certos limites. De fato, sem essa ressalva, corre-se o risco de trivializar o procedimento, tornando vácuo o próprio papel pragmático das pressuposições. Acomodação parece ser uma atitude que admite gradações. Se o conteúdo da pressuposição é pouco ou nada controverso no contexto conversacional em questão, interlocutores se mostram

156 Pragmática

bastante propensos a acomodá-lo. Em outros contextos, podem hesitar um pouco, e em outros, podem simplesmente interromper a conversa e sinalizar ao falante seu desconforto. Um porta-voz presidencial que anuncie subitamente à imprensa que o presidente morreu certamente causará surpresa, comoção e perplexidade. Se ele, porém, começa seu anúncio com algo do tipo *a morte do presidente foi inesperada*, junta-se àqueles sentimentos um outro sentimento de estranheza linguística e de péssima prática conversacional por parte do porta-voz. Se ainda não se informou a ninguém que o presidente morreu, não parece dentro dos limites toleráveis da boa conduta comunicativa usar a expressão definida *a morte do presidente*.

Heim incorpora a noção de acomodação em seu aparato formal como um procedimento de reparo contextual. De acordo com sua proposta, participantes de uma conversa, diante de uma falha pressuposicional oriunda do proferimento de uma sentença S, operam uma pequena mudança no contexto, de modo que S seja admitida e a dinâmica conversacional prossiga. A autora identifica dois tipos de acomodação. O primeiro, chamado de ACOMODAÇÃO GLOBAL, formaliza os casos que acabamos de descrever informalmente e deve seu nome ao fato de afetar o contexto global em que o proferimento se dá:

(84) *Acomodação Global*
Assuma que c seja o contexto imediatamente anterior ao proferimento de S e que c não acarrete π, as pressuposições de S. Modifique c para $c' = c + \pi$ e incremente c' com S.

Em termos mais sucintos:

(85) $c + S = (c + \pi) + S$

Eis um exemplo e o correspondente processo de acomodação global, assumindo que a existência de um rei da França não seja informação compartilhada no contexto c do momento do proferimento:

(86) A: O rei da França é careca.
B: OK! ...

(87) O rei da França é careca.
c + A = (c + *existe um rei da França*) + A

O resultado final desta acomodação global será um contexto em que todos os mundos são mundos em que a França tem um rei que é careca.

O segundo tipo de acomodação proposto por Heim é chamado de *acomodação local* e está associado à projeção de pressuposições em sentenças complexas. Ilustraremos com a negação:

(88) A: O rei da França não é careca.
       B: OK! ...

Como passo preliminar, comecemos relembrando o CCP de sentenças negativas sem acomodação, e, logo sem seguida, a interação da negação com a acomodação global que acabamos de discutir:

(89) *Negação sem acomodação*:
$$c + \neg S = c - (c + S)$$

(90) *Negação com acomodação global*:
$$c + \neg S = (c + \pi(S)) - (c + \pi(S) + S)$$

Em (90), seguimos a receita em (84) e adicionamos a pressuposição π ao contexto inicial c. Note que o contexto final, $c + \neg S$, acarreta π. Em um exemplo como (88), teríamos:

(91) $c + $ A $ = (c + $ *existe um rei da França*$) - (c + $ *existe um rei da França* $ + $ A$)$

Neste caso, retirou-se do conjunto dos mundos de c em que a França tem um rei todos aqueles em que a França tem um rei careca, resultando em um contexto final no qual todos os mundos são mundos em que a França tem um rei que não é careca.

Considere, agora, o exemplo a seguir, em que em um único turno conversacional, o falante profere duas sentenças:

(92) (É óbvio que) o rei da França não é careca. A França não tem rei!

Note que, neste caso, a acomodação global é inconsistente com a continuação da fala expressa na segunda sentença. Para assimilar casos assim, a alternativa é acomodar, mas modificando apenas o contexto local ao qual a sentença é adicionada:

(93) *Negação com acomodação local*:
$$c + \neg S = c - (c + \pi(S) + S)$$

Destrinchemos essa definição, aplicando-a à primeira sentença em (92):

(94) Acomodação local após o proferimento de *o rei da França não é careca*

$$c + \neg S = c - \underbrace{(c + \pi(S) + S)}_{\substack{\text{mundos com um rei} \\ \text{da França careca}}}$$

mundos com e sem rei da França

158 **Pragmática**

Note que, de um conjunto contendo mundos com e sem rei da França, excluímos apenas aqueles em que a França tem um rei careca. Restaram tanto aqueles em que a França não tem rei, quanto aqueles em que a França tem um rei que não é careca. Na acomodação local, nem o contexto inicial c, nem o contexto final $c + \neg S$ acarretam a pressuposição acomodada. Esse novo contexto, resultante da adição da primeira parte da fala em (92), é consistente com a continuação da fala em que se acrescentou que a França não tem rei. Essa segunda parte elimina os mundos em que a França tem um rei que não é careca, restando ao final apenas mundos em que a França não tem rei, o que está intuitivamente correto.

Diante das opções de acomodação local ou global, Heim conjectura que a opção global é fortemente preferida e que a versão local é uma espécie de último recurso, usado apenas para evitar inconsistências, como em (92). Esse é um aspecto do estudo das pressuposições que nos coloca na interface entre linguagem e psicologia cognitiva e para os quais estudos experimentais têm grande potencial de contribuição, como já indicam alguns trabalhos mais recentes, alguns dos quais listados nas recomendações de leitura a seguir.

5.8   Em suma

Como já dissemos, Heim construiu sua proposta com base nas ideias de Stalnaker e Kartunnenn. Apresentamos, a seguir, um resumo das ideias envolvidas nesta nova semântica dinâmica:

(95)   *Semântica dinâmica*

  a. Contextos são conjuntos de mundos possíveis, representando um corpo de informações compartilhadas.

  b. Uma asserção visa a adicionar ao contexto o conteúdo vericondicional da sentença enunciada.

  c. Como parte de seu significado linguístico, sentenças simples podem carregar pressuposições (via gatilhos).

  d. Um contexto c satisfaz as pressuposições π de uma sentença S (c admite S) quando c acarreta $\bigcap \pi$, a interseção de todas as pressuposições de S.

  e. Sentenças são admitidas em contextos locais: a projeção de pressuposições é consequência direta da especificação dos contextos locais para as partes de uma sentença complexa.

  f. O potencial de mudança de contexto (CCP) especifica, de uma só vez, os contextos locais e o conteúdo vericondicional de uma sentença.

g. Em determinadas situações coversacionais, falantes tratam uma pressuposição sentencial como informação nova, e ouvintes costumam aceitar essa atitude, acomodando a pressuposição e prosseguindo a conversa.

O resultado é um sistema interpretativo dinâmico, de acordo com o qual o significado de uma sentença é seu potencial de mudança de contexto (ccp), um dispositivo ou função que mapeia contextos em novos contextos. Cabe a uma teoria semântica dinâmica especificar os ccps de sentenças simples e como os ccps de sentenças complexas são obtidos a partir desses ccps de sentenças simples. O potencial de mudança de contexto passa a ser a noção semântica fundamental. As condições de verdade saem do centro das atenções, tornando-se uma noção derivada.

Recomendações de leitura

O trabalho de Irene Heim que serviu de base a este capítulo é Heim (1983b). Nesse breve artigo, há ainda uma discussão sobre pressuposição em sentenças com quantificadores e sobre a projeção em nível subsentencial, que não abordamos neste capítulo.

Outro importante artigo da autora conectado ao que vimos neste capítulo é Heim (1992), que lida com pressuposições de sentenças subordinadas a verbos de atitude como *acreditar* e *querer*.

Os trabalhos de Lauri Karttunen e de Robert Stalnaker que influenciaram Heim na concepção de uma semântica dinâmica foram Karttunen (1973), Karttunen (1974), Kartunnen & Peters (1979), Stalnaker (1974) e Stalnaker (1978). Uma introdução abrangente e acessível a esses estudos é Kadmon (2001), parte II. Ver também Chierchia (2003), capítulo 10 e Singh (2021).

Para uma introdução mais geral ao estudo das pressuposições, ver o capítulo dedicado ao tema em Levinson (1983, 2007). Ver também Beaver (2001) e Beaver & Geurts (2014).

Para uma apresentação acessível de sistemas lógicos que subvertem o princípio clássico da bivalência e buscam dar um tratamento semântico às pressuposições, ver Gamut (1991), seção 5.5 do volume 1.

Sobre acomodação, ver Kissine & Pantazi (2021) e as várias referências lá citadas. Ver também Lewis (1979), o artigo do qual retiramos a citação de David Lewis usada na última seção.

Para uma discussão mais recente sobre a noção de contexto local, ver Schlenker (2010).

160 **Pragmática**

Exercícios

1. Considere as três sentenças a seguir e responda: (a) S pressupõe T?; (b) S pressupõe U? Justifique suas respostas.

   (S) Pedro conseguiu consertar o chuveiro.

   (T) Pedro consertou o chuveiro.

   (U) Pedro tentou consertar o chuveiro.

2. Compare os proferimentos de B nos dois diálogos a seguir e proponha uma caracterização semântico-pragmática para a palavra *também* na linha do que vimos neste capítulo:

   (i) A: Nem Maria nem Pedro vieram à aula hoje.
   B: O Pedro está doente.

   (ii) A: A Maria não veio à aula porque está doente.
   B: Pedro está doente também.

3. Imagine que o português tivesse, além do $\underline{e}$, uma outra conjunção aditiva $\underline{e'}$ e que o CCP de sentenças da forma $[_S\ S_1\ e'\ S_2]$ fosse o seguinte:

   $$c + [_S\ S_1\ e'\ S_2] = (c + S_2) + S_1$$

   Comparando esse CCP com o CCP do da conjunção *e* que vimos neste capítulo, haveria alguma diferença pragmática entre asserções de sentenças da forma $[_S\ S_1\ e\ S_2]$ e sentenças da forma $[_S\ S_1\ e'\ S_2]$? Explique.

4. Considere o diálogo a seguir entre duas pessoas que acabaram de se conhecer e responda as perguntas em (i) e (ii):

   A: Você parece preocupado.
   B: A minha esposa anda muito ansiosa. Ela parou de fumar.
   A: Que bom pra ela! Fumar faz muito mal à saúde.

   (i) Há duas pressuposições associadas à fala de B. Diga quais são e quais os gatilhos que as disparam.

   (ii) Ao que parece, A aceita naturalmente a fala de B. Discuta usando o conceito de *acomodação*.

5. Considere a sentença S *Pedro parou de fumar* e assuma o seguinte CCP para ela:

$$c + S = \begin{cases} c \cap \{w \mid \text{P. fuma em } w\} & \text{se } c \subseteq \{w \mid \text{P. fumava em } w\} \\ indefinido & \text{nos demais casos} \end{cases}$$

Valendo-se agora das noções de acomodação local e global, analise os seguintes diálogos, assumindo um contexto inicial em que nada tivesse sido dito até o momento sobre os hábitos tabagistas de Pedro:

(i) A: O Pedro não parou de fumar.
B: É verdade. Ele anda fumando escondido.

(ii) A: O Pedro não parou de fumar.
B: É claro! Ele nunca fumou!

6 Pragmática interrogativa

Neste capítulo, discutiremos alguns aspectos do significado e do uso de sentenças interrogativas. Nossa atenção estará voltada à relação dessas sentenças com seus contextos de proferimento e com as repostas que elas suscitam e que normalmente as acompanham no decorrer de uma conversa. Falaremos de dois tipos básicos de interrogativas:

(1)   Quem você convidou para a festa?

(2)   Você convidou a Maria para a festa?

O primeiro tipo é de uma interrogativa de constituinte. Nesse tipo, um pronome interrogativo, como *quem* em (1), está associado a um constituinte sintático interno à sentença. Em (1), por exemplo, trata-se da posição de objeto do verbo *convidar*. Respostas diretas a interrogativas de constituintes costumam ser dadas de forma abreviada, como em *A Maria e a Joana* ou de forma mais extensa, como em *Eu convidei a Maria e a Joana para a festa*. Para efeitos deste capítulo, vamos considerar que respostas breves são, do ponto de vista semântico e pragmático, equivalentes às suas versões mais extensas. O segundo tipo é de uma interrogativa polar, como (2), que pode ser respondida afirmativa ou negativamente. Também neste caso, essas respostas podem ser dadas de forma abreviada, através de um *sim* ou de um *não*, ou de forma mais extensa, através de uma sentença declarativa completa, como em *Eu (não) convidei a Maria para a festa*.

No capítulo 3, dedicado aos atos de fala, introduzimos a noção de *condições de felicidade*, caracterizáveis como convenções ou normas conversacionais que regulam implicitamente o proferimento de certos tipos sentenciais e a efetivação dos atos ilocucionários correspondentes. Vimos, em particular, a noção austiniana de *abuso*, aplicável, por exemplo, a asserções mentirosas em que o falante afirma algo que ele sabe (ou acredita) ser falso ou a promessas insinceras em que o falante promete algo que ele não tem a intenção de cumprir. Searle, de cuja obra também falamos no capítulo 3, atribui condições de felicidade aos proferimentos de sentenças interrogativas e às perguntas que eles levantam. Dentre elas, ele inclui as seguintes:

164 **Pragmática**

(3)   *Condições de felicidade para perguntas* (Searle 1969:66):
   a.   *Preparatória*: o falante não sabe a resposta.
   b.   *Sinceridade*: o falante quer saber a resposta.
   c.   *Essencial*: o proferimento conta como uma tentativa de obter do ouvinte uma resposta.

Note o contraponto com o proferimento de sentenças declarativas e os atos assertivos. Nestes, o falante expressa conhecimento do que diz e compartilha a informação com sua audiência. Já no caso das perguntas, como se vê em (3a) e (3b), o falante expressa ignorância e solicita informação do ouvinte. Note que (3a) e (3b) sugerem também uma extensão da máxima griceana de qualidade (seja verdadeiro!) que vimos no capítulo 2, só que agora aplicada a perguntas e não a afirmações. *Seja sincero!* seja, talvez o imperativo unificador para afirmações e perguntas feitas por um falante cooperativo: afirme o que você sabe (e quer que sua audiência também saiba) e pergunte o que você não sabe (e quer saber de sua audiência). Voltaremos a esse tema na seção 3, quando falaremos também das máximas de quantidade e relevência aplicadas a perguntas. Note, por fim, que (3c) nos remete ao que vimos no capítulo 4 sobre asserções que, segundo Stalnaker, são, em sua essência, tentativas de adicionar uma proposição ao *common ground*, ou seja, às informações já compartilhadas pelos interlocutores no momento do proferimento. Voltaremos a esse tema na seção 3, quando formalizaremos o potencial de mudança de contexto das sentenças interrogativas.

O que está em (3), claro, deve ser entendido como caracterizando o uso canônico de sentenças interrogativas e as perguntas que elas expressam. Nada impede que, em determinados contextos, haja desvios dessas condições sem que isso cause anomalia pragmática ou incompreensão mútua. O próprio Searle distingue entre o que ele chamou de perguntas reais, nas quais o falante quer saber a resposta, de perguntas de exame, nas quais o falante quer saber se o ouvinte sabe a resposta. Está claro pelas pressuposições pertinentes a contextos pedagógicos, por exemplo, que uma professora primária que indague seus alunos em classe sobre quanto é três vezes nove não expressa ignorância em relação à resposta, mas sim o desejo de saber se eles já sabem o valor desta multiplicação.

Há também perguntas que se pode chamar de socráticas em que o falante reage a uma pergunta com outras perguntas cujas respostas ele sabe que a audiência já sabe. Seu objetivo ao levantar tais perguntas é levar sua audiência a inferir, ela mesma, a resposta à pergunta inicial. É como se o falante estivesse mostrando à sua audiência que ela já sabia a reposta e que faltava apenas *ligar os pontos*, como no diálogo a seguir entre um aluno e sua professora de matemática:

(4)   A: 2 é um número primo?
        P: Bom, quais os divisores de 2?

A: Só 1 e o próprio 2.
P: E qual é a definição de número primo?
A: Um número divisível apenas por 1 por ele mesmo.
P: Então ...
A: Ah, claro! 2 é um número primo!

Podemos lembrar ainda as perguntas retóricas, que são verbalizadas e, frequentemente, respondidas pelo mesmo falante em contextos nos quais presume-se que a resposta seja óbvia ou facilmente inferível. Por exemplo, após ressaltar diversas vezes a personalidade narcisista de seu colega Pedro, o falante pergunta a sua audiência *e quem o Pedro acha que merece ser promovido?*, respondendo logo em seguida *O próprio Pedro, claro*.

Convém, por fim, lembrarmo-nos da discussão que fizemos no capítulo 3 sobre atos de fala indiretos e perguntas do tipo *você poderia me passar o sal?*, usadas normalmente como pedidos e não como solicitação de informação. Vimos, aliás, como o próprio Searle propôs uma explicação griceana desses usos baseando-se em implicaturas conversacionais. Na mesma linha, podemos pensar em perguntas como *vamos tomar um café?*, entendida como um convite, ou mesmo algo como *seu cabeleireiro estava bêbado?*, interpretável como expressão de surpresa e, provavelmente, insulto.

Acreditamos que o estudo desses e de outros usos das sentenças interrogativas que podemos chamar de não canônicos (há mais exemplos nos exercícios ao final do capítulo) são importantes e merecedores de análises aprofundadas. Entretanto, acreditamos também que, de uma forma ou de outra, eles se ancoram ou se alavancam na compreensão dos usos canônicos em que o falante profere uma sentença interrogativa expressando uma questão cuja resposta ele ignora e esperando que sua audiência a resolva. É sobre esses usos canônicos e mais elementares que nos debruçaremos no restante deste capítulo.

6.1 Semântica interrogativa

Já sabemos de outros capítulos que o significado de uma sentença declarativa equivale a suas condições de verdade. Saber o significado de uma sentença declarativa é saber as condições necessárias e suficientes para que a sentença seja verdadeira. Se eu sei o significado de uma sentença declarativa, eu sei em que condições ela será verdadeira e em que condições ela será falsa. Na semântica de mundos possíveis que começamos a adotar no capítulo 4, condições de verdade são formalizadas como proposições, subconjuntos do conjunto de todos os mundos possíveis. Em termos possibilísticos, uma proposição delimita uma certa região de W, o espaço das possibilidades:

(5) [_S Mercúrio é o planeta mais próximo do Sol]
     $p_S = \{w \mid$ Mercúrio é o planeta mais próximo do Sol em $w\}$

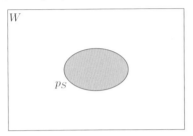

Em contraste com sentenças declarativas, sentenças interrogativas não têm valor de verdade. Não faz sentido indagar se uma sentença como (6) é verdadeira ou falsa:

(6) Qual é o planeta mais próximo do Sol?

Perguntas, entretanto, suscitam respostas. Um falante competente de português saberá que (5), mas não (7), é uma possível resposta à (6):

(7) A Terra gira em torno do Sol.

Note que esse tipo de conhecimento é conhecimento estritamente linguístico. Independentemente de Mercúrio ser ou não o planeta mais próximo do Sol ou de A Terra girar ou não em torno do Sol, intui-se que (5) e (7) se relacionam de maneira distinta com (6). Obviamente, sendo sentenças declarativas, (5) e (7) podem ser verdadeiras ou falsas. Sendo assim, se Mercúrio for, de fato, o planeta mais próximo do Sol, (5), por exemplo, será uma resposta verdadeira à pergunta em (6), ao passo que (8), ainda que também seja uma resposta possível a essa mesma pergunta, seria uma resposta falsa:

(8) Saturno é o planeta mais próximo do Sol.

Com base nessas considerações iniciais, podemos vislumbrar uma proposta para o significado de sentenças interrogativas. No lugar das condições de verdade associadas ao significado das sentenças declarativas, falaremos em CONDIÇÕES DE RESPOSTA para as sentenças interrogativas. Exploremos esse paralelo. Se eu sei o significado de uma sentença declarativa e sei como um mundo é, eu sei o seu valor de verdade naquele mundo. O significado de uma sentença declarativa deve indicar, para cada mundo possível w, como atribuir um valor de verdade (V ou F) à sentença, a depender de como as coisas são em w. Para uma sentença como *Maria chegou*, teríamos:

(9)   [$_S$ Maria chegou]

O valor de verdade de S em w é $\begin{cases} V & se \text{ Maria chegou em } w \\ F & se \text{ Maria não chegou em } w \end{cases}$

Paralelamente, se eu sei o significado de uma sentença interrogativa e sei como um mundo é, eu sei qual é a sua resposta verdadeira naquele mundo. O significado de uma sentença interrogativa deve indicar, para cada mundo possível w, como atribuir uma resposta completa e verdadeira à sentença, a depender de como as coisas são em w. Como ilustração, considere um cenário simplificado, em que os únicos indivíduos sejam Maria e João. Para uma pergunta como *Quem chegou?*, teremos quatro respostas possíveis, cada uma delas associada a uma proposição diferente:

(10)   a. R_1 = Maria e João.
          p_{R_1} = $\{w \mid \text{Maria e João chegaram em } w\}$
      b. R_2 = Apenas Maria.
          p_{R_2} = $\{w \mid \text{apenas Maria chegou em } w\}$
      c. R_3 = Apenas João.
          p_{R_3} = $\{w \mid \text{apenas João chegou em } w\}$
      d. R_4 = Ninguém.
          p_{R_4} = $\{w \mid \text{nem Maria nem João chegaram em } w\}$

Isso nos leva às seguintes condições de reposta:

(11)   [$_S$ Quem chegou?]

A resposta a S em w é $\begin{cases} p_{R_1} & se \text{ tanto Maria quanto João chegaram em } w \\ p_{R_2} & se \text{ apenas Maria chegou em } w \\ p_{R_3} & se \text{ apenas João chegou em } w \\ p_{R_4} & se \text{ nem Maria nem João chegaram em } w \end{cases}$

Note que as respostas são mutuamente excludentes e que, juntas, elas cobrem todas as possibilidades lógicas. Em outras palavras, as respostas p_{R_1}-p_{R_4} dividem W, o conjunto de todos os mundos possíveis, em quatro regiões distintas. Dizemos que uma pergunta, ou as suas possíveis respostas, efetuam uma PARTIÇÃO em W:

(12) *Partição de W efetuada por (11)*

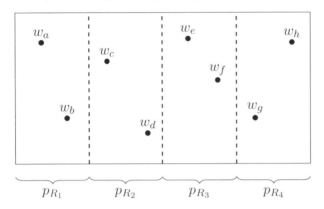

Neste diagrama, representamos oito mundos possíveis, w_a-w_g, cada um deles pertencente à proposição expressa por uma das respostas possíveis. Note que mundos em uma mesma região fornecem a mesma reposta para a pergunta. Mundos em regiões distintas fornecem respostas distintas. Em w_c e w_d, por exemplo, apenas Maria chegou, sendo R_2 a resposta correta.

O mesmo esquema interpretativo se aplica a perguntas polares, respondíveis com um *sim* ou *não*. Para a pergunta *A Maria chegou?*, teremos duas possíveis respostas:

(13) a. R = Sim (A Maria chegou).
         $p_R = \{w \mid $ Maria chegou em $w\}$
      b. R' = Não (A Maria não chegou).
         $p_{R'} = \{w \mid $ Maria não chegou em $w\}$

Isso nos leva às seguintes condições de resposta:

(14) [$_S$ A Maria chegou?]

A resposta a S em w é $\begin{cases} p_R & se \text{ Maria chegou em } w \\ p_{R'} & se \text{ Maria não chegou em } w \end{cases}$

Note que, no caso das perguntas polares, as respostas possíveis serão sempre duas, uma correspondendo à resposta afirmativa e outra à resposta negativa:

(15) *Partição de W efetuada por (14)*

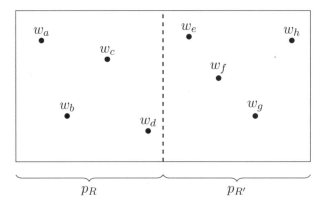

Também neste caso, mundos em uma mesma região respondem à pergunta da mesma forma, enquanto mundos em regiões distintas a respondem de forma distinta. Em w_a-w_d, Maria chegou, e a pergunta é respondida afirmativamente. Em w_e-w_f, Maria não chegou e a pergunta é respondida negativamente.

Vamos encerrar essa introdução sumarizando o que (re)vimos até aqui sobre a semântica de sentenças declarativas e interrogativas: o significado de uma sentença declarativa equivale a uma proposição, que nada mais é que uma região de W, o conjunto de todos os mundos possíveis. Essa região demarca o conjunto de mundos em que a sentença é verdadeira. Se eu sei o significado de uma sentença declarativa, eu sei que proposição ela expressa, ou seja, que região de W ela delimita. Isso, claro, não implica saber qual é, de fato, seu valor de verdade no mundo real, o que demandaria, além de conhecimento semântico, conhecimento de mundo. Já o significado de uma sentença interrogativa equivale a um conjunto de proposições que efetua uma partição em W. Essa partição, por sua vez, equivale ao conjunto de suas possíveis respostas. Se eu sei o significado de uma sentença interrogativa, eu sei como ela divide W, ou seja, eu sei quais são suas possíveis respostas. Isso, obviamente, não implica saber qual é, de fato, sua resposta no mundo real, o que demandaria, além do conhecimento semântico, conhecimento de mundo.

Do ponto de vista formal, partições correspondem ao que se chama em matemática de RELAÇÕES DE EQUIVALÊNCIA. Remetemos os leitores interessados em uma formalização mais rigorosa do significado das sentenças interrogativas aos apêndices B e C ao final do livro. Entretanto, o que acabamos de ver basta para acompanhar o material das seções seguintes sobre a pragmática das sentenças interrogativas, bem como o restante do livro.

170 **Pragmática**

6.2 A dinâmica interrogativa

As considerações semânticas sobre sentenças interrogativas que fizemos na seção anterior nos levam diretamente à caracterização de seu papel na dinâmica contextual, ou seja, ao seu potencial de mudança de contexto: o efeito do proferimento de uma sentença interrogativa em um contexto é uma partição desse contexto de acordo com o significado da sentença, ou seja, de acordo com o conjunto de proposições que ela expressa. Vejamos um exemplo de uma conversa a respeito de uma corrida com quatro competidores (Alan, Bruno, Carlos e Danilo) que terminou há poucos minutos e sobre a qual se quer saber o resultado. Um dos interlocutores, ainda não sabendo o vencedor da prova, dirige-se aos demais, proferindo a pergunta P em (16):

(16)   P: Quem venceu a corrida?

Já sabemos que perguntas como P particionam W, o conjunto de todos os mundos possíveis, de acordo com as proposições expressas por suas possíveis respostas. Em (17), chamamos essas respostas de A-D e suas respectivas proposições de p_A-p_D. Para deixar as coisas bem simples, vamos ignorar a existência de outros indivíduos que não os quatro competidores:

(17)   a. A = Alan venceu a corrida.
                $p_A = \{w \mid$ Alan venceu a corrida em $w\}$
        b. B = Bruno venceu a corrida.
                $p_B = \{w \mid$ Bruno venceu a corrida em $w\}$
        c. C = Carlos venceu a corrida.
                $p_C = \{w \mid$ Carlos venceu a corrida em $w\}$
        d. D = Danilo venceu a corrida.
                $p_D = \{w \mid$ Danilo venceu a corrida em $w\}$

Representaremos a partição em W expressa pela sentença interrogativa P por Q_P:

(18) $Q_P = \{p_A, p_B, p_C, p_D\}$

Vamos assumir ainda que, no momento do proferimento de P, seja de conhecimento mútuo entre os interlocutores que Danilo abandonou a prova no meio e que, portanto, não foi o vencedor da corrida. Essa informação, bem como tudo mais que for pressuposto pelos interlocutores, faz parte do *common ground*, restringindo C, o contexto em que P foi proferida. Esse conjunto C, como já sabemos dos capítulos anteriores, é um subconjunto de W. A ideia, então, é que a partição Q_P se aplique a C:

(19)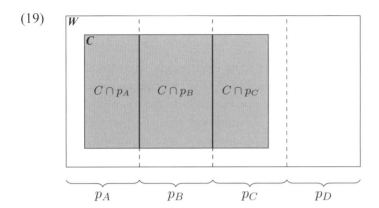

Fazendo um zoom em C, e representando alguns de seus mundos possíveis, o efeito de P nesse contexto C, que continuaremos a representar por $C[P]$, pode ser representado como em (20):

(20)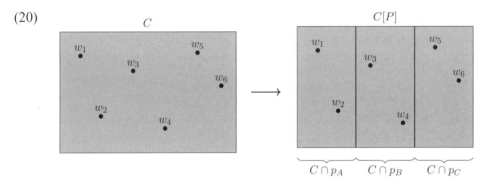

Como se vê, a pergunta induziu uma partição no contexto, dividindo-o em três regiões. A ideia é que um participante de uma conversa, ao proferir uma sentença interrogativa, oferece a seus interlocutores um conjunto de alternativas consistentes com o contexto, ou seja, com tudo o que está pressuposto naquele momento, solicitando que eles informem qual dessas alternativas corresponde à sua resposta verdadeira. Note que cada uma das regiões em que o contexto foi dividido corresponde à interseção das proposições pertencentes a Q_P com C. Note ainda que, como já era pressuposto que Danilo não venceu a corrida, a interseção p_D com C resultou no conjunto vazio e não aparece em (20). Isso nos leva ao seguinte potencial de mudança de contexto (ccp) para P:

(21) $C[P] = \{C \cap p_A, C \cap p_B, C \cap p_C\}$

Generalizando para quaisquer contexto C e sentença interrogativa I, teremos:

(22) *Potencial de mudança de contexto de uma sentença interrogativa I*
$C[I] = \{C \cap r \mid r \in Q_I \ \& \ C \cap r \neq \varnothing\}$

Vamos destrinchar a notação acima: trata-se de um conjunto representado por uma fórmula do tipo $\{E(r) \mid \phi(r)\}$, em que $E(r)$ e $\phi(r)$ são expressões contendo a variável r. O símbolo |, que já conhecemos de capítulos anteriores, deve ser lido como *tal que*. Pertencerão, portanto, a $C[I]$ todos os elementos do tipo $E(r)$ que satisfazem as condições em $\phi(r)$, a saber: r deve ser uma resposta a I ($r \in Q_I$) que seja consistente com o contexto C ($C \cap r \neq \varnothing$).

Uma última e breve observação: como se pode notar da apresentação que acabamos de fazer, após o proferimento de uma pergunta, o contexto passa a ser um conjunto de proposições. Se quisermos nos referir aos mundos que estão na base de um contexto C particionado, ou seja, os mundos que pertencem a cada uma das proposições em questão, basta formarmos a união dessas proposições. Para um contexto C qualquer, vamos representar esse conjunto por C_Δ. Chamaremos C_Δ de domínio de C.

Com tudo isso em mente, consideremos uma resposta R proferida logo apos o proferimento da pergunta P:

(23) P: Quem venceu a corrida?
R: Alan venceu a corrida.

O proferimento de R equivale à asserção da proposição expressa pela sentença declarativa:

(24) *Potencial de mudança de contexto de uma resposta declarativa D*
$C[D] = C_\Delta \cap p_D$

Já estamos familiarizados com esse tipo de ccp: ao intersectar o conjunto C_Δ com a proposição p_D, eliminamos todos os mundos em que p_D é falsa. O resultado é um novo conjunto, $C[D]$, contendo apenas mundos de C_Δ em que p_D é verdadeira. No caso em questão, restarão, após o proferimento de R, apenas os mundos em que Alan chegou em primeiro lugar:

(25)
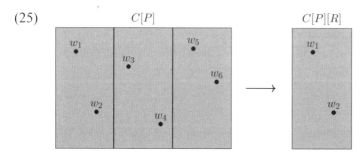

Comparando os efeitos que P e R tiveram nos contextos de seus proferimentos, nota-se que, ao contrário do efeito da asserção de uma oração declarativa, em que mundos são eliminados do contexto, o efeito de uma sentença interrogativa é apenas o de particionar o contexto, agrupando mundos que se equivalem enquanto resposta a uma pergunta, sem no entanto eliminar nenhum deles. Intuitivamente, a função pragmática de uma sentença declarativa é informar ou fornecer dados, enquanto a de uma oração interrogativa é indagar ou levantar questões. É a essa diferença intuitiva que correspondem as diferenças nas mudanças de contexto que acabamos de ilustrar.

Vamos encerrar a seção com o exemplo de um diálogo curto, com uma sequência de dois pares pergunta-resposta, desta vez com perguntas polares e suas respostas do tipo sim/não:

(26)   – A Maria já chegou?
       – Sim.
       – E o João?
       – Também.

Assumiremos aqui que as respostas curtas são formas abreviadas de expressar sentenças declarativas. No caso de (26), *sim* está no lugar de *A Maria já chegou* e *também* está no lugar de *O João já chegou*.

Nosso contexto inicial C será formado por apenas cinco mundos:

(27) $C = \{w_1, w_2, w_3, w_4, w_5\}$

Assumiremos ainda que Maria já chegou em w_1, w_2 e w_3 e que João já chegou em w_2, w_3 e w_4.

Note que C modela um estado de total ignorância e indiferença em relação a Maria e/ou João já terem ou não chegado. Total ignorância porque há mundos em que Maria chegou e mundos em que ela não chegou, assim como há mundos em que João chegou e mundos em que ele não chegou. Total indiferença porque, estando todos os mundos agrupados em um único conjunto, o contexto não corresponde a nenhuma partição não trivial (com mais de um agrupamento), o que significa que nenhuma questão foi levantada. Vejamos, então, o que acontece quando a primeira pergunta do diálogo é proferida:

(28) $C[\text{a Maria já chegou?}] = \{\{w_1, w_2, w_3\}, \{w_4, w_5\}\}$

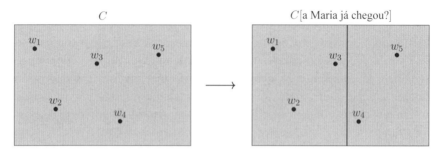

Esse novo contexto, que chamaremos de C', é uma bipartição, com os mundos w_1, w_2 e w_3 de um lado e os mundos w_4 e w_5 de outro. Os três primeiros são os mundos em que Maria já chegou e os outros dois os mundos em que ela ainda não chegou. Essa é a representação formal da questão levantada por um dos interlocutores e que, logo em seguida, foi resolvida pelo outro, ao respondê-la afirmativamente:

(29) $C'[\text{a Maria já chegou}] = \{w_1, w_2, w_3\}$

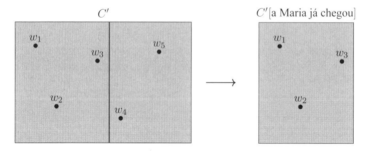

Um dos conjuntos da partição foi eliminado, restando apenas os mundos em que Maria já chegou. Essa foi a informação fornecida pelo interlocutor e que respondeu completamente a questão que havia sido levantada pelo outro. Chamemos esse novo contexto de C''. Neste instante, outra questão é levantada, desta vez sobre João já ter ou não chegado. Vejamos seu efeito:

(30) $C''[\text{o João já chegou?}] = \{\{w_1\}, \{w_2, w_3\}\}$

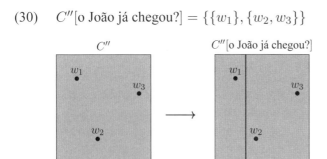

Novamente, temos uma bipartição, com w_1 de um lado e w_2 e w_3 de outro. Vamos chamá-la de C'''. É a divisão entre mundos em que João já chegou e mundos em que ele não chegou, justamente a questão levantada. Sua resposta vem logo em seguida, resultando no seguinte:

(31) $C''''[\text{João já chegou}] = \{w_2, w_3\}$

Eliminou-se w_1, que era o único mundo em que João não havia chegado. O resultado final são mundos em que João e Maria chegaram, justamente a informação acumulada no diálogo analisado.

6.3 Máximas conversacionais em um contexto dinâmico

O aparato semântico-pragmático que vimos nas seções anteriores nos permite definir explicitamente uma série de propriedades que qualificam comunicativamente proferimentos declarativos e interrogativos e que, indiretamente, permitem caracterizar certas atitudes dos falantes que os produzem. Nesta seção, iremos explorar algumas destas propriedades.

Considere, inicialmente, a sequência a seguir, continuando a tomar como contexto inicial C um conjunto de cinco mundos possíveis, w_1-w_5, e assumindo ainda,

176 **Pragmática**

como na seção anterior, que Maria chegou em w_1, w_2 e w_3 e João chegou em w_2, w_3 e w_4:

(32) $[_{S_1}$Maria e João chegaram$]$; $[_{S_2}$Maria não chegou.$]$

A intuição de inconsistência é clara, e um falante que proferisse essa sequência estaria em flagrante contradição. Formalmente, eis o que temos:

(33) $C = \{w_1, w_2, w_3, w_4, w_5\}$
 $C[S_1] = \{w_2, w_3\}$
 $C[S_1][S_2] = \varnothing$

O contexto simplesmente se esvaziou, não restando mundos possíveis compatíveis com o que foi dito até então. O resultado não mudaria mesmo se as sentenças tivessem sido ditas por falantes diferentes e mesmo que entre os proferimentos tivessem ocorrido outros proferimentos. Depois que S_1 foi afirmada por um dos participantes da conversa, sem ser rejeitada pelos demais, a proposição que ela expressa passa a ser pressuposta, sendo, portanto, verdadeira em todos os mundos do contexto que irá servir de base à continuação da conversa. Sendo assim, uma asserção posterior que contradiga esse contexto o reduzirá ao conjunto vazio. Generalizando:

(34) *Consistência contextual*
 Uma sentença S é consistente em um contexto C quando $C[S] \neq \varnothing$

A ideia é que um falante que usa uma sentença contextualmente inconsistente estaria contradizendo aquilo que ele (e seus interlocutores) pressupõem, o que, do ponto de vista da troca de informações, não seria cooperativo ou racional. Posto de outra forma, não se deve afirmar aquilo que se pressupõe ser falso. Há, como aliás já havíamos salientado no capítulo 5 em conexão com as ideias de Stalnaker, ecos da máxima griceana de qualidade, só que relativizada agora àquilo que o falante pressupõe publicamente e não àquilo que ele acredita ou sabe privadamente, como preconizado na primeira submáxima griceana de qualidade que discutimos no capítulo 2.

Considere, agora, a sequência em (35), dentro do mesmo cenário:

(35) $[_{S_1}$Maria e João chegaram$]$; $[_{S_2}$Maria chegou.$]$

Neste caso, a intuição é de redundância. A segunda sentença nada acrescenta do ponto de vista informativo, por ser acarretada pelo contexto do seu proferimento:

(36) $C = \{w_1, w_2, w_3, w_4, w_5\}$
 $C[S_1] = \{w_2, w_3\}$
 $C[S_1][S_2] = \{w_2, w_3\}$

(37) *Acarretamento contextual*
Um contexto C acarreta uma sentença S quando $C[S] = C$

A ideia é que um falante que use uma sentença contextualmente acarretada estaria sendo redundante, um caso extremo de violação da máxima griceana de quantidade, mais especificamente de sua primeira submáxima, que preconiza que não se deve fornecer informação aquém do requerido no momento do proferimento. O interessante a esse respeito é que a noção de redundância pode ser estendida para perguntas:

(38) A: Quem chegou?
B: Só o João/Só a Maria/João e Maria/Ninguém.
A: A Maria chegou?

Note que qualquer resposta completa à primeira pergunta torna a segunda pergunta redundante ou supérflua. Tendo ouvido o que B disse, a pergunta final de A soa inadequada, uma vez que já está contextualmente respondida. Na verdade, qualquer sentença declarativa que acarrete uma resposta completa a uma pergunta torna essa pergunta redundante:

(39) A: A Maria chegou/Só João chegou/Ninguém chegou.
B: A Maria chegou?

Qualquer uma das falas de A em (39) acarreta uma resposta (afirmativa ou negativa) à pergunta de B, tornando-a redundante. Vejamos os detalhes da dinâmica contextual envolvida, analisando passo a passo o exemplo a seguir, em que a pergunta final se mostra claramente supérflua. Iniciamos com o mesmo contexto C dos exemplos anteriores:

(40) P_1 = Quem já chegou?
R_1 = João e Maria (já chegaram).
P_2 = A Maria já chegou?

(41) $C = \{w_1, w_2, w_3, w_4, w_5\}$
$C[P_1] = \{\{w_1\}, \{w_2, w_3\}, \{w_4\}, \{w_5\}\}$
$C[P_1][R_1] = \{w_2, w_3\}$
$C[P_1][R_1][P_2] = \{\{w_2, w_3\}\}$

Como se pode ver, o proferimento de P_2 não efetua uma partição própria ou não trivial do contexto, já que o resultado foi um agrupamento com todos os mundos em um mesmo conjunto. Nada de significativo, portanto, se alterou no contexto, evidenciando sua redundância:

(42)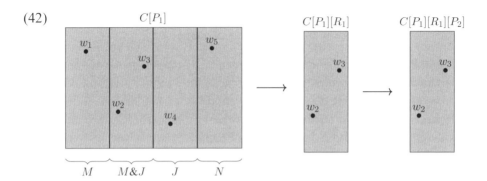

Posto de outra forma, a razão da redundância de P_2 neste exemplo é que todos os mundos resultantes da resposta imediatamente anterior a ela eram mundos em que Maria já chegou e nos quais, portanto, P_2 já era respondida da mesma forma.

(43) *Redundância contextual*
   a. *Declarativas* (D): $C[D] = C$
   b. *Interrogativas* (I): $C[I] = \{C\}$

Tendo estendido a noção de redundância contextual a declarativas e interrogativas, podemos formalizar a noção oposta, não redundância. Essa noção, por sua vez, se conecta, no caso das declarativas, à noção de informatividade e, no caso das interrogativas, ao que se pode chamar de inquisitividade:

(44) *Não redundância contextual*
   a. *Informatividade*
      Uma sentença declarativa D é informativa em um contexto C quando $C[D] \neq C$
   b. *Inquisitividade*
      Uma sentença interrogativa I é inquisitiva em C quando $C[I] \neq \{C\}$

Declarativas não redundantes eliminam mundos do contexto em que são usadas. Interrogativas não redundantes particionam de maneira não trivial o contexto em que são usadas. Falantes cooperativos agindo com a intenção de informar e ser informados agem de modo que seus proferimentos obedeçam a essas propriedades. Podemos falar aqui em uma extensão da máxima griceana de quantidade (seja informativo!), que passa a englobar proferimentos de dois tipos sentenciais (Seja informativo/inquisitivo! Não seja redundante!)

Por fim, chegamos à principal novidade do sistema dinâmico que estamos apresentando. Trata-se da noção de relevância e sua formalização. Comecemos com um exemplo um tanto peculiar:

(45)   A: A Maria já chegou?
       B: Portugal colonizou o Brasil.

A resposta de B à pergunta de A é escancaradamente irrelevante e descabida. Afinal de contas, o que a colonização do Brasil por Portugal tem a ver com a Maria já ter ou não chegado? Vejamos o que nosso sistema dinâmico tem a nos dizer sobre isso. No diagrama a seguir, está representada a partição que a pergunta de A induz no contexto. Representamos por M a região com os mundos em que Maria já chegou e por $\overline{M}$ a região com os mundos em que ela não chegou. No mesmo diagrama, pintamos de cinza a região com os mundos em que Portugal colonizou o Brasil, deixando em branco a região com os mundos em que Portugal não colonizou o Brasil:

(46)

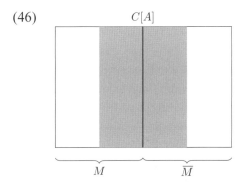

Como já notamos Maria ter chegado e Portugal ter colonizado o Brasil são questões logicamente independentes e isso se reflete no fato de tanto M quanto $\overline{M}$ estarem parcialmente em cinza e parcialmente em branco. Sendo assim, e sendo o efeito da resposta de B a eliminação contextual dos mundos em que Portugal não colonizou o Brasil, apenas a parte em cinza permanece após o proferimento de B:

(47)

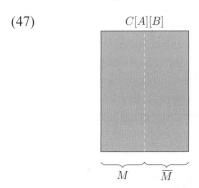

Como se pode notar, assim como no contexto inicial em que a pergunta de A foi proferida, esse contexto final resultante da resposta de B contém tanto mundos em

180 Pragmática

que Maria chegou quanto mundos em que ela não chegou. Essa é exatamente a marca de uma resposta irrelevante. O fato de a área em (47) ser menor do que a área total no contexto inicial em (46) indica apenas que a resposta de B foi informativa, ainda que, como acabamos de ver, irrelevante.

Antes de caracterizar precisamente essa noção, vejamos um exemplo um pouco mais sutil para fixarmos melhor a ideia emergente de (ir)relevância contextual:

(48)   A: A Maria já chegou?
        B: O João já chegou.

Em (48), a resposta também não responde à pergunta. Se a reposta tivesse sido que só o João chegou, concluiríamos logicamente que Maria não chegou. A reposta, porém, não foi essa. Note que o João ter chegado deixa em aberto se outras pessoas também chegaram ou não. Se o João tiver chegado sozinho, então Maria não chegou. Se ele e Maria já tiverem chegado, então Maria já chegou. Não há relação lógica entre João ter chegado e Maria ter chegado, ainda que, como veremos no capítulo 8, quando proferida com a devida entoação, a resposta de B implica uma relação contextual com a pergunta de A. Se, por exemplo, for de conhecimento mútuo que Maria e João estão sempre juntos, a resposta de B poderá ser entendida como uma maneira indireta de sugerir que Maria, muito provavelmente, já chegou também. Entretanto, permanece a intuição de que, entendida como resposta direta à pergunta de A, e proferida sem marcação prosódica especial, a resposta de B é inadequada, por ser irrelevante frente à pergunta levantada.

Por fim, considere o exemplo a seguir:

(49)   A: A Maria já chegou?
        B: Ela e o João já chegaram.

Neste exemplo, a irrelevância é apenas parcial. Temos uma resposta que podemos qualificar de sobreinformativa. B responde completamente à pergunta de A, mas vai além, fornecendo informação não solicitada. Em termos griceanos, teríamos aqui uma violação concomitante das máximas de relevância e da segunda submáxima de quantidade, que diz que não se deve fornecer informação além da solicitada no momento do proferimento. Vejamos a dinâmica contextual deste caso no diagrama a seguir, com M e $\overline{M}$ demarcando os mundos em que Maria já chegou e os mundos em que ela ainda não chegou, respectivamente, e com a região em cinza correspondendo aos mundos em que João já chegou:

(50)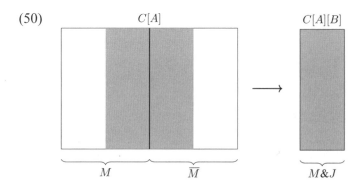

Note, pelo efeito contextual da resposta de B, que uma das regiões da partição induzida pela pergunta de A foi completamente eliminada e a outra parcialmente eliminada, indicando que a resposta foi sobreinformativa, indo além do perguntado. Quem perguntou não solicitou informação sobre a chegada de João, mas quem respondeu forneceu essa informação.

Contrastemos, agora, o que vimos nos diálogos anteriores com o que está nos diálogos a seguir:

(51) A: Quem venceu a corrida?
      B: Alan (venceu a corrida).

(52) A: Quem venceu a corrida?
      B′: Alan ou Bruno (venceu a corrida).

Ambas as respostas são relevantes, já que nos informam a respeito do que foi perguntado, sem acrescentar informações não solicitadas. A diferença entre entre B e B′ tem a ver com o grau de informatividade: B acarreta B′, sendo, portanto, mais informativa. Enquanto B responde A completamente, B′ o faz apenas parcialmente. Do ponto de vista griceano, um falante cooperativo age de maneira maximamente informativa, dentro do que é relevante e do que ele sabe ou acredita ser verdadeiro. Sendo assim, como já vimos no capítulo 2, a única justificativa para uma resposta como B′ é o falante ignorar qual dos competidores, Alan ou Bruno, venceu a corrida. Se ele sabe quem venceu, ele deve dizer.

Isso fica bem ilustrado nos diagramas a seguir (assuma que há apenas três competidores: Alan, que vence em w_1 e w_2, Bruno, que vence em w_3 e w_4, e Carlos, que vence em w_5 e w_6):

(53) B responde A completamente, como em (51)

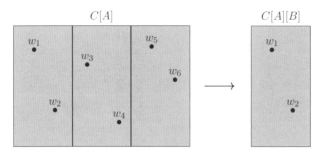

(54) B' responde A parcialmente, como em (52)

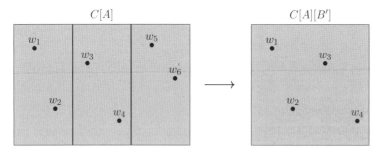

Formalmente, o que distingue aquelas respostas em (48) e (49) que taxamos anteriormente de total ou parcialmente irrelevantes dessas em (51) e (52) que caracterizamos como relevantes é fato de que as primeiras discriminam entre mundos pertencentes a uma mesma alternativa da partição efetuada pela pergunta que se busca responder, enquanto as últimas não. Nessas, ou a alternativa é retida integralmente no contexto resultante da resposta ou ela é eliminada completamente.

Essas considerações nos fornecem todos os ingredientes para a formalização da noção de relevância contextual:

(55) *Relevância contextual*
Uma sentença declarativa S é relevante em um contexto $C[P]$ particionado por uma pergunta P quando para qualquer conjunto $p \in C[P]$ e quaisquer mundos $w, w' \in p$: ou $w, w' \in C[P][S]$ ou $w, w' \notin C[P][S]$

O que (55) diz é que um mundo só deve ser eliminado do contexto se todos os mundos agrupados com ele também forem eliminados. Como havíamos visto com os dois últimos exemplos que analisamos, isso quer dizer que uma afirmação deve se limitar a responder a pergunta que está em discussão no momento de seu proferimento. A eliminação apenas parcial de uma alternativa introduzida por uma pergunta sinaliza que o falante está discriminando entre mundos que, do ponto de vista da pergunta, se equivalem.

Em termos comunicativos, um falante que use uma sentença contextualmente irrelevante estaria em conflito com a máxima griceana de relação e a segunda submáxima de quantidade. Chegamos, assim, à noção de pertinência contextual que o lógico holandês Jereon Groenedijk propôs como formalização da cooperatividade griceana em um contexto dinâmico:

(56) *Pertinência contextual*
      Uma sentença ϕ é pertinente em um contexto C quando
      a. ϕ é consistente com C (*qualidade*)
      b. ϕ é não redundante em C (*quantidade*)
      c. ϕ é relevante em C (*relação*)

A proposta é que um falante que use uma sentença que não seja contextualmente pertinente estaria agindo em desacordo com as máximas griceanas.

Concluindo, podemos dizer que um falante griceano, engajado em uma conversa cujo propósito é trocar informações de forma eficiente, ao agir de forma racional e cooperativa, age de maneira ao mesmo tempo pertinente e maximamente informativa.

6.4 Pressuposições e perguntas

No capítulo 1, ao introduzirmos a noção de conteúdo pressuposto, notamos que as pressuposições de uma sentença declarativa afirmativa são compartilhadas tanto por sua contraparte negativa quanto por sua contraparte interrogativa:

(57) a. A irmã da Maria é linguista.
      b. A irmã da Maria não é linguista.
      c. A irmã da Maria é linguista?

As três sentenças em (57) pressupõem que Maria tem uma irmã. (57c) é uma interrogativa polar, mas o mesmo vale para interrogativas de constituinte. (58), a seguir, também pressupõe que Maria tem uma irmã:

(58) Quem a irmã da Maria está namorando?

No capítulo 5, quando trouxemos as pressuposições para o âmbito da dinâmica contextual, introduzirmos a noção de potencial de mudança de contexto e sua relação com a projeção de pressuposições. Captamos a ideia de que a negação é um buraco pressuposicional, ou seja, que deixa as pressuposições projetarem sobre ela, através de ccps da seguinte forma:

184 Pragmática

(59) $\quad C + \neg S = C - (C + S)$

O ponto crucial é que, de acordo com (59), S deve ser admitida em C, o que faz com que suas pressuposições precisem ser satisfeitas nesse mesmo contexto C em que $\neg S$ é proferida.

Tendo, neste capítulo, associado sentenças interrogativas a conjuntos de proposições que particionam o contexto, já temos em nosso alcance uma análise da projeção de pressuposições em sentenças interrogativas. Para uma pergunta polar, por exemplo, as coisas parecem relativamente simples. Podemos decompô-la em duas partes: um operador interrogativo (que representaremos por ?) e um radical sentencial S, correspondendo à sentença declarativa relacionada. Para uma interrogativa polar $S?$, teríamos:

(60) $\quad C + S? = \{C + S, C + \neg S\}$

Como no caso da negação, C, o contexto em que a sentença interrogativa é proferida, é o mesmo contexto que precisa admitir a declarativa correspondente, fazendo com que os dois tipos sentencias compartilhem as mesmas pressuposições, que é o que queríamos.

Nos exemplos em (57c) e (58), as sentenças interrogativas continham um gatilho pressuposicional, o artigo definido singular, que disparava a pressuposição existencial. Investiguemos, agora, a possibilidade de a própria sentença interrogativa ser um gatilho, disparando uma pressuposição própria deste tipo sentencial. O caso mais notável, ainda que controverso, diz respeito a perguntas de constituintes e uma eventual pressuposição existencial que elas carregam. Voltando a (58), o ponto a ser checado é se essa sentença pressupõe ou não que a irmã da Maria está namorando alguém. Por um lado, reações como as de B/B′/B″ em (61), podem ser tomados como evidência inicial a favor dessa pressuposição:

(61)   A: Quem a irmã da Maria está namorando?
        B: Espera aí! Por que você acha que ela está namorando alguém?
        B′: Mas você sabe se ela está namorando alguém?
        B″: Nossa, eu nem sabia que ela estava namorando!

Essas reações sugerem que a pergunta de A está sendo interpretada como algo do tipo *a irmã da Maria está namorando alguém. Quem?*.

Na mesma direção, falas como (62), a seguir, soam anômalas, indicando um conflito entre a declarativa inicial, que expressa ignorância da parte do falante, e a pergunta feita logo em seguida:

(62)   # Eu não sei se a irmã da Maria está ou não namorando. Quem ela está namorando?

Por outro lado, diálogos como (63) parecem absolutamente naturais:

(63)   A: Quem a irmã da Maria está namorando?
        B: Ninguém.

Aliás, na análise semântico/pragmática baseada em partições que apresentamos neste capítulo, respostas como *Ninguém* estão em pé de igualdade com respostas como *João*. Isso, claro, está em conflito direto com uma eventual pressuposição existencial disparada pela pergunta.

Não é óbvio como dar conta simultaneamente de todas as intuições acima. Se perguntas de constituintes, de fato, carregam uma pressuposição existencial, essa pressuposição parece ser de um tipo mais leve, que se deixa perceber em casos como (61), mas que é facilmente cancelável em casos como (63). De fato, essa tem sido uma linha de ataque nos estudos mais recentes sobre pressuposições, em que se distingue entre gatilhos leves ou macios (*soft triggers*, em inglês) e gatilhos duros ou rígidos (*hard triggers*, em inglês). Uma alternativa seria negar que estamos lidando com conteúdo pressuposto nestes casos, e que dados como (61) e (62) apontam, na verdade, para um tipo de conteúdo implicado convencionalmente, como vimos para a conjunção adversativa *mas* no capítulo 1. Para um exemplo como (58), que retomamos a seguir na linha do que vimos naquele capítulo, teríamos:

(64)   Quem a irmã da Maria está namorando?
        Pressuposto: Maria tem uma irmã.
        Implicado: eu acredito ou suspeito que a Maria está namorando alguém.
        Indagado: Qual das alternativas é verdadeira? A Maria está namorando o Pedro? O João? Ninguém? ...

Não temos, claro, a pretensão de apresentar aqui uma solução para o dilema em questão, apenas o de fazer alguns apontamentos preliminares e convidar o leitor a refletir sobre essa tema controverso e, se for de seu interesse, consultar algumas das referências que daremos nas recomendações de leitura ao final do capítulo.

6.5 Perguntas em discussão

Os exemplos e análises que apresentamos e discutimos nas seções anteriores eram constituídos por pares do tipo pergunta-resposta, em que um interlocutor proferia uma sentença interrogativa cujo efeito era particionar o contexto em alternativas e outro interlocutor proferia uma sentença declarativa que, presumindo-se cooperatividade de sua parte, eliminava alternativas, reduzindo o contexto.

Há, porém, ao menos duas extensões desse quadro básico centrado em perguntas e respostas explícitas que vale a pena ter em mente, mesmo resguardando o caráter introdutório deste livro. A primeira delas diz respeito ao fato de nem sem-

186 **Pragmática**

pre a pergunta em discussão ter sido posta de maneira explícita por uma sentença interrogativa proferida por um interlocutor. Às vezes temos algo do tipo *Me conta tudo o que aconteceu ontem na festa*. Outras vezes, nem isso, bastando um *E aí?* ou mesmo uma expressão facial inquisitiva, como um movimento das sobrancelhas. Isso é particularmente comum, se já houver certas expectativas sobre o tópico da conversa. Pense, por exemplo, em duas amigas que moram juntas e que acabaram de acordar, sendo que uma delas foi a uma festa na noite anterior, mas a outra não. É bem provável, dado um pressuposto interesse em saber como foi a festa, que a conversa já comece com algo do tipo *a festa foi muito boa, ...*. Faz sentido assumir que há uma pergunta em discussão implícita (*Como foi a festa?*) e que a fala inicial do diálogo é um começo de resposta a essa pergunta. Ou pense em um filho adolescente que foi a uma festa e que combinou com os pais que chegaria em casa até meia-noite. Quando ele chega em casa atrasado e se depara com os pais esperando por ele na sala, ele já toma a iniciativa, dizendo algo do tipo *a minha carona atrasou e ...*. Aqui também o contexto extralinguístico deixa claro qual era a pergunta em discussão a que sua fala tenta responder: *Por que você está chegando agora?*.

Vamos, então, assumir que, em toda interação verbal racional, presume-se sempre a existência de uma pergunta em discussão, um tópico conversacional que direciona a conversa e em cima do qual podemos avaliar se o que está sendo dito é ou não relevante, como aliás já vimos nas seções anteriores. Lá, entretanto, relevância era um atributo exclusivo de proferimentos declarativos que correspondiam a respostas dadas a perguntas que tinham acabado de ser feitas. Há, casos, porém, em que após uma pergunta, sobretudo uma pergunta mais ampla ou geral, segue uma outra pergunta que, intuitivamente, mantém-se dentro da pergunta em discussão, mas a restringe, afunilando o tópico da conversa. Isso nos leva à segunda extensão que mencionamos anteriormente. Veja o exemplo a seguir:

(65)   A: Como foi a festa ontem?
       A: A música foi boa?
       B: Foi sim.
       A: E a bebida?
       A: Eles serviram champanhe?
       B: Sim.
          ...

Note que A, logo de início, emenda duas perguntas. E após B responder a segunda delas, A coloca outras duas questões, e B novamente começa respondendo a segunda. O ponto principal a se notar neste exemplo é que as perguntas de A que seguem sua pergunta inicial soam todas adequadas e relevantes. Contraste o que está em (65) com o que vai a seguir em (66):

(66)   A: Como foi a festa ontem?

A: Você já pagou a conta de luz?
B: Sim, mas o que isso tem a ver com a festa?
A: Quantos planetas tem o sistema solar?
B: Ahn?!

Este diálogo, contrariamente ao anterior, soa bizarro e a razão está clara: as perguntas de A que seguem sua pergunta inicial são absolutamente irrelevantes e constituem uma sequência desconexa, beirando o irracional. Como se vê do contraste entre (65) e (66), não são apenas respostas que podem ser taxadas de relevantes ou irrelevantes. Perguntas também o podem.

Cotejando (65) e (66), e trazendo de volta o aparato analítico da seção anterior, podemos notar que, em (65), ao responder a segunda pergunta de A, B também respondeu parcialmente sua primeira pergunta. Da mesma forma, ao responder a última pergunta de A naquele trecho de conversa, B também respondeu parcialmente a pergunta imediatamente anterior de A sobre a qualidade da bebida. Nada disso acontece em (66). Ainda que B tenha respondido a segunda pergunta de A, essa resposta não contribuiu em nada à pergunta inicial, o mesmo podendo ser dito a uma eventual reposta à última pergunta do diálogo. Essas considerações sugerem a seguinte definição de relevância, ampliada de modo a abarcar tanto o uso de sentenças declarativas quanto o de interrogativas:

(67) *Relevância contextual (declarativas e interrogativas)*
O proferimento de uma sentença S é relevante em relação a uma questão Q se, e somente se:

(a) S é uma sentença declarativa e uma resposta completa ou parcial a Q.
ou
(b) S é uma sentença interrogativa e qualquer resposta completa a S é também uma resposta parcial a Q.

A novidade aqui é a cláusula em (b), uma vez que já discutimos os casos cobertos por (a) na seção anterior. Vamos ilustrar o papel de (b) retomando o diálogo entre A e B em (65). Para simplificar, vamos assumir que a qualidade de uma festa se reduz à qualidade da música (boa ou ruim) e à qualidade da bebida (boa ou ruim). Sendo assim, a pergunta inicial de A particiona o contexto inicial C em quatro partes correspondentes às suas possíveis respostas completas, ou seja, música e bebida boas (p_{MB}), música boa e bebida ruim ($p_{M\overline{B}}$), música ruim e bebida boa ($p_{\overline{M}B}$) e música e bebida ruins ($p_{\overline{MB}}$) :

(68) A: Como foi a festa ontem?

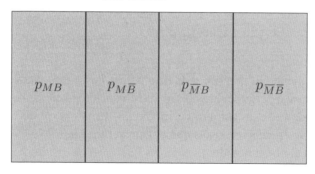

Compare esse diagrama com o diagrama a seguir, no qual representamos o efeito da pergunta seguinte de A nesse mesmo contexto C:

(69) A: A música foi boa?

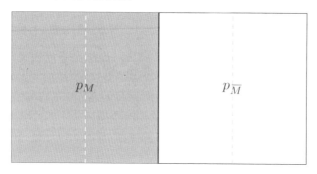

Como se pode ver, qualquer que seja a resposta a essa pergunta, afirmativa (área em cinza) ou negativa (área em branco), ela eliminará do contexto duas das alternativas introduzidas pela pergunta anterior de A, mantendo as outras duas. Em (65), B respondeu afirmativamente, respondendo completamente essa segunda pergunta de A e parcialmente a primeira pergunta. Respostas completas a uma pergunta eliminam do contexto todas as alternativas levantadas pela pergunta, exceto uma. Respostas parciais também eliminam alternativas, mas retém pelo menos duas.

Sumarizando tudo o que acabamos de ver: em todos os momentos de uma conversa, há sempre pelo menos uma pergunta em discussão, implícita ou explícita. Em determinados momentos, pode haver mais de uma pergunta em discussão. Para abarcar essas extensões da dinâmica contextual que havíamos introduzido nas seções anteriores, vamos introduzir a noção de conjunto de questões, que abreviaremos por QS (do inglês *question set*) e que se junta na caracterização do contexto conversacional ao *common ground* stalnakeriano, o conjunto de proposições pressupostas naquele momento pelos interlocutores. Um contexto C passa a ser, então, um par ordenado cujo primeiro membro é o *common ground* CG e o segundo o conjunto de questões QS:

(70) $C = \langle CG, QS \rangle$

É interessante notar que os elementos de CG são proposições, aquilo que sentenças declarativas expressam. A interseção desses elementos constitui o que estamos chamando desde o capítulo 4 de conjunto contextual, CS, e que são os mundos compatíveis com tudo o que é pressuposto em um determinado momento de uma conversa. Já os elementos de QS são conjuntos de proposições, justamente aquilo que sentenças interrogativas expressam. Enquanto o proferimento de sentenças declarativas são tentativas de adicionar elementos ao CG, reduzindo o CS, o proferimento de sentenças interrogativas são tentativas de adicionar elementos ao QS, particionando, mas não reduzindo, CS. Cada vez que uma pergunta é feita por um interlocutor (e os demais não a rejeitam), QS é ampliado. Cada vez que uma pergunta é respondida completamente, QS é reduzido. Voltaremos à correspondência entre essa estruturação do contexto e os tipos sentenciais das línguas naturais no próximo capítulo, após discutirmos aspectos semânticos e pragmáticos das sentenças imperativas. Já em nosso capítulo final, veremos como as línguas naturais possuem recursos convencionais (prosódicos e morfossintáticos) que sinalizam a que elementos de QS uma resposta está direcionada e que tipo de resposta, parcial ou total, está sendo veiculada pela sentença proferida.

Recomendações de leitura

Groenendijk (1999) e Roberts (2012) são referências importantes e incontornáveis sobre a formalização de uma pragmática interrogativa. Ainda que os detalhes formais não sejam os mesmos que adotamos neste livro, ambos serviram de base ao material introdutório deste capítulo. Referências clássicas sobre semântica interrogativa incluem Hamblin (1973), Karttunen (1977) e Groenendijk & Stokhof (1982). Um bom artigo panorâmico é Groenendijk & Stokhof (1997). Uma excelente introdução à sintaxe e à semântica das sentenças interrogativas é Dayal (2016). Sobre diversos aspectos do uso dessas sentenças, ver os capítulos dedicados ao tema em Siemund (2018). Sobre os *soft triggers* e uma eventual pressuposição existencial atrelada às perguntas de constituintes, ver Abusch (2010). Sobre perguntas não canônicas, ver Farkas (2020).

190 **Pragmática**

Exercícios

1. Em português brasileiro, é bastante comum o uso de perguntas com a locução *será que* como em *será que vai chover?* ou *quem será que o João está namorando?*. Reflita sobre o papel pragmático desta locução e na possibilidade de descrevê-lo em termos de condições de felicidade na linha do que vimos na introdução a este capítulo. Como subsídio a sua resposta, compare a naturalidade das perguntas em (i) a seguir com a estranheza das perguntas em (ii), supondo que todas elas tenham sido feitas a uma pessoa que acabamos de conhecer e que ficamos sabendo que é mãe de um adolescente:

   (i) Quantos anos o seu filho tem?
   O seu filho já está na faculdade?

   (ii) Quantos anos será que o seu filho tem?
   Será que o seu filho já está na faculdade?

2. No capítulo 5, vimos que o conteúdo de uma asserção pode ser rejeitado pelos interlocutores e não ser adicionado ao *common ground*. Você consegue pensar em algo similar para perguntas? Discuta e forneça exemplos.

3. Compare as duas perguntas polares a seguir:

   (P_1) A Maria está em casa?
   (P_2) A Maria não está em casa?

   Dado o que vimos neste capítulo sobre perguntas polares como P_1, qual deve ser o significado de P_2? Qual é a sua intuição a respeito? Discuta.

4. Considere a sentença interrogativa a seguir:

   (i) Você cursou Sintaxe ou Fonologia no semestre passado?

   Essa sentença é ambígua. Descreva a ambiguidade e formalize as duas interpretações.

5. Dado o que vimos sobre relevância contextual neste capítulo, analise as respostas de B nos seguintes diálogos

   (i) [P *se dirige à recepcionista R de um prédio comercial*]
   P: O sr. Pedro da Silva trabalha aqui?
   R: A sala dele é a 13.

(ii) [*A e B acabaram de se conhecer no aeroporto de SP*]
A: Você mora em São Paulo?
B: No Rio.

6. Considere aquela que parece ser a mais ambiciosa das perguntas: *como o mundo é?*. Analise-a formalmente e diga o que ela tem de especial em relação aos demais exemplos vistos neste capítulo.

7 Pragmática imperativa

Este capítulo é dedicado a alguns aspectos semânticos e pragmáticos vinculados a certos usos das sentenças imperativas. Sentenças imperativas diferem de sentenças declarativas e interrogativas, seja em termos sintáticos seja em termos pragmáticos:

(1)   O Pedro vai chegar logo.

(2)   O Pedro vai chegar logo?

(3)   Chega logo, Pedro!

Em termos puramente formais, a diferença é óbvia. (3) não compartilha nem da ordem de palavras nem da entoação, seja de (1), seja de (2). Além disso, temos em português um modo verbal dedicado a esse tipo de oração chamado justamente de imperativo. Esse modo é formalmente distinto dos modos indicativo e subjuntivo que podem aparecer em orações declarativas e interrogativas, ainda que morfologicamente relacionado a eles. Em termos pragmáticos, a diferença também parece clara: enquanto o proferimento de (1) expressa tipicamente uma asserção e o de (2) uma indagação, proferir (3) expressa tipicamente uma ordem ou pedido que o falante dirige a seu interlocutor.

Já em termos semânticos, deve-se ser mais cauteloso ao comparar (1)-(3). Nos três exemplos, notamos a presença do predicado 'chegar logo' e em todos eles, esse predicado parece se aplicar ao nome próprio Pedro. Soa natural, portanto, a ideia de que, direta ou indiretamente, o significado das três sentenças se relacione à proposição que Pedro chegará logo. Por outro lado, vimos nos capítulos anteriores um tratamento semântico distinto para declarativas e interrogativas, que associa proposições às primeiras e conjuntos de proposições às segundas. Não seria descabido, portanto, atribuir ainda um outro tipo de valor semântico às imperativas que acompanhe a distinção morfossintática que acabamos de ressaltar no parágrafo anterior. Voltaremos a esse ponto na próxima seção, quando atribuiremos sentido e referência às sentenças imperativas.

Retomemos, agora, a perspectiva pragmática, que leva em conta o proferimento de sentenças com propósitos comunicativos. Note que, ao caracterizarmos o uso da sentença imperativa em (3), dissemos que ele está *tipicamente* associado a ordens

194 **Pragmática**

e pedidos. Usamos o advérbio *tipicamente* porque (3) pode ser usada em outras circunstâncias comunicativas. Pense em uma pessoa que, ansiosa pela chegada de Pedro, exprima seu sentimento, dizendo (3), talvez para si mesma. Neste caso, (3) está sendo usada para expressar um desejo, não para ordenar ou pedir. A esse respeito, cabem algumas palavras mais gerais sobre os atos de fala que acompanham proferimentos imperativos, cuja abrangência ilocucionária é, de fato, bem maior do que ordens e pedidos, incluindo, além da expressão de desejos, atos como recomendações, ofertas, ameaças, súplicas e alertas, dentre outros:

(4)   Pega um táxi! Você chegará lá com muito mais conforto.

(5)   Compra essa lava-louça! Ela está numa promoção imperdível.

(6)   Entrega as joias! Ou eu vou atirar.

(7)   Me perdoa, pelo amor de Deus!

(8)   Fuja comigo! O fogo está se alastrando.

Como vimos no capítulo 3, quando discutimos as dimensões constituintes de um ato ilocucionário, há uma série de nuances interpretativas que diferenciam esses atos do ponto de vista comunicativo, incluindo os sentimentos expressos e os efeitos perlocucionários almejados por quem as profere. Entram aí solidariedade, medo, desespero e ajuda, dentre muitos outros.

A despeito desta exuberância psicológica e interativa, parece haver um traço comum unindo esses exemplos. Isso, claro, está um tanto óbvio do ponto de vista formal. Os aspectos prosódicos, morfológicos e sintáticos não deixam dúvidas sobre estarmos lidando com um tipo sentencial distinto do declarativo e interrogativo, com os quais já lidamos, e mesmo do tipo exclamativo, com o qual não lidaremos neste livro (*Como é linda a sua casa!*). Entretanto, o que queremos sugerir e que iremos explorar nas seções seguintes é que essa uniformidade se aplica também ao nível semântico, e mesmo ao pragmático, se pensarmos no efeito essencial que os proferimentos imperativos têm em termos de mudança de contexto.

De uma forma ou de outra, todos os casos listados em (4)-(8) separam o curso futuro das ações do ouvinte em duas possibilidades, sendo que uma delas é apresentada como circunstancialmente preferível à outra. Em (4), por exemplo, recomenda-se ao ouvinte pegar um táxi até seu destino. Posto de outra forma, o falante apresenta a alternativa de o ouvinte pegar um táxi como preferível à alternativa de ele não pegar um táxi, optando por outro meio de transporte. Em (5), temos uma oferta sugerindo que a compra da lava-louça será vantajosa e que não comprá-la seria um mau negócio. Em (6), o indivíduo que ameaça é bastante incisivo e entregar as joias é a coisa certa a fazer, presumindo, claro, que o interlocutor preze sua vida e não deseje ser baleado. Em (7), o falante suplica pelo perdão do outro, expressando que, para ele, ser perdoado é muitíssimo mais desejável que não ser perdoado. Por fim, (8) alerta o ouvinte sobre um perigo iminente, e fugir é apresentado como mais prudente e seguro que não fugir.

Do ponto de vista do ouvinte, seja em relação a (3), seja em relação a (4)-(8), a ideia de fundo é que ao acatar o proferimento e integrá-lo ao contexto, tornando-o de alguma forma pressuposto, ele, ouvinte, firma o compromisso de agir de modo a tornar verdadeira a proposição associada ao ato comunicativo. Posto de outra forma, o ouvinte que não rejeita o proferimento imperativo concorda em agir de modo a adequar o mundo real, aquele em que o proferimento se realiza, àquilo que é preferível de acordo com o que a sentença expressa. Em (4), por exemplo, o ouvinte agirá de modo a pegar um taxi, ou seja, de modo a tornar o mundo real um mundo em que ele, ouvinte, pega um taxi. É de uma sistematização e formalização dessa linha de análise que nos ocuparemos a partir de agora. Seguiremos de perto os passos analíticos em Portner (2004).

7.1 Propriedades e listas de afazeres

Considere uma mãe de dois filhos, João e Pedro, que logo cedo, ao sair para o trabalho, deixa pregada na porta do quarto de cada um uma lista com tarefas que eles devem fazer assim que acordarem:

João
Arrumar a cama
Guardar os brinquedos

Pedro
Arrumar a cama
Colocar a roupa suja no cesto
Fazer a lição de casa

Do ponto de vista estritamente linguístico, os itens da lista são predicados verbais. Semanticamente, dizemos que esses predicados expressam PROPRIEDADES. Propriedades podem caracterizar qualquer coisa que exista: pessoas, animais, objetos, lugares, etc. Nosso interesse aqui estará em propriedades que se aplicam a pessoas. Pelo seu papel caracterizador, propriedades podem ser vistas como critérios de categorização, distinguindo entre indivíduos que as possuem e indivíduos que não as possuem, sem que isso implique nenhum juízo de valor. Tome, por exemplo, a propriedade *saber chinês* e um grupo de quatro pessoas, Alan, Bruno, Carlos e Danilo, sendo Alan e Bruno proficientes na língua chinesa, mas Carlos e Danilo não. Neste caso, temos dois indivíduos, Alan e Bruno, que são caracterizados pela propriedade e outros dois, Carlos e Danilo, que não o são.

No uso cotidiano da língua, a palavra *propriedade* está normalmente relacionada a atributos físicos e intelectuais de indivíduos, como *ter olhos verdes* e *saber chinês*. Tecnicamente, porém, a palavra tem um alcance mais amplo, incluindo predicados que expressam ações no tempo, como *ter chegado atrasado no emprego anteontem* ou *sair de férias no início do mês que vem*. Nos termos da semântica de mundos possíveis que estamos usando desde o capítulo 4, a especificação da propriedade expressa por um certo predicado nos fornece, para cada mundo w, os indivíduos que satisfazem o predicado em w. A ideia é que, se eu sei o significado da propriedade expressa por um predicado verbal como *ter olhos verdes* e conheço os fatos relevantes em um mundo w qualquer, eu sei quais os indivíduos que satisfazem o predicado naquele mundo. Posto de outra forma, se eu sei a propriedade, eu sei separar os indivíduos que satisfazem o predicado daqueles que não o satisfazem.

Diferente de proposições, propriedades não estão diretamente relacionadas a valores de verdade. Entretanto, combinando uma propriedade e um indivíduo, obtemos uma proposição, esta sim portadora de valores de verdade. Linguisticamente é o que se dá na combinação entre sujeito e predicado em sentenças declarativas, como *Pedro tem olhos verdes*. Neste caso, dizemos que a propriedade expressa pelo predicado se aplica ao indivíduo a que o sujeito sentencial se refere e o resultado é a proposição de que Pedro tem olhos verdes. Essa proposição, já sabemos, caracteriza os mundos em que Pedro tem olhos verdes. Essas considerações informais sobre as propriedades nos bastarão para o que veremos neste capítulo. O leitor interessado nos detalhes formais da semântica subjacente ao que estaremos analisando adiante deve consultar o apêndice B ao final do livro.

De volta às listas de afazeres com que começamos esta seção, temos, em cada uma delas, itens que expressam um conjunto de propriedades. Já em seus cabeçalhos, temos nomes próprios que identificam indivíduos. Nos casos em questão, esses indivíduos eram os filhos João e Pedro. A intenção da mãe ao deixar as listas antes de sair de casa é óbvia: que João arrume sua cama e guarde os brinquedos e que Pedro arrume sua cama, coloque sua roupa suja no cesto e faça sua lição de casa. Em termos mais analíticos e já nos preparando para o que virá a seguir, podemos dizer que o propósito da mãe com as listas era que o referente de cada cabeçalho agisse de modo a que as propriedades expressas pelos itens passem, no futuro próximo, a caracterizá-los. No caso de João, por exemplo, que ele, um tempo após ter levantado, tenha arrumado sua cama e guardado seus brinquedos.

Tudo isso, claro, traz à mente sentenças imperativas e seu uso para exprimir ordens com o intuito de direcionar as ações de alguém. Pouca coisa seria alterada em nossa breve estória doméstica se a mãe, ao invés de ter deixado as listas nas portas dos quartos, tivesse acordado os filhos e se dirigido diretamente a eles antes de sair. Muito provavelmente, suas falas teriam sido as seguintes:

(9) João, arrume sua cama e guarde seus brinquedos!

(10) Pedro, arrume sua cama, coloque sua roupa suja no cesto e faça sua lição de casa!

Isso nos leva diretamente à base da análise semântico-pragmática de Paul Portner para as sentenças imperativas, assentada justamente nas noções de propriedade e listas de afazeres. Apresentaremos os detalhes da proposta de Portner nas seções seguintes.

7.2 Ordenando possibilidades

Para Portner, do ponto de vista estritamente semântico, sentenças imperativas expressam propriedades, assim como declarativas expressam proposições e interrogativas expressam conjuntos de proposições. Uma sentença como (11), por exemplo, expressaria a mesma propriedade expressa pelo predicado verbal da sentença declarativa em (12):

(11)   Chegue cedo amanhã, Pedro!

(12)   Você/Pedro chegará cedo amanhã.

A ideia parece casar bem com um aspecto saliente da forma das sentenças imperativas que é o fato de elas, normalmente, não manifestarem sujeito gramatical explícito, mesmo em línguas que exigem a presença de sujeitos em suas sentenças declarativas e interrogativas, como o inglês. Não entraremos, porém, nos detalhes sintáticos deste tipo sentencial.

A essa semântica um tanto minimalista, Portner acopla uma pragmática baseada em listas de afazeres associadas aos interlocutores participantes de uma conversa. Em uma conversa típica, em que há mais de um participante, cada um deles terá uma lista de afazeres, que abreviaremos aqui por TDL (*to-do list*, em inglês)). Dado um participante A, representaremos sua lista de afazeres por $TDL(A)$. Tecnicamente, a TDL de um participante é um conjunto de propriedades que correspondem às ordens ou pedidos direcionados a ele no curso de uma conversa. Caso nenhuma ordem ou pedido tenha sido dirigido a um determinado participante, sua lista de afazeres permanece vazia.

Vejamos os detalhes, retornando aos diálogos entre mãe e filhos com que terminamos a seção anterior, começando com João:

(13)   João, arrume sua cama e guarde seus brinquedos!

Assumindo que João, ao ouvir o pedido, não o rejeite ou manifeste oposição, sua TDL, inicialmente vazia, será incrementada por duas propriedades: *arrumar a cama* ($\mathcal{I}_1$) e *guardar os brinquedos* ($\mathcal{I}_2$). Assumindo que nenhum outro pedido ou ordem tenha sido direcionado a ele até aquele momento, sua TDL será a seguinte:

(14) $TDL(j) = \{\mathcal{I}_1, \mathcal{I}_2\}$

198 Pragmática

A ideia por trás da proposta é que a TDL direcione as ações futuras de João. Se ele aceitou as ordens ou pedidos que estão em sua TDL, ele deve agir de modo a satisfazer as propriedades que estão lá. Algo semelhante se aplica ao que a mãe diz a Pedro:

(15) Pedro, arrume sua cama, coloque sua roupa suja no cesto e faça sua lição de casa!

Assumindo que Pedro não rejeite ou manifeste oposição ao que a mãe pede, sua TDL, inicialmente vazia, será incrementada por três propriedades: *arrumar a cama* ($\mathcal{I}_1$), *colocar a roupa suja no cesto* ($\mathcal{I}_2$) e *fazer a lição de casa* ($\mathcal{I}_3$). Assumindo que nenhum outro pedido ou ordem tenha sido direcionado a Pedro até aquele momento, sua TDL será a seguinte:

(16) $TDL(p) = \{\mathcal{I}_1, \mathcal{I}_2, \mathcal{I}_3\}$

Exploremos a ideia mais detalhadamente. Já vimos em capítulos anteriores que um falante racional é relevante, consistente e não redundante. Já sabemos como o potencial de mudança de contexto de sentenças declarativas e interrogativas ajuda a caracterizar formalmente essas noções, constituindo elos entre um modelo linguístico (semântico) e um modelo de interação comunicativa. Retomemos, em particular, o *common ground* (CG) de Stalnaker. O CG determina um conjunto de mundos possíveis que serve de pano de fundo conversacional, um espaço de possibilidades sobre o qual a interação comunicativa procede e que, à medida que os interlocutores interagem verbalmente, está em permanente mudança.

A proposta de Portner é que proferimentos imperativos e a correspondente adição de seus conteúdos ao contexto também impactam esse fluxo conversacional. Para o autor, o papel das TDLs associadas aos interlocutores é o de ordenar as possibilidades determinadas pelo CG. A ideia é que uma TDL funcione como uma fonte de ordenação, um critério segundo o qual mundos são comparados entre si e ranqueados de acordo com a satisfação ou não dessas propriedades pelos participantes. De certa forma, TDLs funcionam como um conjunto de metas a serem atingidas. Dado um participante A qualquer, quanto maior o número de propriedades de $TDL(A)$ que sejam *satisfeitas* por A em um mundo w, mais alto será o ranqueamento desse mundo em relação a mundos em que elas não sejam cumpridas.

Voltemos ao exemplo que vimos em (13) e à TDL em (14), associada a João, o participante a quem o proferimento foi dirigido. Essa TDL servirá como fonte de ordenação dos mundos determinados pelo CG. Imagine, simplificadamente, que esses mundos sejam apenas w_1-w_6, e que os fatos relevantes sejam os da tabela em (17), em que $\checkmark$ indica que a proposição na linha correspondente é verdadeira no mundo em questão, e $*$ que a proposição é falsa:

(17)

	w_1	w_2	w_3	w_4	w_5	w_6
João arruma a cama	✓	*	*	✓	*	✓
João guarda os brinquedos	✓	✓	*	*	*	✓

Em w_1 e w_6, João arrumou a cama e guardou os brinquedos, tendo atendido ambos os pedidos da mãe. Já em w_2, apesar de ter guardado os brinquedos, ele não arrumou a cama. Em w_4, temos o oposto: João arrumou a cama, mas não guardou os brinquedos. Por fim, em w_3 e w_5 ele nem arrumou a cama nem guardou os brinquedos, não atendendo a nenhum dos pedidos da mãe. Como se vê, a partir da TDL de João, podemos delinear um ranqueamento ou ordenação de possibilidades, a depender das ações de João e do atendimento ou não dos pedidos da mãe. Antes de refinarmos a análise, passemos ao exemplo que vimos em (15) e à TDL em (16), associada a Pedro, o participante a quem o proferimento foi dirigido.

(18)

	w_1	w_2	w_3	w_4	w_5	w_6
Pedro arruma a cama	✓	*	*	✓	*	✓
Pedro põe a roupa no cesto	✓	✓	*	✓	*	✓
Pedro faz a lição de casa	✓	✓	✓	*	*	✓

Comparando w_1 e w_2, vemos que todos os três pedidos foram atendidos por Pedro em w_1, mas apenas dois deles em w_2. Isso quer dizer que w_1 é preferível a w_2 de acordo com $TDL(p)$, a lista de afazeres de Pedro formada no curso da conversa até o momento em questão. O mundo w_2, por seu turno, é preferível a w_3, mundo em que Pedro atendeu a apenas um dos dois pedidos atendidos em w_2. Observe que w_5 é a pior possibilidade, já que nenhum dos pedidos foi atendido. Note ainda que nem todos os mundos são ranqueáveis um em relação ao outro. w_1 e w_6 são igualmente bons, já que os três pedidos foram atendidos em ambos. Ainda que esses mundos possam diferir em relação a outros fatos, eles se equivalem em relação à $TDL(p)$. Também w_2 e w_4 não são ranqueáveis entre si, já que não atribuímos prioridade a nenhum dos pedidos, uma assunção provavelmente simplificadora. O que está em (18), porém, basta para os nossos propósitos ilustrativos.

A proposta de Portner é que a TDL de um indivíduo serve para ordenar as possibilidades compatíveis com o CG, constituindo-se em um critério para julgar as ações dos participantes. A ideia é que um participante racional e cooperativo deve pautar suas ações de modo a posicionar o mundo real, aquele em que os proferimentos imperativos dirigidos a ele se deram, no topo do ranqueamento relativo à sua TDL. Este é o elo que buscávamos entre o modelo semântico das orações imperativas e o modelo comunicativo que vincula seus conteúdos abstratos (as propriedades) a posturas e ações de mudança de contexto e que estão na essência da interação comunicativa racional. Já havíamos visto isso com proferimentos declarativos e interrogativos, aos quais se somam, agora, os imperativos.

200 **Pragmática**

Em termos um pouco mias explícitos e sucintos, eis o que se extrai da interface entre a semântica e a pragmática imperativa de Portner:

(19) *Ordenação do common ground (CG) por uma lista de afazeres*
Dados dois mundos w e w' pertencentes ao conjunto contextual ($= \bigcap CG$), w será ranqueado acima de w' pela lista de afazeres de um participante A, $TDL(A)$, se, e somente se, toda propriedade em $TDL(A)$ que A tiver em w', A também tiver em w, mas não o contrário.

Em suma, a proposta é que a TDL de um interlocutor A induz uma ordenação (parcial) nos elementos do conjunto contextual determinado por CG. Podemos representar compactamente essa ordenação por $<_{TDL(A)}$, usando a notação $w <_{TDL(A)} w'$ para indicar que w é preferível a w' de acordo com $TDL(A)$, ou ainda, que o primeiro precede o segundo no ranqueamento imposto pela ordenação. Na mesma linha, a notação $w \not<_{TDL(A)} w'$ indica que w não está ranqueado acima de w'. Com isso em mente e trazendo de volta a TDL de Pedro em (16) e o cenário visto em (18), teremos fatos como os seguintes:

(20) a. $w_1 <_{TDL(A)} w_2, w_2 <_{TDL(A)} w_3, w_1 <_{TDL(A)} w_3$
 b. $w_3 \not<_{TDL(A)} w_4, w_4 \not<_{TDL(A)} w_3$

Os ranqueamentos em (20a) se justificam pelo fato de todas as propriedades satisfeitas em w_2 também serem satisfeitas em w_1 (mas não vice-versa), e todas as propriedades satisfeitas em w_3 serem satisfeitas em w_2 (mas não vice-versa). Já a não ordenação apontada em (20b) entre w_3 e w_4 se justifica pelo fato de não haver uma relação de subconjunto entre as propriedades satisfeitas nestes mundos. Em w_3, $\mathcal{I}_3$ foi satisfeita, mas $\mathcal{I}_1$ não, enquanto em w_4, $\mathcal{I}_1$ foi satisfeita, mas $\mathcal{I}_3$ não. Isso evidencia que a ordenação é parcial, ou seja, nem todos os mundos estão ordenados entre si. Do ponto de vista de $TDL(A)$ não há porque preferir w_3 a w_4. Por fim, como se pode depreender de (18), w_1 e w_6 ocupam o topo do ranqueamento induzido por $TDL(A)$. São mundos ideais do ponto de vista imperativo, já que, neles, todas as ordens proferidas são cumpridas. [Ao leitor interessado, oferecemos no apêndice B ao final do livro uma caracterização mais formal da noção matemática de ordem, em cima da qual tecemos as considerações mais informais desta seção.]

Chegamos assim, via Portner, ao que poderíamos chamar de razão ou cooperação imperativa:

> Para qualquer agente A, os participantes de uma conversa concordam mutuamente em julgar as ações de A racionais e cooperativas na medida em que tais ações em qualquer mundo $w_1 \in \bigcap CG$ tendem a tornar mais provável que não haja $w_2 \in \bigcap CG$, tal que $w_2 <_{TDL(A)} w_1$. [...] Para ser considerado racional, um agente deve buscar tornar ver-

dadeiras tantas propriedades de sua to-do list quanto possível.

Portner (2004:243), *tradução minha*

Dado o que já vimos sobre orações imperativas e seus potenciais de mudança de contexto via $TDLs$, chegamos ao desejado elo entre modelo linguístico e modelo comunicativo que mencionamos anteriormente. Ao serem proferidas e aceitas em uma conversa, sentenças imperativas afetam $TDLs$, e, por conseguinte, as ações futuras dos participantes. Um interlocutor racional e cooperativo está comprometido em agir futuramente de acordo com o que está registrado contextualmente em sua TDL. De fato, o comportamento de uma pessoa que, após receber e acatar uma ordem ou pedido para se sentar continua de pé, como se nada tivesse acontecido, parecerá perturbadoramente estranho.

7.3 Imperativos e modalidade

Em nossa discussão da pragmática dinâmica dos proferimentos imperativos, a ideia central foi a de um ranqueamento parcial no conjunto de possibilidades determinadas pelo *common ground* (CG), o pano de fundo conversacional no momento do proferimento. Esse ranquamento foi imposto por $TDL(A)$, a lista de afazeres atribuída ao participante A. Fala-se, nesse caso, que o CG funcionou como uma BASE MODAL, pré-selecionando os mundos possíveis a serem comparados. Já uma TDL funciona como uma FONTE DE ORDENAÇÃO, fornecendo o critério para o ranqueamento das possibilidades selecionadas.

Essa terminologia vem da semântica da modalidade, particularmente do trabalho pioneiro de Angelika Kratzer e sua análise de verbos modais das línguas naturais. São verbos como *poder*, *dever* e *ter que* do português, que, na análise kratzeriana, expressam quantificação sobre mundos possíveis selecionados por uma base modal e ranqueados por uma fonte de ordenação, ambas contextualmente determinadas. Essa dependência contextual reflete a flexibilidade com que esses verbos podem aderir a diferentes sabores modais:

(21)   João deve estar no exterior. O celular dele está fora de área há pelo menos uns três dias.

(22)   João deve pagar pelos erros que cometeu. Não é certo que ele saia impune de tudo isso.

No primeiro caso, temos uma interpretação epistêmica, de acordo com a qual, dadas as evidências, e admitindo que nada de anormal tenha acontecido, é provável que João esteja no exterior. Neste caso, podemos pensar em uma base modal formada por mundos compatíveis com as evidências à disposição do falante, e uma fonte de ordenação baseada em algo como o curso normal dos eventos. Nos mundos da base modal, João, por exemplo, não atendeu o celular dele nos últimos três dias. De acordo com a fonte de ordenação, mundos em que João abandonou tudo e foi morar isolado do restante da humanidade no pólo norte não são altamente ranqueados, ainda que as evidências do falante não tenham como excluir definitivamente essa possibilidade. A sentença modalizada em (21) afirma que, nas possibilidades da base modal no topo do ranqueamento, João está no exterior.

Já no segundo exemplo, temos uma interpretação deôntica, que nos remete ao comportamento do João perante um certo código de conduta. Neste caso, podemos falar em uma base modal circunstancial, que leva em conta fatos recentes a respeito de João, e uma fonte de ordenação deôntica, que privilegia mundos em que o maior número possível de leis ou princípios morais (ou penais) seja obedecido. De acordo com (22), tendo em vista as ações recentes de João, no topo do ranqueamento estão mundos em que, de alguma forma, ele paga pelo que fez. Note que, neste caso, as circunstâncias excluem da base modal mundos deonticamente ideais, em que nenhuma lei ou princípio é desobedecido. Como o contexto deixa claro, João já cometeu alguma infração. Sendo assim, do ponto de vista deôntico, não tendo como voltar no tempo e assumindo que o que está feito está feito, uma punição é melhor que uma omissão.

Se o contexto entra na determinação do sabor modal, como na oposição entre modalidade epistêmica e deôntica dos exemplos anteriores, a força modal é determinada lexicalmente. Os verbos *dever* e *ter que* são mais fortes que *poder*, como se vê nos dois exemplos a seguir:

(23)   João pode estar no exterior. Ele tem muitos clientes internacionais.

(24)   João pode trabalhar de bermuda. A empresa dele é muito liberal.

Como se pode notar, no caso epistêmico, passamos de certeza ou alta probabilidade expressa pelos verbos *dever* ou *ter que* à mera possibilidade, no caso do verbo *poder*. No caso deôntico, passamos de obrigações ou deveres a permissões.

O ponto que queremos realçar com essa breve incursão no domínio da modalidade é uma analogia entre a ordenação de possibilidades associada a sentenças declarativas com verbos modais e a ordenação associada a sentenças imperativas. Essa analogia atravessa uma série de forças e sabores modais, como atestam os exemplos a seguir, inspirados em Portner 2007:

(25)   *ordem/modalidade deôntica*
Sai da sala, Maria!/Maria tem que sair da sala.

(26)   *oferta/modalidade deôntica*
Pega um doce, Maria! Maria pode pegar um doce.

(27)   *recomendação/modalidade teleológica*
Pega um Uber, Maria!/Maria deve pegar um Uber.

(28)   *desejo/modalidade bulética*
Passa nesse concurso, Maria!/A Maria tinha que passar nesse concurso.

No domínio deôntico, as ações de ordem e oferta estão associadas às noções de obrigação e permissão. No domínio teleológico, que diz respeito a ações vinculadas a finalidades ou metas, ações de recomendação estão associadas à noção de graus de satisfação. Em (27), por exemplo, podemos imaginar um cenário em que Maria manifesta sua intenção de ir até um determinado local e seu interlocutor sinaliza que usar o Uber é mais satisfatório que usar outros meios de transporte. E no domínio bulético, referente aos desejos de alguém, imperativo e verbo modal externalizam o sentimento de torcida para que o falante obtenha algo desejável.

Não se deve, porém, tomar as considerações que acabamos de fazer como indicativas de equivalência semântica entre sentenças imperativas e sentenças declarativas com verbos modais. De fato, as semelhanças que apontamos são notáveis. Entretanto, sentenças imperativas não descrevem o mundo e, portanto, não são avaliáveis como verdadeiras ou falsas. Isso, inclusive, está de acordo com o que vimos nas seções anteriores: o valor semântico de uma sentença imperativa é uma propriedade, não uma proposição. Já sentenças declarativas, mesmo as com verbos modais, expressam um estado de coisas e são avaliáveis como verdadeiras ou falsas. Elas nos informam, dentre outras coisas, sobre o que é permitido, exigido, preferível ou desejável no mundo real. Podemos dizer que os proferimentos dessas sentenças são, na conhecida dicotomia austiniana que vimos no capítulo 3, constativos, e não performativos. Podemos dizer ainda, retomando a noção de força ilocucionária (também discutida naquele capítulo), que as sentenças declarativas com verbos modais estão associadas a uma força assertiva, enquanto as imperativas estão associadas a uma força diretiva. É inegável, porém, que ao menos algumas sentenças modais, notadamente aquelas com sujeitos cujo referente é (ou inclui) o ouvinte, parecem ter um caráter performativo semelhante ao das imperativas. É o caso de (29), por exemplo, em que o falante não aparenta estar simplesmente descrevendo, mas sim instituindo uma regra e impondo uma obrigação aos ouvintes:

(29)   Vocês agora devem ficar em silêncio.

Este, porém, não é privilégio de sentenças modalizadas. (30), uma declarativa sem verbo modal (se assumirmos que formas futuras não são inerentemente modais), também se encaixa nesse mesmo perfil:

(30)   Vocês agora ficarão em silêncio.

Neste caso também, a função do proferimento não parece meramente assertiva ou preditiva, mas sim diretiva, como o é explicitamente a de (31):

(31)   Fiquem em silêncio, por favor!

204 Pragmática

Uma maneira conservadora de lidar com esses exemplos seria manter sua força assertiva, mas adicionar, via implicatura conversacional griceana, um caráter diretivo, como aliás, vimos no capítulo 3, quando falamos de atos de fala indiretos, em conexão com exemplos como (32), em que uma sentença interrogativa, canonicamente associada a solicitações de informação, é usada diretivamente, como solicitação de ação:

(32)   Você poderia me passar o sal?

Neste caso, sendo implausível que o falante esteja indagando sobre as capacidades físicas do ouvinte, este extrapola o que foi dito, inferindo a real intenção do falante de que o saleiro lhe fosse passado. Na mesma linha, poderíamos pensar que seja implausível nos casos de (29) e (30) que o falante esteja simplesmente informando ou prevendo. Presumindo que ele tenha autoridade sobre sua audiência (pense em um professor diante de seus alunos), é razoável inferir que sua intenção seja impor uma obrigação ou direcionar o comportamento dos ouvintes.

Essas não são, como se pode perceber, questões simples e eventuais decisões analíticas precisam ser cautelosas antes de investigar em detalhe os múltiplos usos de sentenças imperativas e modalizadas. Ao leitor interessado, indicaremos algumas referências ao final do capítulo.

7.4   Multidimensionando o contexto

Uma das características emergentes da semântica imperativa que apresentamos neste capítulo é que a cada tipo sentencial corresponde um tipo diferente de valor semântico. Sentenças declarativas expressam proposições, interrogativas expressam relações (ou partições) e imperativas expressam propriedades.

Como vimos, Portner propôs estender essa tripartição semântica a uma pragmática dinâmica associada aos proferimentos sentenciais. O panorama semântico-pragmático emergente dessas considerações é de um contexto tridimensional. Seu primeiro componente é o *common ground* (CG) stalnakeriano, o conjunto de proposições que servem de pano de fundo conversacional. Proposições, já sabemos, são o que sentenças declarativas expressam semanticamente. Elas são os objetos de atos de fala assertivos, cujo efeito essencial é a adição de elementos ao CG. Para uma sentença declarativa S que expressa a proposição p_S, seu potencial de mudança de contexto $C[S]$ pode ser representado como em (33):

(33) $C[S] = CG_C \cup \{p_S\}$

Portner assume como segundo componente contextual um conjunto de questões abertas, QS (*question set*, em inglês). Seus elementos são questões já levantadas pelos participantes, mas ainda não resolvidas. Falamos sobre isso no capítulo anterior, quando associamos essas questões ao significado de sentenças interrogativas. Como vimos, sentenças interrogativas expresssam conjuntos de proposições que particionam o domínio contextual. Esses conjuntos são o objeto de atos de fala inquisitivos, cujo efeito essencial é o de particionar os mundos do domínio contextual ($\bigcap CG$). Para uma sentença interrogativa S que expressa uma partição Q_S, seu potencial de mudança de contexto $C[S]$ pode ser representado como em (34):

(34) $C[S] = QS_C \cup \{Q_S\}$

A esses dois componentes, CG e QS, Portner acrescenta um terceiro, justamente as TDLs que apresentamos neste capítulo. Uma TDL, como vimos, é um conjunto de propriedades que são significados de orações imperativas. À medida que sentenças imperativas são proferidas (e aceitas), essas propriedades vão sendo adicionadas à TDL de um participante da conversa, pautando suas ações futuras. Sendo assim, o potencial de mudança de contexto de uma sentença imperativa S que expressa uma propriedade $\mathcal{I}_S$, quando proferida a um ouvinte o em um contexto C qualquer, será:

(35) $C[S] = TDL_C(o) \cup \{\mathcal{I}_S\}$

Essa tripartição semântico-pragmática nos leva ao seguinte quadro, em que C é um contexto em constante mudança à medida que uma conversa flui:

(36) $C = \langle CG, QS, TDL \rangle$

(37) *Semântica/pragmática dos tipos sentenciais (adaptado de Portner 2004)*

Tipo	Semântica	Componente de C	CCP
Declarativo	proposição (p)	*Common Ground* conjunto de proposições	Assertivo: $CG \cup \{p\}$
Interrogativo	partição ($\mathcal{Q}$)	*Question Set* conjunto de partições	Inquisitivo: $QS \cup \{\mathcal{Q}\}$
Imperativo	propriedade ($\mathcal{I}$)	*To-Do List* conjunto de propriedades	Diretivo: $TDL \cup \{\mathcal{I}\}$

Sobre a relação entre a semântica (estática) e a pragmática (dinâmica) das sentenças declarativas e interrogativas, já havíamos falado bastante nos capítulos anteriores. Sobre as sentenças imperativas, falamos bastante neste capítulo, detalhando como sua semântica se integra em uma dinâmica contextual baseada na tripartição esquematizada em (36)-(37). Para tanto, vimos como as TDLs, formalmente caracterizadas como conjuntos de propriedades, devem ser entendidas em termos comunicativos.

Fechamos este capítulo chamando a atenção do leitor para o fato de que os tipos sentenciais declarativo, interrogativo e imperativo são os tipos mais comuns entre as línguas naturais e especulando, com Portner, que a relação entre essa tripartição morfossintática e a tripartição contextual em (36)-(37) pode não ser uma coincidência, mas um traço de nossa arquitetura cognitiva que revela uma harmonia entre sintaxe e semântica, de um lado, e comunicação linguística de outro. Fica em aberto a integração de outros tipos sentenciais tipologicamente menos comuns, como o exclamativo, por exemplo, nesse quadro semântico-pragmático.

Recomendações de leitura

O trabalho de Paul Portner que serviu de base ao material deste capítulo foi Portner (2004). Mais focado na relação entre imperativos e modalidade é Portner (2007). Os textos clássicos sobre ordenação e modalidade de Angelika Kratzer são Kratzer (1981) e Kratzer (1991). Para uma ótima introdução, ver Portner (2009).

Uma apresentação mais abrangente e bastante acessível sobre as sentenças imperativas pode ser encontrada em Jary & Kissine (2014). Ver também os capítulos dedicados ao tema em Siemund (2018). Em um nível mais técnico, ver Kaufmann (2012). Nestes trabalhos, o leitor encontrará uma farta lista de referências bibliográfica com trabalhos mais avançados sobre diversos aspectos da sintaxe, semântica e pragmática das sentenças imperativas.

Exercícios

1. Compare os imperativos, digamos, categóricos, que discutimos neste capítulo, com imperativos condicionais, do tipo *se for se atrasar, me avise pelo celular*. Qual seria o efeito contextual desses imperativos condicionais em termos de propriedades e listas de afazeres?

2. Considere um caso de imperativo negativo como *não me interrompa durante a reunião!*. É possível formalizá-los como fizemos com os imperativos afirmativos através de propriedades e *to do lists*? Discuta.

3. Como discutido no capítulo 3 a respeito dos atos de fala, promessas, de um lado, e ordens/pedidos de outro, ainda que claramente diferentes, têm algo em comum. Discuta a possibilidade de aplicar o aparato formal usado com os imperativos neste capítulo aos atos promissivos, como em *prometo chegar em casa às antes das 22h*, realçando o que pode ser mantido e o que deve ser mudado.

8 Foco e tópico: perguntas e respostas

No capítulo 1, mencionamos brevemente dois tipos de ambiguidade sentencial:

(1) Eu estou na frente de um banco.

(2) Eu visitei uma fábrica de chinelos.

O primeiro exemplo é um caso de ambiguidade lexical, resultante do fato de o léxico do português possuir dois itens com significados distintos, mas pronunciados da mesma forma: *banco*. O segundo exemplo é um caso de ambiguidade estrutural, resultante do fato de a gramática do português permitir que uma mesma sequência de palavras seja agrupada de duas maneiras diferentes. No caso em questão, a sequência *de chinelos* pode estar modificando tanto o substantivo *fábrica*, qualificando o tipo de estabelecimento visitado (fábrica que produz chinelos), quanto o pronome *eu*, qualificando o sujeito visitante (eu usei chinelos na visita). Considere, agora, o exemplo em (3) e tente avaliá-lo como verdadeiro ou falso, tendo em vista o cenário em (4).

(3) Só tem triângulo na figura dois.

(4)

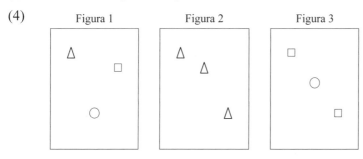

Impossível dizer se (3) é verdadeira ou falsa sem sabermos como a sentença foi pronunciada. Se enfatizarmos o substantivo *triângulo*, a sentença será verdadeira (já que não há nada além de triângulos na figura 2), mas se enfatizarmos o numeral *dois*, ela será falsa (já que há um triângulo na figura 1). Como se vê, marcações prosódicas distintas bastam para afetar o conteúdo proposicional. Mas não é só. Há casos em que o papel da prosódia não é alterar a proposição expressa pela sentença, mas sintonizar a sentença com o discurso que a antecede. Considere os dois exemplos a seguir, com as letras maiúsculas indicando a ênfase ou o destaque prosódico:

(5)   Eu vou pendurar esse quadro NAQUELA PAREDE.

(6)   Eu vou pendurar ESSE QUADRO naquela parede.

Mesmas palavras, mesma ordem, mesma proposição. Em ambos os casos, o falante está afirmando que vai pendurar um certo quadro em uma certa parede. Se o fizer, ambas as sentenças serão verdadeiras. Se não o fizer, ambas as sentenças serão falsas. Neste sentido, (5) e (6) dizem a mesma coisa. Mas as marcações prosódicas não são gratuitas. Imagine que as sentenças tenham sido proferidas imediatamente após uma pergunta. As marcações em (5) e (6) nos permitem inferir que pergunta foi essa. (5), mas não (6), soa natural como resposta a (7):

(7)   Em que parede você vai pendurar esse quadro?

Já (6), mas não (5), soa natural se a pergunta tiver sido (8):

(8)   Que quadro você vai pendurar naquela parede?

Em termos ainda bastante informais, estas marcações prosódicas funcionam como uma espécie de concordância no nível do discurso, tornando o uso de uma sentença adequado apenas quando o contexto de proferimento atende a certos requerimentos. De certo modo, isso guarda semelhança com o que vimos sobre gatilhos pressuposicionais no capítulo 5. A presença, por exemplo, do artigo definido singular *o* ou da locução verbal *parar de* em uma sentença disparam pressuposições que impõem condições sobre os contextos em que a sentença pode ser admitida. Entretanto, se naqueles casos, a (im)pertinência pragmática se revelava na escolha de certos itens lexicais, em casos como (5) e (6), bem como em outros que iremos discutir neste capítulo, os efeitos se dão de maneira mais sutil, já que atrelados à prosódia sobreposta a esses elementos lexicais e à estrutura sintática de uma sentença. Tudo isso sugere uma interface entre prosódia e interpretação.

Em uma outra direção, mas ainda relacionada ao que acabamos de ver, há casos em que, mesmo alterando-se a ordem de palavras e a estrutura sintática, o resultado não afeta a proposição expressa pela sentença:

(9)   Eu li esse livro pela primeira vez quando eu tinha dez anos.

(10)   Esse livro, eu li pela primeira vez quando eu tinha dez anos.

(11)   Quando eu tinha dez anos, eu li esse livro pela primeira vez.

Essas três sentenças são verdadeiras (ou falsas) nas mesmas situações. As alterações na ordem de palavras não afetam suas condições de verdade, ou seja, a proposição expressa por elas. Entretanto, elas afetam suas condições de uso. (10), por exemplo, parece a escolha certa se estivermos falando do livro em questão. Já (11) seria preferível se o assunto em discussão fosse a minha infância. Novamente, uma mesma informação veiculada de maneiras distintas e dependentes de certos aspectos do contexto de proferimento.

Este será o tema central deste capítulo: discutiremos como certas marcas linguísticas afetam as condições de uso de uma sentença, mesmo quando seu conteúdo proposicional permanece intacto. Analisaremos e formalizaremos duas destas marcas: FOCO e TÓPICO. Adentraremos o domínio conhecido como ESTRUTURA INFORMACIONAL. A ideia por trás do termo é que uma mesma informação pode estar estruturada de diferentes formas e que a escolha entre elas depende de certas características do contexto conversacional.

8.1 A pragmática do foco

Os primeiros fenômenos prosódico-pragmáticos que discutiremos estão associados à noção de FOCO, retomando o que vimos de forma ligeira e informal na introdução. Em função de sua face prosódica, não é tão simples ilustrá-los por meio da escrita e contaremos com a intuição linguística do leitor para identificar mentalmente as marcas fonológicas que acompanham as nuances interpretativas em discussão. A título de ilustração inicial, considere os exemplos a seguir, prestando especial atenção à pronúncia dos elementos destacados por letras maiúsculas. Os diálogos em questão dizem respeito a um jantar a dois ocorrido na noite anterior, sendo Carlos e Maria o casal em questão:

(12)   A: O que o Carlos pediu?
         B: O Carlos pediu SALADA.

(13)   A: Quem pediu salada?
         B: O CARLOS pediu salada.

Nos dois diálogos, as respostas de B trazem a informação de que Carlos pediu salada. Há, porém, uma diferença bastante clara entre elas e que se manifesta na maneira como os constituintes grafados em maiúscula são pronunciados. No primeiro caso, a palavra *salada* recebe uma espécie de acento ou marcação prosódica especial, conferindo ao objeto direto uma saliência que o destaca em relação aos demais elementos da sentença. O mesmo acontece no segundo exemplo, desta vez com o sujeito sentencial *Carlos* em destaque.

Tanto em (12) quanto em (13), o item em destaque na resposta corresponde ao constituinte sobre o qual a pergunta incidia. Isso não foi coincidência, e se trocar-

210 Pragmática

mos as respostas, mantendo as perguntas, notaremos um efeito de estranhamento bastante claro:

(14) A: O que o Carlos pediu?
      B: ??O CARLOS pediu salada.

(15) A: Quem pediu salada?
      B: ??O Carlos pediu SALADA.

Se o leitor pronunciar as respostas exatamente como em (14) e (15), dando proeminência entoacional aos elementos destacados, notará uma clara incongruência entre pergunta e resposta em ambos os pares, que é o que os pontos de interrogação antepostos às respostas buscam indicar. Esse contraste entre a adequação dos primeiros diálogos e a estranheza discursiva emergente nos últimos mostra que a marcação prosódica não é arbitrária e que sua escolha está atrelada ao discurso que antecede imediatamente o proferimento.

Vejamos um outro exemplo dessa associação entre prosódia e pragmática:

(16) A: O Carlos pediu salada.
      B: Não, o Carlos pediu SOPA.

(17) A: A Maria pediu sopa.
      B: Não, o CARLOS pediu sopa.

Novamente, as falas de B são semelhantes do ponto de vista da escolha e ordem de palavras, assim como da informação principal que veiculam, a de que Carlos pediu sopa. Como nos exemplos anteriores, a diferença está nos constituintes em destaque, objeto direto em (16) e sujeito em (17). Nestes casos, a marcação prosódica auxilia, junto com a negação inicial, na veiculação da noção de contraste. Em (16), B informa que o que Carlos pediu não foi salada, mas sopa. Já em (17), ele sinaliza que não foi Maria, mas Carlos, quem pediu sopa. Como o leitor já pode antecipar, trocar as respostas resultará em uma intuição de incongruência discursiva:

(18) A: O Carlos pediu salada.
      B: ??Não, o CARLOS pediu sopa.

(19) A: A Maria pediu sopa.
      B: ??Não, o Carlos pediu SOPA.

A estranheza é clara, resultante do descompasso entre o destaque prosódico e o efeito discursivo almejado.

Em todos os casos que vimos até aqui, havia um constituinte em destaque. Diremos que se trata de um CONSTITUINTE FOCALIZADO ou marcado como FOCO. Representaremos a focalização de um constituinte α por $[_F \alpha]$. A ideia é que F seja uma espécie de traço ou atributo gramatical presente na estrutura sintática e que afeta tanto a pronúncia quanto a interpretação da sentença em questão, sendo o elo entre os efeitos fonéticos e discursivos do tipo visto nos exemplos que já apresentamos.

A caracterização fonética do foco é, por si só, um tema complexo, do qual não nos ocuparemos aqui. Manteremos nossa caracterização bastante rasa de que sua realização fonética é um tipo de proeminência acústica ao qual nosso aparato perceptual é sensível. Ignoraremos, inclusive, particularidades fonéticas que diferenciam diferentes tipos de foco. O leitor talvez tenha percebido que o foco contrastivo dos exemplos em (16)-(19) não é foneticamente idêntico ao foco de resposta dos exemplos em (12)-(15), ainda que em todos os casos seja legítimo falar em saliência ou proeminência prosódica.

Do ponto de vista interpretativo, a situação é igualmente complexa. Nos exemplos que já vimos, dirigimos nossa atenção ao fato de que a presença do foco limita os contextos discursivos em que uma sentença pode ser usada. São efeitos essencialmente pragmáticos, que não afetam as condições de verdade ou o valor semântico proposicional das sentenças em questão. Há casos, porém, como já vimos rapidamente na introdução, em que o foco interage com outros elementos sentenciais, resultando em efeitos semânticos notáveis. É o que acontece, por exemplo, com sentenças com a palavra *só*, quando sinônima de *somente* ou *apenas*. Como ilustração adicional, imagine como cenário uma reunião social em que eu tenha feito algumas apresentações entre pessoas que não se conheciam, dentre elas Bruno, Maria e Suzana. Com isso em mente, considere as duas sentenças em (20), com a marcação de foco já inserida, bem como a relação de seus significados com (21):

(20)   a.   Eu só apresentei [$_F$ o Bruno] para a Suzana.
        b.   Eu só apresentei o Bruno para [$_F$ a Suzana].

(21)   Eu apresentei o Bruno para a Suzana.

Suponha que eu tenha, de fato, apresentado Bruno para Suzana durante o evento. Sendo assim, (21) será verdadeira. Mas e as sentenças em (20)? Note que ambas acarretam que eu apresentei Bruno para Suzana. Entretanto, a presença de *só* torna essas sentenças mais fortes que (21). (20a) afirma que eu apresentei Bruno, e ninguém mais, para Suzana. Ela é compatível com eu tê-lo apresentado a outras pessoas. A exclusividade implicada por (20a) diz respeito a quem eu apresentei à Suzana: apenas Bruno. Isso fica ainda mais nítido se antepusermos o objeto indireto *para a Suzana* ao restante da sentença, como em (22), deixando o constituinte focalizado no final. Voltaremos a esse tipo de sentença com deslocamento ainda neste capítulo:

(22)   Para a Suzana, eu só apresentei [$_F$ o Bruno].

Já (20b) afirma que eu apresentei Bruno para Suzana e ninguém mais. Ela é perfeitamente compatível com eu ter apresentado outras pessoas para Suzana. A exclusividade, neste caso, diz respeito a quem eu apresentei o Bruno: apenas à Suzana. Neste caso, a interpretação em questão fica mais nítida ao deslocarmos o objeto direto *o Bruno* para o início da sentença, como em (23), deixando novamente o constituinte focalizado no final:

(23) O Bruno, eu só apresentei para [F a Suzana].

Vemos, portanto, que (20a) e (20b) têm condições de verdade distintas, ou seja, as proposições que elas expressam não são as mesmas. Como a única diferença entre elas é o constituinte focalizado, concluímos que o foco pode ter papel semântico ativo, afetando o valor semântico da sentença que contém o constituinte.

Na próxima seção, vamos implementar um sistema interpretativo sensível à presença de constituintes focalizados e capaz de auxiliar na elucidação dos fatos semântico-pragmáticos que acabamos de discutir. Após apresentar o aparato formal, voltaremos aos fatos apresentados.

8.2 Semântica de alternativas

As sentenças com as quais lidaremos nesta seção contêm ao menos um constituinte focalizado, como (24) e (25) a seguir:

(24) O João apresentou [F o Pedro] para a Maria.

(25) O João apresentou o Pedro para [F a Maria].

Do ponto de vista interpretativo, queremos capturar que ambas têm algo em comum, expressando a informação que o João apresentou o Pedro para a Maria, ao mesmo tempo que impõem requerimentos discursivos distintos, como nos casos de congruência pergunta-resposta:

(26) P: Quem o João apresentou para a Maria?
      R: O João apresentou [F o Pedro] para a Maria.

(27) P: Pra quem o João apresentou o Pedro?
      R: João apresentou o Pedro para [F a Maria].

Para representar o que essas respostas têm de semelhante e de diferente, o linguista Mats Rooth implementou um sistema interpretativo que atribui dois valores semânticos aos constituintes linguísticos e que ele chamou de VALOR ORDINÁRIO e VALOR DE FOCO. O valor ordinário, representado por $[\![\ ]\!]^o$, corresponde à interpretação usual do constituinte e não é afetado pela marcação de foco. Nomes próprios, por exemplo, focalizados ou não, se referem a indivíduos:

(28) a. $[\![\text{o Pedro}]\!]^o = [\![\ [\text{F o Pedro}]\ ]\!]^o = Pedro$ (a pessoa)

b. $[[a \text{ Maria}]]^o = [[\text{ } [_F \text{ a Maria}] \text{ }]]^o = Maria$ (a pessoa)

Já o valor de foco, representado por $[[\text{ }]]^f$, é afetado pela marcação de foco, introduzindo o que se chama tecnicamente de ALTERNATIVAS. As alternativas semânticas de um constituinte α qualquer são todos os elementos do mesmo tipo semântico que seu valor ordinário. No caso de nomes próprios, por exemplo, as alternativas serão indivíduos. A ideia básica é que o valor de foco de um constituinte focalizado é o conjunto dessas alternativas, incluindo seu valor ordinário:

(29) a. $[[\text{ } [_F \text{ o Pedro}] \text{ }]]^f = \{João, Maria, Pedro, ...\}$
      b. $[[\text{ } [_F \text{ a Maria}] \text{ }]]^f = \{João, Maria, Pedro, ...\}$

O processo de composição semântica leva em conta tanto o valor ordinário quanto o valor de foco dos constituintes. Em relação ao valor ordinário, não há novidades. Sentenças declarativas, por exemplo, terão proposições como valor ordinário:

(30) $[[o \text{ João apresentou } [_F \text{ o Pedro}] \text{ para a Maria }]]^o =$
      $\{w \mid$ o João apresentou o Pedro para a Maria em $w\}$

(31) $[[o \text{ João apresentou o Pedro para } [_F \text{ a Maria}] \text{ }]]^o =$
      $\{w \mid$ o João apresentou o Pedro para a Maria em $w\}$

Como se vê, o valor de foco não influiu no valor ordinário e ambas as sentenças expressam a mesma proposição. Para simplificar a notação do que vem a seguir, usaremos sentenças em itálico para representar proposições:

(32) $[[o \text{ João apresentou } [_F \text{ o Pedro}] \text{ para a Maria }]]^o =$
      o João apresentou o Pedro para a Maria

(33) $[[o \text{ João apresentou o Pedro para } [_F \text{ a Maria}] \text{ }]]^o =$
      o João apresentou o Pedro para a Maria

Não se deve, porém, esquecer que proposições são conjuntos de mundos possíveis, não sendo, portanto, objetos linguísticos.

Já no caso do valor de foco, as alternativas acompanharão a composição semântica até o nível sentencial. Como sentenças declarativas expressam proposições, o valor de foco de uma sentença deste tipo será um conjunto de proposições. Ao contrário do valor ordinário, o valor de foco de uma sentença irá variar, dependendo da posição ocupada pelo constituinte focalizado:

(34) $[[João \text{ apresentou } [_F \text{ Pedro}] \text{ pra Maria }]]^f = \{João \text{ apresentou Alan para Maria}$, *João apresentou Bruno para Maria, João apresentou Carlos para Maria, João apresentou Pedro para Maria, ...* }

214 Pragmática

(35) ⟦João apresentou Pedro pra [F Maria] ⟧^{f} = {*João apresentou Pedro para Alan, João apresentou Pedro para Bruno, João apresentou Pedro para Carlos, João apresentou Pedro para Maria, ...* }

Como se pode ver, em (34), o valor de foco tem elementos do tipo *João apresentou x para Maria*, enquanto em (35), esses elementos são do tipo *João apresentou Pedro para x*. Em ambos os casos, o valor de foco é um conjunto que tem o valor ordinário como elemento, além de vários outros, determinados pela posição e pelo domínio do elemento focalizado.

De volta aos pares pergunta-resposta em (26) e (27), o ponto mais importante a se notar é que as respostas têm o mesmo valor ordinário, mas valores de foco distintos. A semelhança entre os valores ordinários capta a semelhança informativa que notamos entre elas. Independente da contribuição da focalização, ambas as respostas nos informam que João apresentou Pedro para Maria. A relevância do valor de foco baseado na semântica de alternativas que acabamos de delinear é que ele permite expressar semanticamente, e de maneira formal, o requerimento de congruência entre pergunta e resposta, ilustrado em (26)-(27), e que descrevemos informalmente como a intuição de que, em um par pergunta/resposta, o constituinte focalizado na resposta corresponde ao constituinte questionado na pergunta. Para entender como isso é feito, precisamos falar da interpretação de sentenças interrogativas em uma semântica de alternativas como a implementada por Rooth.

Relembrando o que vimos a esse respeito no capítulo 6, sentenças interrogativas expressam conjuntos de proposições equivalentes às suas possíveis respostas completas. Essa era a essência da semântica interrogativa que detalhamos naquele capítulo. Rooth mantém que sentenças interrogativas expressam conjuntos de proposições, e que essas proposições são possíveis respostas à pergunta levantada pela sentença. Entretanto, não se trata de respostas completas, também chamadas de exaustivas. Por exemplo, para uma pergunta como *Quem já chegou?*, serão consideradas como possíveis respostas proposições como *Pedro já chegou*, *Maria já chegou*, etc. O ponto a se notar é que essas proposições não são mutuamente excludentes, no sentido de que Pedro já ter chegado é compatível com outras pessoas, incluindo Maria, também já terem chegado. Por isso, respostas do tipo *x já chegou* são chamadas de não exaustivas. Contrastam com o tipo de resposta que constituíam a interpretação das sentenças interrogativas como no capítulo 6, que eram do tipo *x, e ninguém mais, já chegou*.

Em resumo, para Rooth, o valor ordinário de uma sentença interrogativa é um conjunto de proposições tendo por elementos suas possíveis respostas, mas sem o requerimento de que sejam completas ou exaustivas. Vejamos, como exemplos, a interpretação das perguntas em (26) e (27):

Foco e tópico: perguntas e respostas 215

(36) ⟦Quem João apresentou pra Maria?⟧^{o} = {*João apresentou Alan para Maria, João apresentou Bruno para Maria, João apresentou Carlos para Maria, João apresentou Pedro para Maria, ...* }

(37) ⟦Para quem João apresentou Pedro?⟧^{o} = {*João apresentou Pedro para Alan, João apresentou Pedro para Bruno, João apresentou Pedro para Carlos, João apresentou Pedro para Maria, ...* }

Como se vê, o valor ordinário de uma pergunta varia de acordo com a posição do constituinte sobre o qual a pergunta incide. Cotejando (36) e (37) com os valores de foco de suas respostas vistos em (34) e (35), notamos que eles se equivalem, ou seja, que o valor de foco da resposta é igual ao valor ordinário da pergunta. Disso podemos formular o princípio a seguir:

(38) *Congruência Pergunta-Resposta*
Em um par pergunta/resposta (P/R), ⟦R⟧^{f} deve ser igual a ⟦P⟧^{o}.

Quando essa condição não é obedecida, temos a sensação de incongruência ou de que o foco foi posto no lugar errado:

(39) P: Quem João apresentou para Maria?
R: ??João apresentou Pedro para [$_F$ Maria].

(40) a. ⟦P⟧^{o} = {*João apresentou Alan para Maria, João apresentou Bruno para Maria, João apresentou Carlos para Maria, João apresentou Pedro para Maria, ...* }
b. ⟦R⟧^{f} = {*João apresentou Pedro para Alan, João apresentou Pedro para Bruno, João apresentou Pedro para Carlos, João apresentou Pedro para Maria, ...* }

Como se nota, não há congruência entre pergunta e resposta, já que os elementos em ⟦P⟧^{o} são do tipo *João apresentou x para Maria*, ao passo que os elementos de ⟦R⟧^{f} são do tipo *João apresentou Pedro para x*. O mesmo vale para o par a seguir:

(41) P: Para quem João apresentou Pedro?
R: ??João apresentou [$_F$ Pedro] para Maria.

(42) a. ⟦P⟧^{o} = {*João apresentou Pedro para Alan, João apresentou Pedro para Bruno, João apresentou Pedro para Carlos, João apresentou Pedro para Maria, ...* }
b. ⟦R⟧^{f} = {*João apresentou Alan para Maria, João apresentou Bruno para Maria, João apresentou Carlos para Maria, João apresentou Pedro para Maria, ...* }

216 Pragmática

Vista de um certo ângulo, a focalização de um constituinte guarda certa semelhança com traços gramaticais, como o de gênero, em pronomes pessoais. Quando se está falando de pessoas, o uso de um pronome como *ele* requer a presença de um referente masculino que esteja saliente no contexto. Da mesma forma, o pronome *ela* requer a presença de um referente feminino. Desobedecer a essa condição é incorrer em um tipo incongruência discursiva:

(43) a. Maria é muito inteligente. ??Ele estuda muito.
      b. Pedro é muito inteligente. ??Ela estuda muito.

Está claro que a escolha do gênero pronominal não é arbitrária e deve coincidir com o de seu antecedente discursivo. A analogia que mencionamos coloca uma pergunta como o antecedente discursivo de uma resposta, sendo a marcação de foco na resposta o equivalente ao gênero pronominal. A diferença é que ao invés dos valores semânticos individuais de nomes e pronomes, temos valores semânticos proposicionais no caso de perguntas e respostas. Podemos, inclusive, pensar em uma relação de pressuposição. Tanto gênero quanto foco são traços gramaticais que disparam pressuposições a serem observadas no momento de proferimento. No caso de pronomes, a pressuposição requer a existência de um referente masculino ou feminino saliente no contexto. No caso do foco, ela requer a presença de um conjunto de proposições que equivalha ao valor de foco da resposta. Quando a pressuposição não é satisfeita, nota-se uma inadequação pragmática. Uma análise nesta linha foi proposta por Rooth em alguns de seus trabalhos (ver referências ao final do capítulo).

A análise roothiana se aplica também a perguntas polares, que requerem respostas afirmativas ou negativas. Neste caso, o valor ordinário das sentenças interrogativas são conjuntos contendo apenas duas proposições:

(44) $[\![$João apresentou Pedro pra Maria?$]\!]^o$ = {*João apresentou Pedro pra Maria*, *João não apresentou Pedro pra Maria*}

A forma mais natural de responder a este tipo de pergunta é usando um simples *sim*, no caso afirmativo, ou um *não*, no caso negativo.

(45) P: O João apresentou o Pedro para a Maria?
      R: Sim/Não.

No caso afirmativo, é ainda bastante comum no português responder apenas como o verbo na mesma conjugação em que aparece na pergunta:

(46) P: O João apresentou o Pedro para a Maria?
      R: Apresentou.

Podemos pensar nessas respostas curtas como versões elípticas das respostas sentenciais correspondentes. Em algumas propostas teóricas, assume-se uma projeção sintática que hospeda operadores de polaridade: afirmativo (*sim*) e negativo (*não*), sendo o afirmativo frequentemente elidido. Esses operadores seriam os elementos focalizados nas respostas, sendo um a alternativa do outro:

(47) P: O João apresentou o Pedro para a Maria?
R$_1$: O João [$_F$ ~~sim~~] apresentou o Pedro para a Maria.

(48) P: O João apresentou o Pedro para a Maria?
R$_2$: O João [$_F$ não] apresentou o Pedro para a Maria.

(49) $[\![R_1]\!]^f = [\![R_2]\!]^f =$
{*O João apresentou o Pedro para a Maria, O João não apresentou o Pedro para a Maria*}

Quando o operador afirmativo não é pronunciado, o acento fonológico de foco recai sobre o verbo:

(50) O João APRESENTOU o Pedro para a Maria
$\equiv$
O João [$_F$ ~~sim~~] apresentou o Pedro para a Maria

Também no caso das interrogativas polares, observa-se a congruência pergunta-resposta, tal qual na formulação em (38). Como se pode ver em (51), também nestes casos o valor de foco da resposta, afirmativa ou negativa, coincide com o valor ordinário da pergunta:

(51) P: O João apresentou o Pedro para a Maria?
R: O João [$_F$ ~~sim~~/não] apresentou o Pedro para a Maria

(52) $[\![R]\!]^f = [\![P]\!]^o =$
{*O João apresentou o Pedro para a Maria, O João não apresentou o Pedro para a Maria*}

Além dos casos envolvendo pares de pergunta e resposta, a semântica de alternativas também se mostra útil na análise do foco contrastivo que vimos na seção anterior e que repetimos a seguir com as devidas marcações de foco:

(53) A: O Carlos pediu salada.
B: (Não!) O Carlos pediu [$_F$ sopa].

(54) A: A Maria pediu sopa.
B: (Não!) [$_F$ O Carlos] pediu sopa.

Em (53), B põe em disputa o que Carlos pediu. É como se a marcação de foco colocasse a pergunta *o que Carlos pediu?* em discussão. O contraste, que pode ser reforçado com uma negação inicial, indica que há, saliente no contexto, uma alternativa distinta àquela que o falante está informando. O mesmo acontece em (54), sendo que, neste caso, a pergunta em discussão sinalizada por B e marcada pela presença do foco diz respeito a quem pediu sopa.

Essas intuições sugerem a seguinte análise mais formal: a presença de um foco contrastivo em uma sentença proferida requer a presença contextual de uma proposição pertencente ao valor de foco desta sentença, mas diferente de seu valor ordinário. Note que essa condição é satisfeita tanto em (53) quanto em (54). Em ambos os casos, dentre as alternativas induzidas pela presença do foco na fala de B está a proposição expressa na fala de A. Assumindo que as únicas pessoas relevantes no contexto sejam Maria e Carlos, teríamos o seguinte:

(55) Em (53):
$[\![A]\!]^o = O$ *Carlos pediu salada*
$[\![B]\!]^o = O$ *Carlos pediu sopa*
$[\![B]\!]^f = \{O$ *Carlos pediu sopa, O Carlos pediu salada*$\}$

(56) Em (54):
$[\![A]\!]^o = A$ *Maria pediu sopa*
$[\![B]\!]^o = O$ *Carlos pediu sopa*
$[\![B]\!]^f = \{O$ *Carlos pediu sopa, A Maria pediu sopa*$\}$

Note que, em ambos os casos, tivemos o que era requerido pela presença do foco contrastivo na fala de B:

(57) Tanto em (53) quanto em (54):
(i) $[\![A]\!]^o \neq [\![B]\!]^o$ e
(ii) $[\![A]\!]^o \in [\![B]\!]^f$

Como nos casos envolvendo pares explícitos de pergunta e resposta, a desobediência a estes requerimentos resulta em um efeito de estranhamento ou infelicidade pragmática:

(58) A: O Carlos pediu salada.
B: ??(Não!) [$_F$ O Carlos] pediu sopa.

(59) A: A Maria pediu sopa.
B: ??(Não!) O Carlos pediu [$_F$ sopa].

Continuando a assumir que as únicas pessoas relevantes no contexto sejam Maria e Carlos, teríamos o seguinte:

Foco e tópico: perguntas e respostas 219

(60) Em (58):

$\llbracket A \rrbracket^o = O$ *Carlos pediu salada*
$\llbracket B \rrbracket^o = O$ *Carlos pediu sopa*
$\llbracket B \rrbracket^f = \{O$ *Carlos pediu sopa, A Maria pediu sopa*$\}$

(61) Em (59):

$\llbracket A \rrbracket^o = A$ *Maria pediu sopa*
$\llbracket B \rrbracket^o = O$ *Carlos pediu sopa*
$\llbracket B \rrbracket^f = \{O$ *Carlos pediu sopa, O Carlos pediu salada*$\}$

Como se nota, o valor de foco das falas de B não tem como elemento a proposição correspondente à fala de A, originando a intuição de inadequação:

(62) Tanto em (58) quanto em (59):

$\llbracket A \rrbracket^o \notin \llbracket B \rrbracket^f$

Por fim, notamos que a semântica de alternativas elucida também a associação do foco com certos operadores sentenciais, afetando as próprias condições de verdade das sentenças em questão. Foi o que vimos anteriormente com a palavra *só*, em exemplos como os que repetimos a seguir:

(63) a. Eu só apresentei [$_F$ o Bruno] para a Suzana.
b. Eu só apresentei o Bruno para [$_F$ a Suzana].

No primeiro exemplo, a focalização no objeto direto resulta na interpretação segundo a qual eu apresentei o Bruno, e ninguém mais, para a Suzana. No segundo exemplo, o foco no objeto indireto resulta na interpretação segundo a qual eu apresentei o Bruno para a Suzana, e para ninguém mais além dela. Em termos mais formais, a proposta é que *só* funcione como um operador sentencial, tomando o restante da sentença como argumento e requerendo que, das alternativas pertencentes ao valor de foco, apenas aquela correspondente ao valor ordinário seja verdadeira. No caso dos exemplos em (63), a forma lógica das sentenças, ou seja, o *input* para a interpretação semântica, seria (64), com a palavra *só* prefixada ao restante da sentença:

(64) a. [$_{S'}$ só [$_S$ eu apresentei [$_F$ o Bruno] pra Suzana]]
b. [$_{S'}$ só [$_S$ eu apresentei o Bruno pra [$_F$ Suzana]]

A partir disso, podemos formular de maneira precisa a interpretação desse tipo de estrutura em que *só* e a marcação de foco interagem:

(65) [$_{S'}$ só S] é verdadeira em um mundo w se, e somente se:

(i) $\llbracket S \rrbracket^o$ é verdadeira em w;
(ii) para toda proposição $p \in \llbracket S \rrbracket^f$, se $p \neq \llbracket S \rrbracket^o$, então p é falsa em w.

220 Pragmática

Como se vê, as condições de verdade são sensíveis não apenas ao valor ordinário, mas também ao valor de foco do argumento de *só*. Daí a sensibilidade ao foco observada no contraste entre (63a) e (63b). A semântica de alternativas é uma maneira elegante de se analisar composicionalmente a associação entre expressões como *só* e a marcação de foco em um constituinte, mesmo que entre eles intervenham outros constituintes, como se vê em (63).

8.3 Tópicos contrastivos

Há um outro tipo de marcação prosódica que também parece limitar os contextos discursivos em que uma sentença pode ser usada, mas que não se confunde com o foco. Foi chamado, por Daniel Büring, de TÓPICO CONTRASTIVO, terminologia que adotaremos aqui. Ele pode ser percebido em exemplos como (66), em que se destacam os sujeitos das orações da resposta de B com um sublinhado:

(66)   A: Onde estão os meninos?
        B: <u>O João</u> está em casa; <u>o Pedro</u> está na rua.

Como no caso da marcação de foco, detalhar os aspectos fonéticos que caracterizam o que se pode chamar de acento de tópico não é trivial e não há uma maneira padrão e simples de representá-lo na escrita. Novamente, contamos com a introspecção e intuição do leitor para mentalizar o que está em jogo do ponto de vista acústico-perceptual e, sobretudo, para diferenciar acento de tópico e acento de foco. Como veremos em seguida, *foco* continuará a ser importante na caracterização semântico-pragmática das sentenças e contextos que analisaremos.

Olhando para (66), o primeiro fato a se notar é que cada uma das orações na resposta de B é uma resposta parcial à pergunta de A. Intui-se que os elementos topicalizados, João e Pedro, são os meninos a que se refere a pergunta de A, ou pelo menos, são alguns deles. Essa parcialidade parece ser um ingrediente importante no uso da topicalização contrastiva. Note a inadequação ou incongruência discursiva que uma resposta completa e direta à pergunta causaria se usássemos o mesmo tipo de marcação prosódica que usamos em (66):

(67)   A: Onde estão os meninos?
        B: ??<u>Os meninos</u> estão em casa.

O tópico contrastivo não soa natural em uma resposta completa, ainda que haja exceções que, como veremos adiante, acabarão por ser daquelas que confirmam a regra.

De volta a (66), notemos também que cada oração traz um elemento focalizado correspondente ao constituinte questionado. São, no caso, os sintagmas locativos *em casa* e *na rua*. Continuaremos a representá-los na estrutura sintática com um traço de foco F. De maneira análoga, representaremos o constituinte topicalizado com um traço de tópico T. Dessa forma, a resposta de B em (66) receberá a seguinte representação:

(68) [$_T$ O João] está [$_F$ em casa]; [$_T$ o Pedro] está [$_F$ na rua].

A ideia central que discutiremos aqui, e que de uma forma ou de outra aparece nos trabalhos de vários autores que se dedicaram ao tema (ver referências ao final do capítulo), é que tópicos contrastivos sinalizam uma estratégia de resposta: a decomposição de uma pergunta em subperguntas, como esquematizado em (69) para nosso exemplo inicial:

(69)

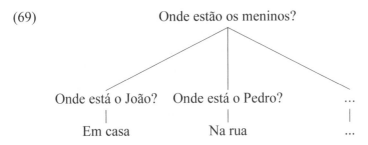

Como se vê, uma pergunta mais abrangente sobre a localização dos membros de um grupo foi decomposta em subperguntas que, juntas, recompõem a pergunta maior. No caso em questão, a estratégia foi a de responder a pergunta considerando cada membro do grupo em questão separadamente. A ideia é que a marcação de tópico indica exatamente qual a estratégia adotada pelo interlocutor que responde. Vejamos um outro exemplo, que ajudará a fixar o que está em jogo:

(70) A: O que você serviu aos convidados da festa?
      B: [$_T$ Para os adultos], eu servi [$_F$ vinho]; [$_T$ para as crianças], eu servi [$_F$ suco].

Neste caso, a estratégia foi dividir os convidados entre adultos e crianças e responder as subperguntas resultantes nessa ordem. O tópico recai sobre o grupo em questão e o foco sobre o que foi servido a ele. Note que o constituinte topicalizado aparece deslocado para o início das orações. Isso é bastante comum, ainda que pareça ser apenas uma tendência. Uma resposta sem esse deslocamento, como em (71), também soaria adequada, ainda que um pouco menos natural:

(71) B': Eu servi [$_F$ vinho] [$_T$ para os adultos] e servi [$_F$ suco] [$_T$ para as crianças].

Algo semelhante ocorre com perguntas polares:

(72) A: Você serviu suco para os convidados?
    B: [T Para as crianças], [F sim]; [T para os adultos], [F não].

Neste caso, a estratégia foi decompor a pergunta em duas subperguntas polares.

(73)

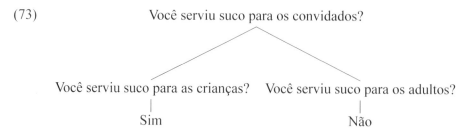

Na resposta de B em (72), nota-se novamente o fronteamento do constituinte topicalizado. Também neste caso é possível manter a ordem canônica dos elementos:

(74) B': [F Servi] [T para os adultos], mas [F não] servi [T para as crianças].

Note ainda que, como já havíamos visto na seção anterior, o foco em respostas a perguntas polares recai ou sobre os itens *sim* e *não*, ou sobre o verbo, quando esses itens de polaridade estão ausentes.

Ainda que a ordem de constituintes e sua relação com a topicalização seja um importante assunto nos estudos da interface sintaxe-pragmática, nós não levaremos adiante essa discussão. Ao contrário, consideraremos as diferentes linearizações vistas nos exemplos acima como alternativas intercambiáveis do ponto de vista semântico-pragmático.

As estratégias de resposta sinalizadas pela combinação entre tópico e foco são particularmente notáveis no caso de perguntas múltiplas, que incidem sobre mais de um constituinte. Vejamos os dois exemplos a seguir, ambos adequados, porém reveladores de estratégias distintas:

(75) A: Quem vai trazer o que para o almoço da festa?
    B: [T Os homens] vão trazer [F a entrada]. [T As mulheres] vão trazer [F o prato principal].

(76) A: Quem vai trazer o que para o almoço da festa?
    B: [T A entrada], [F os homens] vão trazer. [T O prato principal], [F as mulheres] vão trazer.

Em (75), a estratégia foi responder por grupo de convidados, separados entre homens e mulheres:

(77)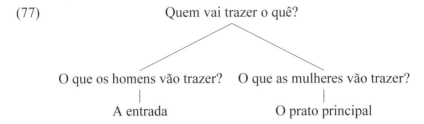

Já em (76), a estratégia foi por tipos de comida, separados entre entrada e prato principal:

(78)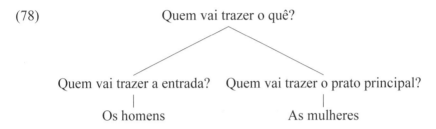

Há ainda casos em que o falante não desenvolve completamente a estratégia sinalizada pela marcação de tópico e a incompletude de sua resposta dá margem a uma inferência de ignorância:

(79) A: Onde estão os meninos?
      B: [T O João] está [F em casa].

(80)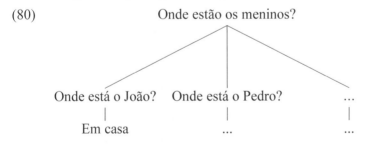

Ao limitar sua resposta a um dos meninos em questão, o falante dá a entender que ignora a localização dos demais. Podemos associar essa inferência a uma implicatura conversacional resultante de um cálculo tipicamente griceano, como visto no capítulo 2. Um falante cooperativo que esteja informado sobre a localização de todos os meninos deveria responder completamente a pergunta que lhe foi dirigida. Se não o fez é porque não estava em condições de fornecer a reposta, muito provavelmente porque a ignora. Sua resposta foi o melhor que ele pôde fazer dentro dos limites do que ele sabia sobre o que foi perguntado.

Um tipo parecido de inferência aparece em uma construção bastante comum no português, na qual uma forma verbal infinitiva aparece topicalizada no início da

224 Pragmática

oração, sendo depois retomada por uma forma conjugada e focalizada do mesmo verbo:

(81)   A: Você leu o texto que eu recomendei?
        B: [$_T$ Ler], eu [$_F$ li].

Neste caso, a resposta deixa no ar a impressão de que o falante leu, mas não entendeu ou não sabe se entendeu, o texto em questão. Se explícita, sua resposta seria algo como (82):

(82)   a.   Eu li, mas não entendi.
        b.   Eu li, mas não sei se entendi

O traço discursivo peculiar em (81) é que B responde completamente a pergunta de A. Ainda assim, o tópico parece pragmaticamente adequado. Uma maneira de se olhar para esse fato é assumir que o papel do tópico em casos como esse é justamente o de sinalizar que a resposta está dirigida a uma pergunta mais ampla, da qual a pergunta efetivamente proferida por A é uma subpergunta:

(83)   Você leu e/ou entendeu o texto?

        Você leu o texto?   Você entendeu o texto?

            Sim   ...

A marcação de tópico teria assim a mesma função que tem nos demais casos que vimos anteriormente. A novidade aqui é que a pergunta maior não está explícita e precisa ser recuperada contextualmente. (83) é uma possibilidade plausível para esse contexto. A resposta parcial afirma que o falante leu o texto, mas deixa no ar se ele o entendeu ou não. A inferência de que a resposta a essa outra pergunta não é afirmativa seria novamente uma implicatura conversacional apoiada na presunção de cooperatividade: se o falante não respondeu é porque não sabe ou porque não quer ser explícito sobre sua não compreensão. Vejamos outros dois exemplos:

(84)   A: Você gosta do Pedro?
        B: [$_T$ Gostar], eu [$_F$ gosto].

(85)   A: O Pedro arrumou o quarto dele?
        B: [$_T$ Arrumar], ele [$_F$ arrumou].

Em (84), o falante dá a entender que gosta, mas não adora, o Pedro. Já em (85), a sugestão implícita na fala de B é que a arrumação de Pedro não foi das melhores, ou seja, ele até arrumou o quarto, mas não o arrumou bem. Em ambos os casos, o ouvinte precisará acomodar a pergunta suscitada pela resposta com a topicalização escolhida pelo falante.

Daniel Büring, um dos principais estudiosos da articulação tópico-foco que estamos apresentando, elencou uma série de casos de inferências que ele sugeriu serem instâncias particulares da mesma noção de tópico contrastivo. Os exemplos a seguir são adaptados de Büring (2016):

(86) A: O João vem pra escola hoje?
      B: [$_T$ ontem] ele estava [$_F$ doente].

A articulação tópico-foco da resposta de B sugere perguntas do tipo *Como João está no dia x?*. Uma dessas perguntas – *Como o João estava ontem?* – parece pertinente, na medida em que uma resposta pode indicar se ele vem ou não pra escola hoje. Sobre a relevância da própria resposta de B para a pergunta feita, talvez ela traga implícita a sugestão de que se estava doente ontem, talvez ainda esteja hoje.

Considere, agora, o que se passa em (87):

(87) A: Onde o jardineiro estava na hora do crime?
      B: [$_T$ o jardineiro] estava [$_F$ em casa]

Se não houvesse a marcação de tópico, B estaria simplesmente respondendo a pergunta de A. Com a marcação de tópico (e foco) em sua resposta, B sugere questões do tipo *onde x estava na hora do crime?*. Essas questões parecem relevantes se a grande questão é descobrir quem cometeu o crime. Note que nesse caso, B respondeu direta e completamente a pergunta. O papel do tópico foi o de sugerir que outras perguntas devem ser feitas.

Quando o contexto e o material linguístico não facilitam a acomodação da pergunta sinalizada pela marcação de tópico, o resultado é pragmaticamente ruim, como no exemplo a seguir, também adaptado de Büring (2016):

(88) A: Onde Machado de Assis escreveu Dom Casmurro?
      B: ?? [$_T$ Machado de Assis] escreveu Dom Casmurro [$_F$ no Rio].

O estranhamento vem do fato de que a marcação de tópico na resposta de B sugere perguntas pragmaticamente inadequadas, do tipo *onde x escreveu Dom Casmurro?*, dando a entender que outros autores também escreveram a mesma obra. Um outro exemplo de inadequação relacionado à articulação tópico-foco é (89):

(89) A: Os alunos já terminaram de fazer a prova?
      B: ??[$_T$ os alunos] [$_F$ sim].

Neste caso, B responde direta e completamente a pergunta de A e as alternativas levantadas pelo tópico são perguntas do tipo *x já terminou de fazer a prova?*. Possíveis valores para x incluiriam professores, coordenadores e funcionários. Entretanto, é natural pressupor que apenas os alunos estão habilitados a fazerem a prova, o que deixa as alternativas pertencentes ao valor de tópico fora de lugar e incongruentes com o pano de fundo conversacional.

Antes de encerrar esta seção e passarmos à análise formal dos aspectos interpretativos associados à marcação de tópico, exploraremos a possibilidade de certas expressões serem inerentemente contrastivas, trazendo do léxico um acento de tópico contrastivo. Considere, por exemplo, as expressões *no mínimo* e *no máximo*, como no exemplo a seguir:

(90)   A: Quantos anos o Pedro tem?
       B: No mínimo quarenta e no máximo sessenta.

A ideia é que a resposta de B sinaliza uma estratégia de resposta em que a quantidade em questão, o número de anos de vida de Pedro, é abordada em duas partes, informando-se um limite inferior e um limite superior:

(91)

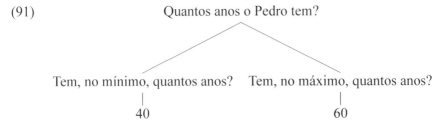

Isso sugere a seguinte marcação de tópico e foco para as duas orações na resposta de B:

(92)   a.   Pedro tem [T no mínimo] [F quarenta] anos.
       b.   Pedro tem [T no máximo] [F sessenta] anos.

Vejamos os detalhes. Já vimos que itens marcados com acentos de tópico ou foco suscitam alternativas. Nomes próprios, por exemplo, levantam como alternativas outros nomes próprios, e operadores assertivos, como os de afirmação e negação, são alternativas um do outro. No caso de *no mínimo* e *no máximo*, que são termos contrários, pode-se pensar que um seja a alternativa do outro. A intuição por trás disso é a seguinte: dizer que o número de elementos de um certo conjunto é n é o mesmo que dizer que esse número é *no mínimo n* e *no máximo n*. Marcar uma expressão como *no mínimo* ou *no máximo* com um acento de tópico é torná-la uma expressão inerentemente contrastiva, caracterizando parcialmente o número de elementos de um conjunto, impondo um valor mínimo ou máximo, e deixando em aberto seu valor exato. De fato, enquanto em um diálogo como (93), a fala de

B expressa uma resposta completa à pergunta de A, em (94) temos uma resposta parcial, a partir da qual se infere que B ignora a idade exata de Pedro:

(93)   A: Quantos anos o Pedro tem?
       B: Quarenta.

(94)   A: Quantos anos o Pedro tem?
       B: No mínimo quarenta.

Esse princípio de análise pode ajudar a entender contrastes como o seguinte, em que a resposta de B′ tem um efeito discursivo que a resposta de B não tem:

(95)   A: Dá pra ver que seu menino é filho único.
       B: Não! Eu tenho mais de um filho.
       B′: ??Não! Eu tenho no mínimo dois filhos.

Inicialmente, note que, do ponto de vista estritamente lógico-semântico, dizer que se tem mais de um filho é o mesmo que dizer que se no mínimo dois. Em (95), após negar a afirmação de A, tanto B quanto B′ confirmam sua posição, já que dizer que se tem mais de um ou que se tem no mínimo dois filhos é o mesmo que negar que se tem um único filho. A pergunta que fica é por que a resposta de B′ soa estranha, dando a impressão de que este desconhece o número exato de filhos que tem, enquanto a resposta de B, que lhe é equivalente do ponto de vista semântico, soa natural?

A proposta que emerge do que vimos anteriormente é que, apesar de as sentenças usadas por B e B′ expressarem a mesma proposição, ou seja, terem o mesmo valor semântico ordinário, elas trazem marcações de tópico e foco distintas, sendo o modificador *no mínimo* marcado com um acento de tópico, o que tem repercussões pragmáticas, afetando as condições de uso da sentença em questão. Sendo assim, a resposta de B′ em (95) teria a estrutura em (96):

(96)   Eu tenho [T no mínimo] [F dois] filhos.

Ao dizer *no mínimo dois*, o falante afirma que o número de filhos que ele tem é dois ou mais, deixando no ar a pergunta sobre esse número ser ou não exatamente dois:

(97)

Conforme discutido nos outros exemplos desta seção, ao usar um acento de tópico, o falante propõe uma questão a ser debatida. No caso de (95), ele coloca em pauta algo que não condiz com o que se espera ser de conhecimento do falante. Ao menos em nosso ambiente cultural, sinalizar que se ignora o número exato de filhos que se tem é algo, de fato, pouco convencional. Daí o possível estranhamento causado pela escolha linguística de B′ no caso em questão.

8.4 Valores de tópico

Em seus trabalhos sobre o tema, Büring implementou uma análise semântica para a topicalização contrastiva que expande a semântica de alternativas proposta por Rooth para a focalização e que já apresentamos na seção 8.2 deste capítulo. Lembremos que a marcação de foco em um constituinte induz um conjunto de alternativas. No nível sentencial, esse conjunto é o conjunto de proposições que Rooth chamou de valor de foco da sentença:

(98)   A: Onde está o João?
       B: João está [$_F$ em casa].

(99) $[\![B]\!]^f$ = {*João está em casa, João está na rua, João está na escola, ...* }

Neste caso, o valor de foco equivale ao valor semântico ordinário da pergunta de A, o que, do ponto de vista pragmático, indica congruência entre pergunta e resposta:

(100) $[\![B]\!]^f = [\![A]\!]^o$
        $[\![\text{João está } [_F \text{ em casa}]]\!]^f = [\![\text{Onde está o João}]\!]^o$

A proposta de Büring é que a marcação de tópico induz um outro conjunto de alternativas construído a partir do valor de foco. Esse novo conjunto de alternativas foi chamado por Büring de VALOR DE TÓPICO, representado por $[\![\ ]\!]^t$. Retomando nosso exemplo inicial, que repetimos em (101), e assumindo que os meninos em questão sejam João, Pedro e Lucas, teremos o que está em (102):

(101)   A: Onde estão os meninos?
        B: [$_T$ O João] está [$_F$ em casa].

(102) $[\![B]\!]^t$ = { $[\![\text{João está } [_F \text{ em casa}]]\!]^f$,
             $[\![\text{Pedro está } [_F \text{ em casa}]]\!]^f$,
             $[\![\text{Lucas está } [_F \text{ em casa}]]\!]^f$ }

Como se pode ver, o valor de tópico é um conjunto cujos elementos são valores de foco. Cada um desses elementos é obtido a partir do valor de foco da resposta, substituindo-se o elemento topicalizado por uma de suas alternativas, incluindo a alternativa original que constava da resposta efetivamente dada pelo falante.

Como os valores de foco pertencentes a esse conjunto são, eles mesmos, conjuntos de proposições, o resultado será um conjunto de conjuntos de proposições:

(103) $[\![B]\!]^t$ = { {*João está em casa, João está na rua, ...* },
                    {*Pedro está em casa, Pedro está na rua, ...* },
                    {*Lucas está em casa, Lucas está na rua, ...*} }

E, como já sabemos de seções anteriores que esses valores de foco equivalem ao valor semântico ordinário de uma pergunta, teremos:

(104) $[\![B]\!]^t$ = {*Onde está o João?, Onde está o Pedro?, Onde está o Lucas?*}

Conclusão: se o valor de foco de uma sentença declarativa equivale a uma pergunta, seu valor de tópico equivale a um conjunto de perguntas. Interrogativas polares recebem um tratamento semelhante:

(105)   A: Os meninos estão em casa?
          B: [$_T$ O João] [$_F$ está] ~~em casa~~.

(106) $[\![B]\!]^t$ = { $[\![$João [$_F$ está] em casa$]\!]^f$,
                    $[\![$Pedro [$_F$ está] em casa$]\!]^f$,
                    $[\![$Lucas [$_F$ está] em casa$]\!]^f$ }

          $[\![B]\!]^t$ = { {*João está em casa, João não está na rua*},
                    {*Pedro está em casa, Pedro não está em casa* },
                    {*Lucas está em casa, Lucas não está em casa* } }

          $[\![B]\!]^t$ = {*o João está em casa?, o Pedro está em casa?, O Lucas está em casa?*}

Novamente, o valor de tópico da resposta equivale a um conjunto de perguntas.

A partir dessas considerações, pode-se formular condições de congruência entre perguntas e respostas que levam em consideração o valor de tópico:

(107)   *Topicalização contrastiva e congruência pergunta/resposta:*
          Em um par pergunta/resposta (P/R), deve haver ao menos um elemento Q em $[\![R]\!]^t$, tal que:
          (i) $[\![R]\!]^o$ não responde Q completamente e
          (ii) Q contribui, de alguma forma, para a resolução de P

Juntas, as condições (i) e (ii) limitam o uso do acento de tópico a estratégias em que a resposta dada não é completa e as perguntas pertencentes ao valor de tópico são subperguntas da pergunta efetivamente levantada, como nos casos de (101) e (105) que acabamos de ver. Em (105), por exemplo, as perguntas *o Pedro está em casa?* e *o Lucas está em casa?*, ambas pertencentes ao valor de tópico da resposta de B, podem fazer as vezes de Q em (107). Elas não são respondidas por B, mas contribuem para a resolução da pergunta feita por A sobre os meninos estarem ou não em casa.

As condições em (107) também ajudam a entender casos em que a resposta dada resolve completamente a pergunta feita, mas outras perguntas pertencentes ao valor de tópico estão discursivamente relacionadas ao que se está discutindo na conversa no momento do proferimento. É o que vimos em exemplos como (87) na seção anterior, que repetimos a seguir, agora acompanhado do valor de tópico em questão:

(108) A: Onde o jardineiro estava na hora do crime?
       B: [$_T$ o jardineiro] estava [$_F$ em casa]

(109) $[\![B]\!]^t = \{$*Onde estava o jardineiro?*, *Onde estava o cozinheiro?*, *Onde estava o mordomo?*, ...$\}$

Como comentamos anteriormente, a marcação de tópico na fala de B sugere outras questões do tipo *onde x estava na hora do crime?*, indicando que a pergunta P a que a fala de B está direcionada, e que os interlocutores devem acomodar, é *onde os (demais) suspeitos estavam na hora do crime?*, ou mesmo aquela que parece ser a grande questão neste contexto: *quem cometeu o crime?*.

Em contrapartida, quando a resposta dada resolve a questão que foi posta e as perguntas alternativas não se deixam acomodar discursivamente seja pela natureza do assunto em questão, seja por considerações mais gerais incluídas entre as pressuposições que formam o pano de fundo conversacional, o resultado é pragmaticamente anômalo. Foi o que vimos em casos como (88) da seção anterior, que retomamos aqui:

(110) A: Onde Machado de Assis escreveu Dom Casmurro?
       B: ?? [$_T$ Machado de Assis] escreveu Dom Casmurro [$_F$ no Rio].

(111) $[\![B]\!]^t = \{$*Onde Machado de Assis escreveu DC?*, *Onde Rui Barbosa escreveu DC?*, *Onde Eça de Queiroz escreveu DC?*, ...$\}$

Neste caso, as perguntas alternativas levantadas pelo valor de tópico soam bizarras, exigindo que os interlocutores acomodem a possibilidade de vários autores terem, cada um deles, escrito a mesma obra!

8.5 Outros tópicos

Além do tópico contrastivo que analisamos nas seções anteriores, a noção de tópico também aparece na literatura em casos que não envolvem nenhum contraste aparente, como nos exemplos a seguir, em que o constituinte topicalizado aparece em posição inicial na sentença:

(112)   O Pedro, ele está muito feliz com o nascimento da primeira filha dele.

(113)   Sobre esse hospital, muitos pacientes estão reclamando do atendimento.

(114)   No que diz respeito ao novo diretor, há um processo contra ele na justiça do trabalho.

Nesses casos, a ideia central é que o referente do constituinte topicalizado é aquilo sobre o qual se está falando ou se deseja falar em um dado momento de uma conversa. É, por isso, chamado em inglês de *aboutness topic* (*about* = *sobre* ou *a respeito*), expressão para a qual é difícil encontrar uma boa tradução, e que apenas abreviaremos por TA, sugerindo algo como tópico de assunto.

As construções em (112)-(114) são manifestações comuns de TA em português brasileiro. Em (112), temos um sintagma nominal fronteado e retomado por um pronome pessoal na posição de sujeito. Em (113) e (114), temos o uso de locuções adverbiais que também contém um sintagma nominal e que destacam seu referente.

Em termos discursivos, TAs costumam ser anunciados por expressões convidativas do tipo *vamos falar sobre X!* ou por perguntas como *e X?* ou *o que podemos dizer sobre X?*. Elas delimitam o referente a respeito do qual se falará na sequência, o que dá margem a contrastes como os seguintes:

(115)   A: Vamos falar sobre o Pedro!
        B: O Pedro, ele mora com a Maria, ...
        B′: Sobre o Pedro, eu gostaria de dizer que ele ...

(116)   A: Vamos falar sobre o Pedro!
        B: ??A Maria, ela mora com o Pedro, ...
        B′: ??Sobre a Maria, ela mora com o Pedro ...

Como se vê, as construções usadas por B exigem que o elemento que elas destacam tenha por referente o indivíduo sobre qual se está falando no momento. Mesmo quando se usam sentenças mais simples da forma sujeito-predicado, parece haver uma preferência para que o referente do sujeito sentencial seja o assunto em discussão:

(117)   A: Vamos falar sobre o Pedro!
        B: O Pedro mora com a Maria, ...
        B′: ?A Maria mora com o Pedro ...

A fala de B soa como uma escolha discursivamente mais natural que a fala de B′. É bem provável que essa preferência tenha a ver com a posição inicial que o sujeito ocupa canonicamente em orações declarativas do português, impressão corrobo-

232 **Pragmática**

rada pelo uso de construções sintáticas que promovem um constituinte neste sentido, como são a passivização e certas instâncias da operação sintática conhecida justamente como topicalização:

(118) A: Me fale sobre a penicilina.
       B: A penicilina foi descoberta por Alexander Fleming em 1928.
       B′: A penicilina, eu acho que alguns laboratórios já a conheciam secretamente antes de 1928.

O material que acompanha o constituinte topicalizado é chamado de COMENTÁRIO e a partição que resulta na presença na sentença de um tópico e um comentário é chamada TÓPICO-COMENTÁRIO:

(119) [Tópico A penicilina] [Comentário foi descoberta por Alexander Fleming em 1928]

A linguista Tanya Reinhart propôs integrar a dicotomia tópico-comentário à dinâmica contextual e ao *common ground* (CG) de Stalnaker que discutimos no capítulo 4. Ela propôs que a informação que constitui o CG não seja representada diretamente por proposições, mas sim por objetos estruturados, formados por um referente e uma propriedade aplicada a ele. Esta estruturação pode ser vista metaforicamente como uma sequência de cartões ou pastas de arquivo, cada um deles dedicado a um referente discursivo e aos quais vão sendo adicionadas informações durante o desenrolar de uma conversa. A ideia é que o tópico sinaliza a pasta a ser acessada e o comentário, o conteúdo a ser adicionado a ela. Como ilustração, considere o seguinte diálogo na forma de entrevista:

(120) A: Me fale sobre a penicilina.
       B: A penicilina foi descoberta em 1928. Ela é um antibiótico usado no tratamento de algumas infecções e ...
       A: Me fale também sobre seu descobridor.
       B: Alexander Fleming foi um médico inglês. Ele nasceu em 1881 e morreu em 1955 ...

As falas de B têm a estrutura em (121) e o resultado das modificações contextuais operadas pelas informações nelas contidas pode ser representado como em (122), que ilustra a metáfora dos cartões:

(121) [Tópico A penicilina] [Comentário foi descoberta em 1928]
       [Tópico A penicilina] [Comentário é um antibiótico]
       [Tópico Alexander Fleming] [Comentário foi um médico inglês]
       [Tópico Alexander Fleming] [Comentário nasceu em 1881]

(122)   *CG como sequência de cartões*

$x_1 : Penicilina$
x_1 foi descoberta em 1928
x_1 é um antibiótico
$x_1 ...$

$x_2 : Alexander Fleming$
x_2 foi um médico inglês
x_2 nasceu em 1881
$x_2 ...$

Visto desta forma, a noção de TA está associada a um gerenciamento ou edição do CG, com uma pasta sendo selecionada e seu conteúdo modificado pela adição de informações. Neste aspecto, os tópicos contrastivos (TCs) discutidos nas seções anteriores podem ser vistos como tipos especiais de TAs. É como se fossem tópicos focalizados, sendo comum, inclusive, encontrar essa caracterização dos TCs na literatura. Por um lado, TCs destacam referentes discursivos, como fazem os TAs. Por outro lado, eles evocam alternativas em correspondência com perguntas em discussão, como fazem os focos, o que justifica a ideia de que são elementos híbridos, simultaneamente tópico e foco.

Por fim, é importante estar ciente de certas minúcias terminológicas da área. Tanto TAs quanto TCs costumam ser chamados de TÓPICOS SENTENCIAIS, justamente por corresponderem a referentes de certos constituintes sentenciais. Esse termo é frequentemente usado de forma vaga, denotando tanto o constituinte sintático topicalizado quanto o seu referente extralinguístico, normalmente um indivíduo ou objeto. Em nossos exemplos anteriores, costuma-se dizer que tanto os sintagmas nominais *Penicilina* e *Alexander Fleming*, quantos seus referentes extralinguísticos (a pessoa e o antibiótico, no caso) são tópicos.

Por fim, tópicos sentenciais costumam ser opostos a TÓPICOS DISCURSIVOS. A noção de tópico discursivo é a de uma questão em discussão. Podem ser explícitos, como quando alguém usa uma oração interrogativa para perguntar algo, ou implícito, bastando estar claro aos participantes da conversa o que está em jogo ou o que é relevante em um dado momento. Diferentemente dos tópicos sentenciais, os tópicos discursivos não estão associados a um atributo ou marcação gramatical que recai sobre um determinado constituinte sintático. Nos exemplos acima, os tópicos discursivos eram algo como *quais as propriedades da Penicilina?* e *quem foi Alexander Fleming?*.

Recomendações de leitura

A semântica de alternativas de Mats Rooth e sua aplicação ao estudo do foco estão em Rooth (1985) e Rooth (1992). Os principais trabalhos de Daniel Büring sobre tópico contrastivo são Büring (1997) e Büring (2003). A discussão

234 **Pragmática**

sobre os modificadores *no mínimo* e *no máximo* apesentada neste capítulo está em Ferreira (2012).

Apresentações mais abrangentes e bastante acessíveis sobre foco e tópico contrastivo são Büring (2016) e Kadmon (2001). Sobre estrutura informacional, ver Erteschik-Shir (2007).

Sobre o tópico sentencial (*aboutness topic*) que foi assunto da última seção, ver Reinhart (1981). Para um tratamento mais detalhado e formal, baseado na metáfora dos cartões, ver Heim (1983a).

Exercícios

1. Considere o diálogo a seguir:

   A: João e Pedro são casados com Maria e Carla.
   B: OK, mas quem é casado com quem?
   A: João é casado com Maria. Pedro é casado com Carla.

   Quais os constituintes focalizados na resposta de A? Para cada uma das orações nessa resposta, forneça seu valor ordinário e seu valor de foco.

2. Atribua a marcação de foco e de tópico à resposta de B no diálogo a seguir, e forneça os valores ordinários e de tópico de cada oração. Indique ainda quais subperguntas da pergunta de A cada oração de B está respondendo:

   A: O que o presidente e a primeira-dama estavam vestindo?
   B: O presidente estava vestindo terno. A primeira-dama, vestido longo.

3. A sentença *só tem baleias no mar* admite duas interpretações, uma verdadeira e outra falsa, a depender de qual constituinte está focalizado. Explique.

4. Considere o diálogo a seguir:

   (i) A: O Pedro viu o João ontem na festa.
        B: E o Paulo também.

   A fala de B admite duas interpretações, não sendo possível, neste contexto, determinar qual delas era a que B tinha em mente. Considere, agora, os diálogos em (ii) e (iii):

(ii) C: Quem o Pedro viu ontem na festa?
A: O Pedro viu o João (ontem na festa).
B: E o Paulo também.

(iii) C: Quem viu o João ontem na festa?
A: O Pedro (viu o João ontem na festa).
B: E o Paulo também.

Nestes casos, as interpretações das falas de B parecem claras. O que aconteceu em relação a (i)? Explique usando a noção de foco.

5. Na seção 8.3, chamamos a atenção para a estranheza do exemplo (89), repetido a seguir:

(i) A: Os alunos já terminaram de fazer a prova?
B: ??[$_T$ os alunos] [$_F$ sim].

Analise (i) formalmente, explicitando os valores ordinário e de tópico e esclarecendo o que não está de acordo com as condições de congruência que vimos em (107) na seção 8.4.

Apêndices

A Conjuntos

Faremos aqui uma brevíssima incursão nas noções mais elementares do ramo da matemática conhecido como TEORIA DOS CONJUNTOS.

Conjuntos e seus elementos

Conjuntos são coleções de elementos, que podem ser qualquer coisa (números, pessoas, lugares, ...). A, B e C a seguir são três exemplos:

(1)   a. $A = \{1, 2, 5, 9\}$
       b. $B = \{Brasil, Argentina, China\}$
       c. $C = \{1, Marcelo, China, letra\ B\}$

A relação mais fundamental na teoria dos conjuntos é a relação de PERTINÊNCIA. Dizemos que um elemento pertence ($\in$) ou não pertence ($\notin$) a um conjunto:

(2)   a. $1 \in A$
       b. $1 \notin B$

Conjuntos são caracterizados exclusivamente por seus elementos, não havendo nem repetição nem ordenação entre esses elementos:

(3)   a. $\{1, 2, 5\} = \{1, 1, 2, 5\} = \{1, 2, 2, 5\}$ (*não há repetição*)
       b. $\{1, 2, 5\} = \{5, 1, 2\} = \{2, 5, 1\}$ (*não há ordenação*)

As maneiras mais comuns de representar um conjunto são duas: listar seus elementos, como nos exemplos que já vimos, ou explicitar uma condição ou critério de pertinência:

(4)   a. $C_1 = \{México,\ Estados\ Unidos,\ Canadá\}$
       b. $C_2 = \{x \mid \text{x é um país da América do Norte}\}$

238 **Pragmática**

Neste último exemplo, temos que C_2 é o conjunto formado pelos elementos x tal que x é um país da América do Norte. Como os três únicos países neste continente são o México, os Estados Unidos e o Canadá, $C_1 = C_2$. De maneira geral, temos uma notação do tipo $\{x \mid \phi\}$, em que o símbolo $\mid$ deve ser lido como *tal que* e ϕ explicita as condições necessárias e suficientes para que um elemento x qualquer pertença ao conjunto.

Subconjuntos

Dizemos que A é um SUBCONJUNTO de B ($A \subseteq B$) quando todo elemento que pertencer a A também pertencer a B:

(5) $\{2, 5\} \subseteq \{1, 2, 5, 9\}$

Note que, para todo conjunto X, $X \subseteq X$, já que, obviamente, todo elemento de X pertence a X:

(6) $\{1, 2, 5, 9\} \subseteq \{1, 2, 5, 9\}$

Se quisermos apenas os subconjuntos S de X diferentes de X, a notação é $S \subset X$. Neste caso, dizemos que S é um SUBCONJUNTO PRÓPRIO de X.

(7) $\{2, 5\} \subset \{1, 2, 5, 9\}$

É importante não confundir elementos de X com subconjuntos de X:

(8)   a. $2 \in \{1, 2, 5\}$
       b. $2 \nsubseteq \{1, 2, 5\}$

(9)   a. $\{2\} \subseteq \{1, 2, 5\}$
       b. $\{2\} \notin \{1, 2, 5\}$

Em (8), o número 2 é um dos três elementos do conjunto $\{1, 2, 5\}$, logo ele pertence ao conjunto, que é o que está em (8a). Porém, não sendo esse número um conjunto, ele não tem elementos. Por isso, é falso que ele esteja contido em um outro conjunto, que é o que está afirmado em (8b). Lembrar sempre que $\subseteq$ é uma relação entre dois conjuntos. Já em (9), tanto $\{2\}$ quanto $\{1, 2, 5\}$ são conjuntos. Como o único elemento do primeiro é também um elemento do segundo, a relação de subconjunto se aplica, que é o que está em (9a). Por outro lado, como $\{2\}$ é um conjunto, e nenhum dos três elementos de $\{1, 2, 5\}$ é um conjunto, não há relação de pertinência entre eles, que é o que está em (9b).

Nada impede, porém, que um conjunto tenha outros conjuntos como elementos:

(10)   a. $A = \{\{1, 2\}, \{3, 4\}, \{5, 6\}\}$
        b. $\{1, 2\} \in A$

Note que A é um conjunto de conjuntos e não um conjunto de números. Sendo assim:

(11) $\{3,4\} \in A$, mas $3 \notin A$

Conjunto unitário e conjunto vazio

Um conjunto com um único elemento é chamado de CONJUNTO UNITÁRIO:

(12) a. $\{2\}$
b. $\{x \mid x$ ganhou 5 copas do mundo até 2020$\} = \{Brasil\}$

Um conjunto sem elementos é chamado de CONJUNTO VAZIO, sendo comumente representado por $\varnothing$:

(13) $\{x \mid x$ ganhou 6 copas do mundo até 2020$\} = \varnothing$

Uma curiosidade: tecnicamente, o conjunto vazio é um subconjunto de qualquer conjunto X. Justamente por ser vazio, não haverá jamais um elemento pertencente a $\varnothing$ que não pertença a X, satisfazendo assim a definição de subconjunto.

Interseção e união

A INTERSEÇÃO de dois conjuntos A e B ($A \cap B$) é o conjunto formado pelos elementos que pertencem tanto a A quanto a B:

(14) $A = \{1,2,3,4\}$
$B = \{3,4,5,6\}$
$A \cap B = \{3,4\}$

Quando a interseção entre dois conjuntos não tem elementos, dizemos que os conjuntos são CONJUNTOS DISJUNTOS:

(15) $A = \{1,2,3\}$
$B = \{5,6\}$
$A \cap B = \varnothing$

A UNIÃO de dois conjuntos A e B ($A \cup B$) é o conjunto formado pelos elementos que pertencem a A, a B ou a ambos:

(16) $A = \{1,2,3,4\}$
$B = \{3,4,5,6\}$
$A \cup B = \{1,2,3,4,5,6\}$

Diferença e complementação

A DIFERENÇA entre dois conjuntos A e B ($A - B$) é o conjunto formado pelos elementos que pertencem a A, mas que não pertencem a B:

(17) $A = \{1, 2, 3, 4\}$
      $B = \{3, 4, 5, 6\}$
      $A - B = \{1, 2\}$

Frequentemente, denomina-se o conjunto de todos os elementos de um certo domínio de interesse como CONJUNTO UNIVERSO ou simplesmente UNIVERSO. Por exemplo, se estivermos interessados nos números naturais (0, 1, 2, 3 ...), nosso universo será $\mathbb{N}$, o conjunto de todos os números naturais. O COMPLEMENTO de um conjunto A em relação a um conjunto universo U qualquer ($\sim A$) é o conjunto dos elementos de U que não pertencem a A, ou seja, $U - A$:

(18) $U = \mathbb{N}$
      $A = \{0, 1\}$
      $\sim A = \{2, 3, 4, ...\}$

Diagramas de Venn

Interseção, união, diferença e complementação são OPERAÇÕES aplicáveis a conjuntos. Com elas, podemos formar conjuntos a partir de outros conjuntos. Essas operações podem ser convenientemente representadas por diagramas conhecidos como DIAGRAMAS DE VENN em homenagem ao matemático inglês John Venn (1834-1923) que os tornou conhecidos.

Nos exemplos a seguir, o retângulo corresponde ao conjunto universo U e os círculos a subconjuntos A e B desse universo. As áreas em cinza são o resultado da aplicação das operações a esses conjuntos:

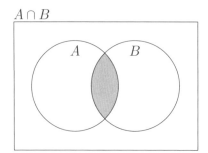
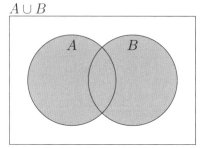

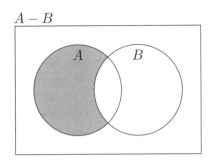
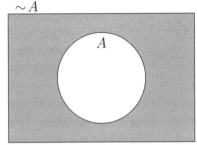

B Relações, partições e ordens

Relações são conjuntos de pares ordenados. Um par ordenado $\langle x, y \rangle$ é uma sequência constituída por dois membros. São chamados de ordenados, porque a ordem entre os membros importa. Sempre que x e y forem distintos entre si, $\langle x, y \rangle$ será distinto de $\langle y, x \rangle$. Nada impede, porém, que tenhamos pares ordenados com membros idênticos do tipo $\langle x, x \rangle$.

Sendo um tipo de conjunto, relações podem ser representadas por uma lista de pares ordenados ou por uma condição que nos fornece um critério de pertinência. Suponha, por exemplo, que o conjunto $A = \{1, 2, 3\}$ seja o nosso domínio e que queiramos representar a relação M *ser menor que* ($<$) restrita aos membros de A:

(1)   a. $M = \{\langle 1, 2 \rangle, \langle 2, 3 \rangle, \langle 1, 3 \rangle\}$
         b. $M = \{\langle x, y \rangle \mid x \text{ é menor que que } y\}$
         c. $M = \{\langle x, y \rangle \mid x < y\}$

(2)   a. $\langle 1, 2 \rangle \in M$
         b. $\langle 2, 1 \rangle \notin M$
         c. $\langle 1, 1 \rangle \notin M$

Como se vê, relações caracterizam pares de elementos pertencentes a um certo domínio. Outros exemplos de relações, desta vez aplicadas a indivíduos (pessoas), são *amar*, *ter a mesma idade que* e *ser pai de*.

Propriedades das relações

Relações podem ser classificadas de acordo com algumas propriedades. Vejamos alguns casos relevantes:

(3)   *Reflexividade*
         Uma relação R é reflexiva se, e somente se, para todo elemento x, o par $\langle x, x \rangle$ pertence a R.

São exemplos de relações reflexivas *ter a mesma idade que* e *ser maior ou igual a*. Não são reflexivas as relações *ser maior que* e *ser pai de*.

(4)   *Simetria*
      Uma relação R é simétrica se, e somente se, para quaisquer elementos x e y, se o par $\langle x, y \rangle$ pertence a R, então o par $\langle y, x \rangle$ também pertence a R.

São exemplos de relações simétricas *estar casado com* e *ter a mesma idade que*. Se x tem a mesma idade que y, então y tem necessariamente a mesma idade que x. Não são simétricas as relações *amar* e *ser mais velho que*. Sobre *amar*, note que, ainda que algumas pessoas tenham seu amor correspondido, outras não têm. Sendo assim, há casos em que x ama y, mas y não ama x. Por isso, essa relação não é simétrica.

(5)   *Transitividade*
      Uma relação R é transitiva se, e somente se, para quaisquer elementos x, y e z, se os pares $\langle x, y \rangle$ e $\langle y, z \rangle$ pertencem a R, então o par $\langle x, z \rangle$ também pertence a R.

São exemplos de relações transitivas *ser mais alto que* e *ter a mesma idade que*. Se x é mais alto que y e y é mais alto que z, então x é necessariamente mais alto que z. Um exemplo de relação que não é transitiva é *ser pai de*.

Relações de equivalência e partições

Existe um tipo importante de relação que merece nossa atenção. São as chamadas RELAÇÕES DE EQUIVALÊNCIA. Para ilustrá-las, considere um domínio D formado por seis indivíduos representados pelas letras a-f:

(6) $D = \{a, b, c, d, e, f\}$

Suponha que estejamos interessados na relação I *ter a mesma idade que* aplicada a este domínio:

(7) $I = \{\langle x, y \rangle \mid x \text{ tem a mesma idade que } y\}$

Consideremos, agora, os seguintes fatos a respeito dos membros de D: a, b têm 19 anos, c tem 22 e d, e, f têm 27. Com essas informações, podemos listar os membros de I:

(8) $I = \{\langle a, b \rangle, \langle b, a \rangle, \langle a, a \rangle, \langle b, b \rangle, \langle c, c \rangle, \langle d, e \rangle, \langle e, f \rangle,$
      $\langle d, f \rangle, \langle d, d \rangle, \langle e, d \rangle, \langle e, e \rangle, \langle f, d \rangle, \langle f, e \rangle, \langle f, f \rangle\}$

Note que I é, ao mesmo tempo, reflexiva, simétrica e transitiva. Relações que satisfazem essas três propriedades são chamadas de relações de equivalência:

(9) *Equivalência*
     R é uma relação de equivalência se, e somente se, R é reflexiva, simétrica e transitiva.

Dada uma relação de equivalência R, cada um dos elementos x de seu domínio determina o que se chama de CLASSE DE EQUIVALÊNCIA, E_x, que corresponde aos elementos que se relacionam com x via R:

(10) *Classes de equivalência*:
      $E_x = \{y \mid \langle x, y \rangle \in R\}$

Note, agora, algo interessante. Voltando ao exemplo da relação I (*ter a mesma idade que*) em (8), veja o que acontece quando elencamos as classes de equivalência de cada um dos elementos a-f do domínio, agrupando-as em colunas:

(11) $E_a = \{a, b\}$ $E_c = \{c\}$ $E_d = \{d, e, f\}$
      $E_b = \{a, b\}$ $E_e = \{d, e, f\}$
                                        $E_f = \{d, e, f\}$

Como se pode ver, I dividiu o domínio D em três subconjuntos distintos: $\{a, b\}$, $\{c\}$ e $\{d, e, f\}$. É o que se chama, em termos formais, de uma PARTIÇÃO. O fato importante a se notar é que toda relação de equivalência R induz uma partição P_R em seu domínio. Em nosso exemplo, a relação I nos dá a partição P_I em (12):

(12) $P_i = \{\{a, b\}, \{c\}, \{d, e, f\}\}$

Cada conjunto da partição agrupa as pessoas com a mesma idade. Como dissemos, isso é exatamente o que uma partição faz: agrupar os membros de um domínio relacionados entre si pela relação em questão. Do ponto de vista da relação, esses elementos se equivalem.

Ordens

Um outro tipo importante de relação é conhecido tecnicamente como ORDEM. O exemplo mais claro é o da relação *ser maior que* (ou *ser menor que*) entre números. Tome, por exemplo, o conjunto C e a relação $M_>$ (*ser maior que*):

(13) a. $C = \{3, 1, 2\}$
      b. $M_> = \{\langle x, y \rangle \mid x > y\}$
          $M_> = \{\langle 3, 2 \rangle, \langle 3, 1 \rangle, \langle 2, 1 \rangle\}$

244 Pragmática

Essa relação tem três propriedades relevantes: ela é irreflexiva, antissimétrica e transitiva. Por irreflexiva, entenda-se uma relação sem nenhum par com os dois membros iguais:

(14) *Irreflexividade*
Uma relação R é irreflexiva se, e somente se, para todo elemento x, o par $\langle x, x \rangle$ não pertence a R.

Por antissimétrica, entenda-se que, se x e y forem elementos distintos e o par $\langle x, y \rangle$ pertencer à relação, então o par $\langle y, x \rangle$ não pertencerá a ela:

(15) *Antissimetria*
Uma relação R é antissimétrica se, e somente se, para quaisquer elementos x e y distintos entre si, se o par $\langle x, y \rangle$ pertence a R, então o par $\langle y, x \rangle$ não pertence a R.

E por transitiva, entenda-se o que já vimos anteriormente em (5) quando discutimos as relações de equivalência. Relações como $M_>$ (*ser maior que* aplicada a números), que são irreflexivas, antissimétricas e transitivas, são chamadas de ORDENS ESTRITAS OU FORTES. São ordens, porque permitem ranquear ou ordenar os elementos de um conjunto. No exemplo do conjunto C em (13), podemos representar esse ranqueamento imposto por M da seguinte forma:

(16) $R_{M_>}: 3 > 2 > 1$

Para entender por que a ordem $M_>$ é chamada de estrita ou forte, basta compará-la com a relação *ser maior ou igual a*, que representaremos por $M_\geq$. Quando aplicada ao mesmo conjunto C, obtemos o seguinte:

(17) a. $C = \{3, 1, 2\}$
b. $M_\geq = \{\langle x, y \rangle \mid x \geq y\}$
$M_\geq = \{\langle 3, 3 \rangle, \langle 3, 2 \rangle, \langle 3, 1 \rangle, \langle 2, 2 \rangle, \langle 2, 1 \rangle, \langle 1, 1 \rangle\}$

Note que essa nova relação continua a ser antissimétrica e transitiva. Assim como $M_>$, ela também impõe um ranqueamento entre os elementos de C:

(18) $R_{M_\geq}: 1 \geq 2 \geq 3$

Por isso, $M_\geq$ também é considerada uma ordem. Porém, já não se trata mais de uma relação irreflexiva. Ao contrário, temos agora uma relação reflexiva. Por isso, $M_\geq$ é chamada de ORDEM FRACA. Ficamos, então, com a seguinte definição: ordens são relações que, além de antissimétricas e transitivas, são: irreflexivas (ordem estrita ou forte) ou reflexiva (ordem fraca).

Uma última distinção importante se dá entre ordens chamadas de PARCIAIS e ordens chamadas de TOTAIS. Considere o conjunto D a seguir formado por quatro pessoas a-d e a relação *ser mais alto que*, que chamaremos de H:

(19) a. $C = \{a, b, c, d\}$
      b. $H = \{\langle x, y \rangle \mid x \text{ é mais alto que } y\}$

Considere, agora, os seguintes fatos: a tem 1,80 de altura, b e c têm 1,70, e d tem 1,60. Isso nos leva ao seguinte conjunto de pares:

(20) $H = \{\langle a, b \rangle, \langle a, c \rangle, \langle a, d \rangle, \langle b, d \rangle, \langle c, d \rangle\}$

Note que H é uma relação irreflexiva, antissimétrica e transitiva, sendo, portanto, uma ordem estrita. Porém, nem todos os elementos estão ranqueados entre si, já que b e c têm a mesma altura.

(21) R_H: $a > b, c > d$

É por isso que nem o par $\langle b, c \rangle$ nem o par $\langle c, b \rangle$ pertencem a H. Dizemos que H não é uma ordem total, mas meramente parcial. Ela difere das ordens $M_>$ e $M_{\geq}$ que vimos anteriormente, que são ordens totais.

C Extensões e Intensões

Neste apêndice, damos um tratamento mais formal à semântica das sentenças declarativas, vistas no capítulo 4, das sentenças interrogativas, vistas no capítulo 6, e das sentenças imperativas, vistas no capítulo 7. Os conceitos de base são mundos possíveis e valores de verdade. O quadro teórico resultante é chamado de SEMÂNTICA DE MUNDOS POSSÍVEIS.

Valores semânticos

No jargão mais formal da semântica de mundos possíveis, é costume associar o valor semântico de uma expressão linguística a um par de objetos, denominados de INTENSÃO e EXTENSÃO. A intensão modela o significado da expressão e não está atrelada a este ou àquele mundo particular. Já a extensão é sempre relativa a um mundo possível e depende de como as coisas são naquele mundo. A intensão funciona como um critério para se obter a extensão em cada mundo possível. Conhecimento da intensão mais conhecimento de mundo leva ao conhecimento da extensão.

Como exemplo, considere a expressão nominal (DP) *o primeiro homem a pisar na Lua*. Sua extensão no mundo real é o americano Neil Armstrong, que foi, de fato, o primeiro homem a pisar na Lua. A notação padrão para representar extensões são colchetes duplos acompanhados do mundo de avaliação: $[\![\ ]\!]^w$. Sendo assim, e se representarmos o mundo real por w_0, teremos:

(1) *Extensão de* [DP o primeiro homem a pisar na Lua] *no mundo real*:
$[\![DP]\!]^{w_0} = Neil\ Armstrong$

Já a intensão desta expressão nos dá um critério geral para identificarmos sua extensão em cada um dos mundos possíveis, como a ressalva de que só haverá extensão nos mundos em que o homem pisar na Lua:

(2) *Intensão de* [DP o primeiro homem a pisar na Lua]:
Para qualquer mundo possível w em que o homem pisa na Lua:
$[\![DP]\!]^w$ = o primeiro homem a pisar na Lua em w.
Nos demais mundos, essa extensão não é definida.

Sentenças declarativas

No caso de sentenças declarativas, a INTENSÃO é uma proposição (um conjunto de mundos possíveis) e sua EXTENSÃO em um mundo w qualquer é seu valor de verdade em w (0, se for falsa, e 1, se for verdadeira). A ideia de fundo é que a proposição p_S expressa por uma sentença declarativa S caracteriza os mundos em que S é verdadeira. Desta forma, as três afirmações em (3) são equivalentes, assim como o são aquelas em (4). Em ambos os casos, S é uma sentença declarativa e w um mundo possível qualquer:

(3) a. S é verdadeira em w
b. $[\![S]\!]^w = 1$
c. $w \in p_S$

(4) a. S é falsa em w
b. $[\![S]\!]^w = 0$
c. $w \notin p_S$

E a relação entre a intensão de uma sentença S e a extensão em um mundo w é como em (5):

(5) $p_S = \{w \mid [\![S]\!]^w = 1\}$

Posto de outra forma, uma proposição, ou seja, o significado de uma sentença declarativa indica, para cada mundo possível w, como atribuir um valor de verdade (0 ou 1) à sentença, a depender de como as coisas são em w:

(6) $[\![Maria\ já\ chegou]\!]^w = \begin{cases} 1 & se\ Maria\ chegou\ em\ w \\ 0 & se\ Maria\ não\ chegou\ em\ w \end{cases}$

Interlúdio: notação lógica

Para tornar as representações dos valores semânticos mais compactas e sem ambiguidades indesejadas, é costume importar da lógica de predicados sua representação padrão para sentenças simples formadas por um predicado e seus argumentos. Essa notação consiste em listar os argumentos após o predicado, entre parênteses, separados por vírgulas e representados apenas por letras minúsculas. Além disso, pode-se representar o mundo em questão por um subscrito entre o predicado e o(s) argumento(s):

(7)   Maria é portuguesa em $w \equiv \text{PORTUGUESA}_w(m)$

(8)   Maria beijou João em $w \equiv \text{BEIJOU}_w(m,j)$

Para casos com a negação ou os conectivos *e* e *ou*, a notação é a seguinte:

(9)   Maria não é portuguesa $\equiv \neg\text{PORTUGUESA}_w(m)$

(10)   Maria é portuguesa e solteira $\equiv \text{PORTUGUESA}_w(m) \land \text{SOLTEIRA}_w(m)$

(11)   Maria é casada ou solteira $\equiv \text{CASADA}_w(m) \lor \text{SOLTEIRA}_w(m)$

Por fim, é costume usar os prefixos $\exists x$ e $\forall x$ para expressar quantificação existencial e universal, respectivamente. $\underline{\exists x}$ deve ser lido como *existe pelo menos um x tal que* .... Já $\underline{\forall x}$ deve ser lido como *para todo x, ...*:

(12)   Uma criança viu o João $\equiv \exists x[\text{CRIANÇA}_w(x) \land \text{VIU}_w(x,j)]$

(13)   Toda criança chora $\equiv \forall x[\text{CRIANÇA}_w(x) \to \text{CHORA}_w(x)]$

(12) deve ser lida como *existe um x tal que x é criança em w e x viu o João em w*. Já (13) deve ser lida como *para todo x, se x é criança em w, então x chora em w*. Nessa representação, aparece o símbolo $\to$, que faz as vezes de operador condicional, expressando a implicação *se ..., então, ...*. Seu correlato bidirecional é $\leftrightarrow$, lido como *se, e somente se*:

(14)   Toda criança chora e todo mundo que chora é criança
        $\equiv \forall x[\text{CRIANÇA}_w(x) \leftrightarrow \text{CHORA}_w(x)]$

Note que (14) diz a respeito de um mundo w que, para todo indivíduo x, se x é criança em w, x chora em w e, se x chora em w, x é criança em w. Em outras palavras, (14) diz que em w os indivíduos que são crianças e os indivíduos que choram são os mesmos.

Como dissemos, são detalhes puramente notacionais, mas o uso dessa notação é prática comum na área e o leitor interessado em prosseguir seus estudos e ler textos mais avançados deve saber interpretá-la.

Sentenças interrogativas

Passando às sentenças interrogativas, suas extensões são proposições. Como visto no capítulo 6, a extensão de uma sentença interrogativa em um mundo w qualquer corresponde à sua resposta completa e verdadeira em w. Por exemplo, a extensão da sentença interrogativa *quem já chegou?* em um mundo w seleciona os mundos w' tais que as pessoas que chegaram em w' sejam exatamente aquelas que chegaram em w. Isso nos leva à representação em (15), em que fazemos uso da notação que acabamos de apresentar:

(15) $[\![\text{Quem já chegou?}]\!]^w = \{w' \mid \forall x[\text{CHEGOU}_w(x) \leftrightarrow \text{CHEGOU}_{w'}(x)]\}$

Em palavras, o que aparece após o símbolo | indica que para qualquer indivíduo x, se x já chegou em w, então x já chegou em w', e vice-versa.

O mesmo esquema interpretativo se aplica a perguntas polares, respondíveis com um 'sim' ou 'não'. Para a pergunta *A Maria já chegou?*, por exemplo, queremos que, para qualquer mundo w, a extensão da sentença selecione os mundos w' que concordem com o mundo w em relação a Maria já ter chegado ou não. Isso nos leva à representação em (16):

(16) $[\![\text{A Maria já chegou?}]\!]^w = \{w' \mid \text{CHEGOU}_w(m) \leftrightarrow \text{CHEGOU}_{w'}(m)\}$

Em palavras, o que aparece após o símbolo | indica que, se Maria já chegou em w, então Maria já chegou em w', e vice-versa. Se representarmos uma interrogativa polar por $\phi?$, sendo ϕ a declarativa correspondente, podemos generalizar, dizendo que, para qualquer mundo w:

(17) $[\![\phi?]\!]^w = \{w' \mid w \in p_\phi \leftrightarrow w' \in p_\phi\}$

Em palavras: a extensão da oração interrogativa polar $\phi?$ em w é a proposição correspondente ao conjunto dos mundos w' que concordam com w em relação à veracidade de ϕ. Se ϕ for verdadeira em w, ϕ também será verdadeira em w', e se ϕ for falsa em w, ϕ também será falsa em w'.

Já a intensão (significado) de uma sentença interrogativa S, que representaremos por Q_S é uma partição do conjunto de todos os mundos possíveis. Como visto no apêndice B, partições correspondem ao que se chama em matemática de *relações de equivalência*. Podemos, assim, representar a intensão das sentenças interrogativas como relações entre mundos possíveis. A ideia é que Q_S relaciona pares de mundos em que a pergunta levantada por S é respondida da mesma forma:

(18) $[_S \text{ Quem já chegou?}]$
$\qquad Q_S = \{\langle w, w' \rangle \mid [\text{CHEGOU}_w(x) \leftrightarrow \text{CHEGOU}_{w'}(x)]\}$

(19)   [$_S$ A Maria já chegou?]
$$Q_S = \{\langle w, w' \rangle \mid \text{CHEGOU}_w(m) \leftrightarrow \text{CHEGOU}_{w'}(m)\}$$

Sentenças imperativas

No capítulo 7, modelamos o significado de sentenças imperativas como proprieda-des. Propriedades caracterizam conjuntos de indivíduos. A propriedade *ter olhos verdes*, por exemplo, seleciona, para cada mundo possível w, o conjunto de indiví-duos que têm olhos verdes em w.

Sendo assim, a intensão de uma sentença imperativa S será uma propriedade P_S, enquanto sua extensão em um mundo qualquer será um conjunto (possivelmente vazio) de indivíduos existentes naquele mundo. Para a sentença *sai da sala!*, por exemplo, nós teremos:

(20)   [$_S$ Sai da sala!]
$$[\![S]\!]^w = \{x \mid \text{SAI\_DA\_SALA}_w(x)\}$$

Propriedades podem ser modeladas formalmente como relações entre mundos pos-síveis e indivíduos. Um par $\langle w, x \rangle$ pertencerá à propriedade P_S expressa por S se, e somente se, o indivíduo x pertencer ao conjunto caracterizado por P_S em w:

(21) $P_S = \{\langle w, x \rangle \mid x \in [\![S]\!]^w\}$

Para nosso exemplo em (20), teremos:

(22) $P_S = \{\langle w, x \rangle \mid x \text{ sai da sala em } w\}$

$$***************$$

Referências

Abusch, D. (2010). Presupposition triggering from alternatives. *Journal of Semantics*, 28(1):107–147.

Austin, J. L. (1957). A plea for excuses. *Proceedings of the Aristotelian Society*, 57:1–30.

Austin, J. L. (1975). *How to do things with words*. Harvard University Press, Cambridge, MA.

Bach, K. (1997). The semantics-pragmatics distinction: What it is and why it matters. In *Pragmatik. Linguistische Berichte*. Springer.

Bach, K. & Harnish, R. (1979). *Linguistic communication and speech acts*. MIT Press, Cambridge, MA.

Beaver, D. (2001). *Presupposition and Assertion in Dynamic Semantics*. CSLI Publications, Stanford, CA.

Beaver, D. & Geurts, B. (2014). Presupposition. In Zalta, E. N., editor, *The Stanford Encyclopedia of Philosophy*. Metaphysics Research Lab, Stanford University, winter 2014 edition.

Braun, D. (2017). Indexicals. In Zalta, E. N., editor, *The Stanford Encyclopedia of Philosophy*. Metaphysics Research Lab, Stanford University, summer 2017 edition.

Büring, D. (1997). *The Meaning of Topic and Focus: the 59th Street Bridge Accent*. Routledge, London.

Büring, D. (2003). On d-trees, beans, and b-accents. *Linguistics and Philosophy*, 26:511–545.

Büring, D. (2016). *Intonation and meaning*. Oxford University Press, Oxford.

Cappelen, H. & Dever, J. (2016). *Context and communication*. Oxford University Press, Oxford.

Carston, R. (2002). *Thoughts and utterances: The pragmatics of explicit communication*. Blackwell Publishers, Oxford.

Chierchia, G. (2003). *Semântica*. Editora da Unicamp, Campinas.

Chierchia, G. (2004). Scalar implicatures, polarity phenomena and the syntax/pragmatics interface. In Belletti, A., editor, *Structures and Beyond*. Oxford University Press.

Chierchia, G., Fox, D., & Spector, B. (2011). The grammatical view of scalar implicatures and the relationship between semantics and pragmatics. In Maienborn, C., von Heusinger, K., & Portner, P., editores, *Semantics: An international handbook of natural language meaning. Volume 3*, pp. 2297–2332. de Gruyter.

Dascal, M. (1982). *Fundamentos Metodológicos da Linguística. Volume IV: pragmática*. Edição do autor, Campinas.

Davis, W. (2019). Implicature. In Zalta, E. N., editor, *The Stanford Encyclopedia of Philosophy*. Metaphysics Research Lab, Stanford University, fall 2019 edition.

Dayal, V. (2016). *Questions*. Oxford University Press, Oxford.

Elbourne, P. (2021). Literal vs. enriched meaning. In Gutzmann, D., Matthewson, L., Meier, C., Rullmann, H., & Zimmermann, T. E., editores, *The Wiley Blackwell Companion to Semantics*, pp. 1687–1723. Wiley Blackwell, Hoboken, NJ.

Erteschik-Shir, N. (2007). *Information structure: The syntax-discourse interface*. Oxford University Press, Oxford.

Farkas, D. (2020). Non-intrusive questions as a special type of non-canonical questions. *Journal of Semantics*, 39(2):295–337.

Ferreira, M. (2012). Tópicos contrastivos com sintagmas cardinais complexos. *Revista de Estudos da Linguagem*, 20(1):49–64.

Frege, G. (2002). O pensamento. uma investigação lógica. In *Investigações lógicas*. EDPUCRS, Porto Alegre.

Gamut, L. (1991). *Logic, Language, and Meaning*. The University of Chicago Press, Chicago.

Geurts, B. (2010). *Quantity implicatures*. Cambridge University Press, Cambridge.

Green, M. (2020). Speech acts. In Zalta, E. N., editor, *The Stanford Encyclopedia of Philosophy*. Metaphysics Research Lab, Stanford University, winter 2020 edition.

Green, M. (2021). *The Philosophy of Language*. Oxford University Press, New York.

Grice, P. (1957). Meaning. *The philosophical review*, pp. 377–388.

Grice, P. (1975). Logic and conversation. In Cole, P. & Morgan, J., editores, *Syntax and Semantics 3: Speech Acts*, pp. 41–58. Academic Press, New York.

Grice, P. (1978). Further notes on logic and conversation. In Cole, P. & Morgan, J., editores, *Syntax and Semantics*, pp. 113–127. Academic Press, New York.

Grice, P. (1989). *Studies in the Way of Words*. Harvard University Press, Cambridge, MA.

Groenendijk, J. (1999). The logic of interrogation (classical version). In Matthews, T. & Strolovitch, D., editores, *Proceedings of SALT IX*, pp. 109–126. LSA.

Groenendijk, J. & Stokhof, M. (1982). Semantic analysis of wh-complements. *Linguistics and Philosophy*, 5:175–233.

Groenendijk, J. & Stokhof, M. (1997). Questions. In van Benthen, J. & ter Meulen, A., editores, *Handbook of Logic and Language*. Elsevier, Amsterdam.

Gutzmann, D. (2021a). Dimensions of meaning. In Gutzmann, D., Matthewson, L., Meier, C., Rullmann, H., & Zimmermann, T. E., editores, *The Wiley Blackwell Companion to Semantics*, pp. 589–617. Wiley Blackwell, Hoboken, NJ.

Gutzmann, D. (2021b). Semantics vs pragmatics. In Gutzmann, D., Matthewson, L., Meier, C., Rullmann, H., & Zimmermann, T. E., editores, *The Wiley Blackwell Companion to Semantics*, pp. 2761–2791. Wiley Blackwell, Hoboken, NJ.

Hamblin, C. L. (1973). Questions in montague grammar. *Foundations of Language*, 10:41–53.

Harris, D., Fogal, D., & Moss, M. (2018). Speech acts: the contemporary landscape. In Fogal, D., Harris, D., & Moss, M., editores, *New Work on Speech Acts*, pp. 1–39. Oxford University Press, Oxford.

Heim, I. (1983a). File change semantics and the familiarity theory of definiteness. In Bäuerle, R., Schwarze, C., & von Stechow, A., editores, *Meaning, Use, and Interpretation of Language*, pp. 164–189. De Gruyter, Berlin.

Heim, I. (1983b). On the projection problem for presuppositions. In et al., D. F., editor, *Proceedings of the Second West Coast Conference on Formal Linguistics*, pp. 114–125. Stanford University Press, Stanford, Calif.

Heim, I. (1992). Presupposition projection and the semantics of attitude verbs. *Journal of Semantics*, 9:183–221.

Horn, L. (1984). Towards a new taxonomy for pragmatic inference: Q-based and R-based implicature. In Schiffrin, D., editor, *Georgetown University Round Table on Languages and Linguistics*, pp. 11–42. Georgetown University Press, Washington, DC.

Horn, L. (2004). Implicature. In Horn, L. & Ward, G., editores, *The Handbook of Pragmatics*, pp. 2–28. Blackwell Publishing, Oxford.

Jary, M. & Kissine, M. (2014). *Imperatives*. Cambridge university press, Cambridge.

Kadmon, N. (2001). *Formal Pragmatics*. Blackwell Publishers, Malden.

Kaplan, D. (1989). Demonstratives. In Almog, J., Perry, J., & Wettstein, H., editores, *Themes from Kaplan*. Oxford University Press, Oxford.

Referências 253

Karttunen, L. (1973). Presuppositions of compound sentences. *Linguistic Inquiry*, 4:169–193.

Karttunen, L. (1974). Presupposition and linguistic context. *Theoretical Linguistics*, 1:181–194.

Karttunen, L. (1977). Syntax and semantics of questions. *Linguistics and Philosophy*, 1:3–44.

Kartunnen, L. & Peters, S. (1979). Conventional implicature. In Kyu Oh, C. & Dinneen, D., editores, *Syntax and Semantics 11*, pp. 1–56. Academic Press, New York.

Kaufmann, M. (2012). *Interpreting imperatives*. Springer.

Kissine, M. & Pantazi, M. (2021). Pragmatic accommodation. In Gutzmann, D., Matthewson, L., Meier, C., Rullmann, H., & Zimmermann, T. E., editores, *The Wiley Blackwell Companion to Semantics*, pp. 2361–2376. Wiley Blackwell, Hoboken, NJ.

Korta, K. & Perry, J. (2020). Pragmatics. In Zalta, E. N., editor, *The Stanford Encyclopedia of Philosophy*. Metaphysics Research Lab, Stanford University, Spring 2020 edition.

Kratzer, A. (1981). The notional category of modality. In Eikmeyer, H. & Rieser, H., editores, *Words, Worlds, and Contexts: New Approaches in Word Semantics*, pp. 38–74. de Gruyter, Berlin.

Kratzer, A. (1991). Modality. In von Stechow, A. & Wunderlich, D., editores, *Semantics: An International Handbook of Contemporary Research*, pp. 639–650. de Gruyter, Berlin.

Lepore, E. & Stone, M. (2014). *Imagination and convention: Distinguishing grammar and inference in language*. Oxford University Press, Oxford.

Levinson, S. (1983). *Pragmatics*. Cambridge University Press, Cambridge.

Levinson, S. (2000). *Presumptive Meanings*. MIT Press, Cambridge, MA.

Levinson, S. (2007). *Pragmática*. Martins Fontes, São Paulo.

Lewis, D. (1979). Scorekeeping in a language game. *Journal of Philosophical Logic*, 8:339–359.

MacFarlane, J. (2011). What is an assertion? In Brown, J. & Cappelen, H., editores, *Assertion: New Philosophical Essays*. Oxford University Press, Oxford.

McCready, E. (2021). Expressives. In Gutzmann, D., Matthewson, L., Meier, C., Rullmann, H., & Zimmermann, T. E., editores, *The Wiley Blackwell Companion to Semantics*, pp. 893–921. Wiley Blackwell, Hoboken, NJ.

Neale, S. (1992). Paul Grice and the philosophy of language. *Linguistics and philosophy*, 15(5):509–559.

Peirce, C. S. (1935). *Collected Papers*. Harvard University Press, Cambridge, MA.

Pires de Oliveira, R. & Basso, R. (2014). *Arquitetura da Conversação. Teoria das Implicaturas*. Parábola, São Paulo.

Portner, P. (2004). The semantics of imperatives within a theory of clause types. In Watanabe, K. & Young, R., editores, *Proceedings of Semantics and Linguistic Theory 14*, pp. 235–252. CLC Publications, Cornell.

Portner, P. (2007). Imperatives and modals. *Natural Language Semantics*, 15(4):351–383.

Portner, P. (2009). *Modality*. Oxford University Press, Oxford.

Portner, P. (2018). *Mood*. Oxford University Press, Oxford.

Potts, C. (2005). *The logic of conventional implicatures*. Oxford University Press, Oxford.

Potts, C. (2015). Presupposition and implicature. In Lappin, S. & Fox, C., editores, *The handbook of contemporary semantic theory 2*, pp. 168–202. John Wiley & Sons.

Recanati, F. (2004). *Literal meaning*. Cambridge University Press, Cambridge.

Reinhart, T. (1981). Pragmatics and linguistics: an analysis of sentence topics. *Philosophica*, 1:53–94.

Roberts, C. (2012). Information structure in discourse: towards an integrated formal theory of pragmatics. *Semantics and Pragmatics*, 5:1–64.

Rooth, M. (1985). *Association with Focus*. Tese de Doutorado, University of Massachusetts at Amherst.

Rooth, M. (1992). A theory of focus interpretation. *Natural language semantics*, 1(1):75–116.

Russell, B. (2006). Against grammatical computation of scalar implicatures. *Journal of semantics*, 23(4):361–382.

Sauerland, U. (2004). Scalar implicatures in complex sentences. *Linguistics and Philosophy*, 27:367–391.

Schlenker, P. (2010). Presuppositions and local contexts. *Mind*, 119(474):377–391.

Searle, J. (1969). *Speech Acts: an Essay in the Philosophy of Language*. Cambridge University Press, Cambridge.

Searle, J. (1979). Indirect speech acts. In *Expression and Meaning: Studies in the Theory of Speech Acts*. Cambridge University Press, Cambridge.

Searle, J. & Vanderveken, D. (1985). *Foundations of Illocutionary Logic*. Cambridge University Press, Cambridge.

Siemund, P. (2018). *Speech Acts and Clause Types*. Oxford University Press, Oxford.

Singh, R. (2021). Matrix and embedded presuppositions. In Gutzmann, D., Matthewson, L., Meier, C., Rullmann, H., & Zimmermann, T. E., editores, *The Wiley Blackwell Companion to Semantics*, pp. 1751–1792. Wiley Blackwell, Hoboken, NJ.

Spector, B. (2007). Scalar implicatures: Exaustivity and gricean reasoning. In Aloni, M., Dekker, P., & Butler, A., editores, *Questions in Dynamic Semantics*, pp. 225–250. Emerald Group Publishing.

Stalnaker, R. (1970). Pragmatics. *Syntese*, 2:272–289. Reprinted in Stalnaker 1999.

Stalnaker, R. (1974). Pragmatic pressuposition. In Munitz, M. & Unger, P., editores, *Semantics and Philosophy*. New York University Press, New York. Reprinted in Stalnaker 1999.

Stalnaker, R. (1978). Assertion. In *Syntax and Semantics 9*, pp. 78–95. Academic Press, New York. Reprinted in Stalnaker 1999.

Stalnaker, R. (1999). *Context and Content*. Oxford University Press, Oxford.

Stanley, J. (2007). *Language in context: Selected essays*. Oxford University Press, Oxford.

Strawson, P. (1964). Intention and convention in speech acts. *Philosophical Review*, 73(4):439–460.

Szabó, Z. & Thomason, R. (2018). *Philosophy of Language*. Cambridge University Press, Cambridge.

Tomasello, M. (2008). *Origins of Human Communication*. MIT Press, Cambridge, MA.

van Rooij, R. & Schulz, K. (2004). Exhaustive interpretation of complex sentences. *Journal of Logic, Language and Information*, 13:491–519.

von Fintel, K. & Heim, I. (2001). *Notas de sala de aula*. MIT.

O autor

Marcelo Ferreira é professor associado (livre-docente) do Departamento de Linguística da Universidade de São Paulo. Possui doutorado em linguística pelo Massachusetts Institute of Technology (MIT), com especialização em semântica formal. Sua principal área de atuação é a semântica e suas interfaces com a sintaxe e a pragmática. O foco principal de sua pesquisa tem sido os domínios da temporalidade e da modalidade. É autor dos livros *Curso de Semântica Formal*, publicado pela editora Language Science Press, *Semântica: uma introdução ao estudo formal do significado*, pela Editora Contexto, e coautor (com Marcos Lopes) do livro *Para Conhecer: Linguística Computacional*, também pela Editora Contexto. É autor de artigos publicados em periódicos especializados como *Natural Language Semantics*, *Journal of Semantics* e *Journal of Portuguese Linguistics*, além de capítulos de livro de editoras como *Oxford University Press*, *Wiley-Blackwell* e *John Benjamins*. É pesquisador e bolsista de produtividade em pesquisa do CNPq.

GRÁFICA PAYM
Tel. [11] 4392-3344
paym@graficapaym.com.br